Politiquement incorrect

Marie-Rose Paquette.

06/06/2006

Catalogage avant publication de Bibliothèque et Archives Canada

Chaput, Jean-Marc

    Politiquement incorrect

    (Collection Psychologie)

    ISBN 2-7640-1056-7

    1. Vie – Philosophie. 2. Succès – Aspect psychologique. 3. Dépendance (Psychologie). I. Beaudry, René-Pierre. II. Titre. III. Collection: Collection Psychologie (Éditions Quebecor).

BD431.C396 2006   113'.8   C2005-941885-0

Veuillez envoyer vos commentaires sur cet ouvrage à l'adresse électronique suivante: jmchaput@videotron.ca

Mon site Web : http://www.jean-marcchaput.com

LES ÉDITIONS QUEBECOR

Une division de Éditions Quebecor Média inc.

7, chemin Bates

Outremont (Québec)

H2V 4V7

Tél.: (514) 270-1746

www.quebecoreditions.com

©2006, Les Éditions Quebecor

Bibliothèque et Archives Canada

Éditeur: Jacques Simard

Conception de la couverture: Bernard Langlois

Photo de l'auteur: Luc Charpentier

Correction d'épreuves: Jocelyne Cormier

Conception graphique: Jocelyn Malette

Infographie: Claude Bergeron

Nous reconnaissons l'aide financière du gouvernement du Canada par l'entremise du Programme d'aide au développement de l'industrie de l'édition (PADIÉ) pour nos activités d'édition.

Gouvernement du Québec – Programme de crédit d'impôt pour l'édition de livres – Gestion SODEC.

Imprimé au Canada

JEAN-MARC **CHAPUT**

Politiquement incorrect

AVEC LA PLUME DE
RENÉ-PIERRE BEAUDRY

LES ÉDITIONS
Quebecor
QUEBECOR MEDIA

Ce livre, je l'offre d'abord à Rose, ma petite-fille, pour son courage de jeune fille de seize ans qui nous apprend que la vie vaut la peine d'être vécue.

À Céline, ma femme, pour son amour qui m'aide à vivre la vie pleinement tous les jours.

À tous mes enfants et aux vingt et un petits-enfants qui sont ma raison de vivre.

Avant-propos

21 juin 2004, 9 heures : Quel superbe matin ! Je suis assis sur ma berceuse de bois sur la galerie, face à ma rivière. Le soleil magnifique s'est levé. Le ciel est d'un bleu lapis sans nuages. J'entends les rumeurs de la ville qui s'anime au loin, et, tout près, le chant des oiseaux et celui du vent dans les feuilles. Le temps est si bon que même la famille de marmottes se pointe le museau hors du terrier creusé entre deux gros cailloux sur le bord de l'eau.

Je m'apprête aujourd'hui à jeter sur papier les nombreuses idées et émotions que j'ai véhiculées à travers mes rencontres avec le public depuis plusieurs années. Ce sont des notions que je traîne au fond de mon cœur et qui ont grandi avec moi au fur et à mesure des circonstances de la vie. En fait, on pourrait dire que c'est ma façon de voir, de sentir et de réfléchir la vie, ce qui fait que je suis devenu à bientôt 74 ans le conférencier qu'on dit « irrationnel ».

Le livre est coiffé du même titre que celui de la conférence, *Politiquement incorrect*. Pourquoi ? Parce qu'il trahit le gars qui, dans sa vie, a toujours été *politiquement incorrect*. Il sera fait selon l'ordre de la conférence. Pour certains d'entre vous, vous y retrouverez même les mots inscrits sur les quatre tableaux blancs sur la scène.

En remontant le fil des années, je me rends compte qu'ayant grandi dans le quartier ouvrier de Rosemont, à Montréal, avec un nom typiquement canadien-français de souche, mais avec une mère anglophone, apprenant très tôt dans la vie la langue anglaise, j'ai d'abord été une espèce de métis, passant pour un *french pea soup* dans le groupe des amis anglais et pour un *sacrafèce de bloke* dans celui des copains francophones.

J'ai été le fils d'un ouvrier qui avait terminé ses études à 14 ans pour commencer son apprentissage comme machiniste aux usines Angus ; je suis un fils d'ouvrier qui, à 13 ans, décide d'entreprendre un cours classique... et pas n'importe où : chez les Jésuites, cette espèce de communauté déjà *politiquement incorrecte* à l'intérieur de l'Église catholique romaine de ce temps-là.

J'ai enfilé les six premières années du cours classique avec une idée en tête : devenir un jésuite, pareil à tous ces hommes que j'admirais comme professeurs, des enseignants marginaux qui osaient nous dire « cet après-midi, on fait du théâtre au lieu des mathématiques », qui nous faisaient monter des pièces d'art dramatique une bonne partie de la nuit. Cependant, une grande déception m'attendait rendu en rhétorique ; à cause de ma grande marginalité, on m'a refusé l'entrée au noviciat des Jésuites au Sault-aux-Récollets, à Montréal. On m'a dit que j'étais trop indépendant pour vivre en communauté. Le pire, c'est qu'ils avaient parfaitement raison !

J'ai donc décidé de continuer le cours classique en passant deux années de philosophie au collège Sainte-Marie, pour accéder ensuite à l'université. Ne sachant pas exactement quelle profession choisir, j'ai opté pour les affaires et l'École des hautes études sans une idée claire de ce que je voulais faire, sachant plutôt ce que je ne voulais pas faire. Je n'avais aucune envie de devenir membre d'un ordre professionnel du genre Chambre des notaires, le Barreau, le Collège des médecins ou l'Ordre des ingénieurs... Je voulais être indépendant !

Après avoir lutté pour entrer au Harvard Business School afin de poursuivre mes études après ma maîtrise en commerce à l'École, je me suis rendu compte au bout de trois mois que je réapprenais des choses déjà apprises. On a même voulu m'envoyer au niveau du doctorat avec possibilité d'enseigner au M.B.A. Je ne me voyais pas travailler aux États-Unis. J'ai donc décidé de quitter Harvard au bout de quatre mois et demi. Il faut avoir du culot pour laisser derrière soi la chance d'être un des 600 camarades de Harvard sélectionnés parmi des milliers de candidats chaque année. Mais j'ai toujours été *à côté d'la track*, c'est-à-dire *politiquement incorrect*.

C'est ainsi que j'ai commencé à travailler à mon compte. Depuis plus de 40 ans, je n'ai jamais eu de patron. J'étais et je suis toujours un marginal qui aime faire son chemin comme il l'entend, faire ses bons comme ses mauvais coups tout seul.

Au moment d'écrire ces lignes, j'ai 73 ans et des poussières. Je peux dire que c'est exactement ce qui s'est passé : de très bons coups, mais aussi de terribles coups de pied. Comme je le répète si souvent, je n'ai jamais vu quelqu'un reculer avec un bon coup de pied au c... Il avance au moins de trois pieds si le coup est bien appliqué ! Et l'avantage, c'est qu'il est trois pieds en avant du gars qui lui a botté le derrière ! C'est là toute mon histoire d'homme !

C'est avec cette idée en tête qu'aujourd'hui, en ce matin du 21 juin 2004, Jean-Marc Chaput, ce septuagénaire marginal, décide d'écrire un livre sur la nécessité d'être toujours *politiquement incorrect*. Normalement, à cet âge, il aurait dû rentrer dans le rang des bien-nantis depuis un bon bout de temps déjà. Non, cher lecteur, j'ose encore vous inciter à devenir tous des marginaux. Attention ! Je ne parle pas d'anarchie, loin de là ! Je n'incite personne à contrevenir aux lois, mais de grâce, tentons de nous affirmer dans toute notre unicité. Ayons un esprit critique ! Les humains sont loin d'être des « p'tits pois Canada de fantaisie numéro 3 », tous de la même grosseur, de la même couleur et le même goût. Nous sommes tous uniques ! Pourquoi avoir toujours en tête le « Fais-le donc, tout le monde le fait » ? C'est faux ! Si tout le monde le fait, alors fais exactement le contraire !

Ce livre reprend les idées, les émotions que j'ai partagées au fil de plus de 5000 conférences. Il ne faudra alors pas se surprendre d'y retrouver les idées, mais surtout les histoires présentées dans mes deux livres précédents : *Vivre c'est vendre*[1] et *À la recherche de l'humain*[2]. C'est le même homme qui poursuit son chemin. Il y aura redites plus d'une fois.

À ceux qui trouvent que Jean-Marc est trop en dehors du rang, remettez le livre sur votre table de chevet ou mieux, donnez-le à votre voisin. Mais pour ceux qui pensent qu'il y a encore lieu de réinventer le monde, de recréer et de repenser ce qu'on croit être une communauté où des humains pourront vivre heureux, en commençant par leur petit coin sur terre, bonne lecture et, surtout, posez-vous les bonnes questions !

Jean-Marc Chaput

---

1. Jean-Marc Chaput, *Vivre c'est vendre*, Montréal, Éditions de l'Homme, 1975, Le Jour Éditeur, 1981, 200 p.
2. Jean-Marc Chaput, *À la recherche de l'humain*, Montréal, Éditions Transcontinental, 1992, 248 p.

Chapitre 1

LA VIE A **UN SENS**
(les pourquoi, les comment)

Les gens qui savent comment vont toujours travailler : ils vont travailler pour les gens qui savent pourquoi.

J e reviens d'un entraînement de boxe avec mon petit-fils de 14 ans. Il a travaillé fort pendant 90 minutes, se battant contre des «fantômes» dans l'arène. Je le dépose chez lui et, revenant à la maison, je pense aux 19 autres petits-enfants ; je pense aux cinq enfants que ma femme et moi avons mis au monde, mais plus particulièrement aux cinq enfants que nous avons aidés à devenir des adultes, à devenir à leur tour des pères et des mères avec leurs petits à aider, à guider pour qu'eux deviennent un jour des hommes et des femmes.

Pourtant, dans notre monde moderne, on raconte que des enfants, c'est du trouble, ce n'est pas rentable, c'est un gouffre économique. Des enfants, cela limite ta liberté, ta capacité de consommer. D'où me venait, ce matin, au centre d'entraînement, ce sentiment de paix, de sérénité ? En laissant le jeune chez lui, et en disant au revoir à ma fille avec un gros bec sur la joue, pourquoi j'avais le sentiment que la vie était belle et pas à moitié ?

Je la sentais : ma vie avait un sens malgré tous les hauts et les bas, malgré les virages à angle droit ! Elle n'avait pas été conditionnée par la façon d'agir et de penser des autres. Avec Céline, j'avais été probablement toujours *politiquement incorrect*, ne cherchant pas à suivre le courant. Nous avions tous les deux cherché à tâtons, il faut bien le dire, une raison d'être passés sur terre. Inconsciemment, nous avons toujours été des marginaux parce que pour nous, la vie était plus grande que la petite routine du métro, boulot, dodo !

Souvent, le matin ou le soir, je vois les gens s'entasser sur les routes pour se rendre au travail. Ont-ils trouvé un sens à leurs déplacements quotidiens vers le bureau, l'usine ? Ou, au contraire, tout le monde travaille et eux le font comme les autres. Il faut bien vivre ! Comme le disait si bien Serge Bouchard dans *Le Devoir* du 26 novembre 2002, sommes-nous tous devenus des petits pois Canada de fantaisie numéro 3 dans la grande boîte de conserve québécoise ? Ou encore des petites fèves, ou encore des petits grains de maïs !

«[...] Nous sommes désormais 31 millions de petites fèves en tous points pareilles les unes aux autres. [Au Canada] Nous sommes 31 millions de petits grains de maïs protégés par la Charte des droits du blé d'Inde. Nous sommes 31 millions de petits cornichons sucrés qui vont tous mourir à 110 ans. Les conserves conservent, que voulez-vous. Les dates d'expiration s'éloignent dans le temps, cela s'appelle l'espérance de vie. Avec une seule boîte de conserve, à travers un peu de lecture machinale, comme il arrive quand nous lisons machinalement le texte sur les boîtes de céréales, le matin, quand les journaux nous font défaut, par platitude et redondance, nous pouvons partir à l'aventure.

« Cette fantaisie résume notre plus grand paradoxe. Nous voulons la tomate rouge, ronde et impeccable. Une tomate de fantaisie, c'est une tomate plate parce que sans défauts, une parmi toutes les tomates choisies. Le Canada de fantaisie, c'est justement ce Canada sans saveur, similitude de tous les simili que nous préférons à la nature et à l'anarchie des choses. Nous n'avons pas de défaut, il n'y a plus de ver dans la pomme et plus de pomme pourrie dans le lot. Nous sommes vraiment des gens très *fancy*[3]. »

* * *

J'ai longtemps réfléchi pour trouver les mots clairs et précis qui expliqueraient tout ce qu'implique l'expression *politiquement correct*.

Il y a un grand risque à être *politiquement correct*, celui d'adopter un comportement qui ne tient aucunement compte de la réalité ou de ce que nous sommes vraiment, un grand risque de passer inaperçu ! Mais le plus grand risque, c'est de ne jamais être véritablement soi-même, un humain qui pense, qui critique, ne prenant pas tout ce qui se dit ou fait pour de l'argent comptant ! Politiquent correct, c'est ne jamais se soucier de la trace à laisser sur cette terre !

HISTOIRE DE **SINGES**

Les expériences faites sur les comportements des animaux m'ont toujours intrigué. Car leur instinct les trompe rarement. Mais ce même instinct les empêche de se poser les bonnes questions, à savoir y a-t-il une raison d'agir, de penser ainsi ? De génération en génération, ils ne changent jamais d'orientation, de façon de faire. On peut dire sans se tromper qu'ils sont *politiquement corrects* !

Voici une expérience qui m'a bien amusé quand M. Denis Poudret me l'a transmise par courriel.

Un jour, on a placé huit singes dans une grande cage au milieu de laquelle on a dressé une échelle. Directement au-dessus de l'échelle, un régime de bananes pend du plafond, suspendu à un

---

3. Serge Bouchard, « Canada de fantaisie », *Le Devoir*, 26 novembre 2002.

crochet. Les singes adorent les bananes. Cependant, on a fait en sorte que chaque fois qu'un singe tente de grimper à l'échelle pour prendre les bananes, automatiquement les sept autres singes plus bas sont aspergés d'eau glacée. Les singes détestent l'eau froide autant qu'ils aiment les bananes.

Ce qui devait arriver arriva, et cela n'a pas tardé : les singes ont compris que pour éviter d'être aspergés d'eau glacée, il ne fallait pas mettre la patte sur l'échelle. Ainsi, chaque fois qu'un des huit singes tente d'escalader l'échelle, les sept autres, pas du tout intéressés à se faire doucher à l'eau glaciale, se lancent sur lui et lui donnent une vraie raclée pour qu'ils cessent sa démarche folle.

Les huit primates sont rapidement conditionnés : plus un seul parmi eux ne tente de grimper à l'échelle de peur d'être battu par les autres. Ils entrent tous dans le rang ! Ils sont devenus *politiquement corrects* ! Aucun ne se pose des questions !

On retire alors un des huit singes de la cage pour le remplacer par un autre, qu'on appellera « P.N. » pour « petit nouveau ». De plus, on arrête le mécanisme qui aspergeait d'eau froide les singes chaque fois que l'un d'eux osait grimper à l'échelle.

Aussitôt entré, le nouveau singe (P.N.) aperçoit le régime de bananes qui pend du plafond : vif comme l'éclair, sans se demander pourquoi aucun des sept autres n'a eu la brillante idée de gravir l'échelle pour aller chercher le festin, il ne fait ni un ni deux et saisit le premier barreau de l'échelle pour monter jusqu'aux bananes. Il les mange déjà des yeux.

Surprise ! Les sept autres singes lui tombent dessus et lui donnent une bonne fessée. P.N. ne comprend pas ce qui se passe ni pourquoi les autres lui en veulent tout d'un coup ! Mais la leçon porte bien : il n'essaiera plus de grimper l'échelle. Pourtant, on avait cessé d'asperger d'eau glacée les sept premiers singes qui n'avaient plus aucune raison de s'en prendre à P.N.! Mais ils étaient conditionnés à ne pas toucher à l'échelle.

Un deuxième singe du groupe des huit originaux est retiré de la pièce et est remplacé par un nouveau singe, appelons-le « B ». Le nouvel arrivant (« B ») aperçoit les bananes et saisit le premier barreau de l'échelle. Mal lui en prend : les autres se ruent sur lui pour le battre et le mordre. Trop heureux de donner des coups au lieu d'en recevoir, P.N. s'est joint à ses collègues et flanque lui aussi une dégelée à « B » qui a tenté d'escalader l'échelle ! Il n'a toutefois pas la moindre idée pourquoi il s'en prend au nouvel arrivé ! « Tout le monde le fait, fais-le donc !», cela vous rappelle quelque chose ?

Puis, les uns après les autres, les singes du début de l'expérience sont remplacés par de nouveaux primates.

Huit nouveaux singes se trouvent maintenant dans la pièce. Aucun d'eux n'a jamais été aspergé d'eau glacée puisque les humains qui dirigent l'expérience ont cessé de le faire à l'arrivée de P.N., le premier « petit nouveau ». Pourtant, aucun des primates ne tente d'escalader l'échelle. Chacun d'eux mettra beaucoup de cœur à battre tout nouveau singe qui tentera de grimper à l'échelle, et ce, sans avoir la moindre idée pourquoi lui et les six autres agissent ainsi vis-à-vis de ce nouveau primate qui ose briser la règle : on ne grimpe pas à cette échelle.

N'y a-t-il pas des organisations qui s'évertuent à tuer toute nouvelle idée dans l'œuf sans raison aucune ? Tous ces singes sont devenus *politiquement corrects*. Ils suivent les autres faisant comme eux sans savoir pourquoi ; ils ne savent que comment le faire, c'est tout !

C'est ça, être dans le rang. C'est ça, être *politiquement correct* ! Personne ne se pose la question : « Pourquoi est-ce ainsi ?» Et si quelqu'un le demandait au reste, la réponse serait probablement : « Parce que ça a toujours été fait comme ça. »

Être *politiquement incorrect*, ce n'est pas choisir l'anarchie, ni chercher à provoquer, ni faire preuve d'arrogance. Pour moi, être *politiquement incorrect*, c'est poser les vraies questions, celles qui manquent aux singes, à savoir les pourquoi : « Pourquoi tu fais ça ? » Être *politiquement incorrect*, c'est chercher un sens aux choses, aux gestes.

Il faut arrêter de tenir pour acquis qu'il nous est défendu de grimper à l'échelle : il n'y a plus de douche glacée, alors mangeons toutes les bananes au plus tôt ! Et même si on vous asperge d'eau glacée, vous aurez au moins eu la chance d'essayer quelque chose, de chercher un sens à vos actions.

TOUJOURS **UNE SURPRISE** !

C'est la fin du Grand Prix de Montréal. La température se maintient dans les 30 °C. Je donne une conférence au grand public à l'Habitat Saint-Camille de Montréal-Nord. Il s'agit d'une église transformée les fins de semaine en salle de spectacles avec un bar et tout, mais c'est d'abord une église sans air climatisé. Je pars de la maison vers 15 h 45 car je déteste être en retard. J'aime prendre mon temps et relaxer. En arrivant, on me dit qu'on a tout près de 300 billets déjà vendus. C'est très bon, mais je doute qu'avec une telle chaleur les gens vont se présenter. La salle sera probablement vide.

Pourtant, vers 19 h 30, les gens commencent à arriver. J'entends le murmure de la foule qui grandit. Puis, à 20 h 10, j'entre par l'arrière de la salle. Et encore la surprise : la salle est pleine de gens, suant à grosses gouttes, se servant de leur billet même pour tenter de se rafraîchir. Le bar manque de bouteilles d'eau depuis 30 minutes. Les gens sont là, venus pour entendre Jean-Marc. C'est une surprise, quasiment un miracle. Je suis renversé ! Après 35 ans à faire quelque 150 conférences par année, les gens se déplacent encore par centaines. Quel job extraordinaire d'avoir le privilège de dire aux gens comment je vois la vie, comment je ressens les événements et de bien gagner ma croûte en plus!

Je suis toutefois toujours nerveux, même après toutes ces années. Je croyais que ce trac disparaîtrait avec le temps. Je me disais: «Au bout de 20 fois, quand je saurai le tout par cœur, ça va se passer et je me sentirai plus à l'aise.»

Eh bien, non! J'ai autant de papillons dans l'estomac aujourd'hui qu'au tout début. J'ai mon petit rituel avant chaque conférence: je mange un yogourt, rien d'autre. Je ne soupe jamais. Trop nerveux. Je suis incapable d'avoir l'estomac plein avant de m'adresser au public. C'est désagréable et en même temps, je sais que ce stress est rassurant: cela va bien aller, je suis nerveux.

Je marche pendant une heure à l'arrière avant de m'avancer sur la scène face au public. Je ne parle pas aux gens dans les coulisses. J'ai une grande tension et je sais d'où elle vient: je suis aussi souple qu'une corde de violon quand je vois tout ce beau monde assis dans une salle et qui me regarde! Je lis toutes sortes de choses dans leurs regards. Et les yeux parlent autant, sinon davantage que la bouche...

Certains me connaissent et sourient parce qu'ils ont une bonne idée de ce qui va se passer au cours des prochaines minutes. D'autres ont de gros points d'interrogation dans les yeux... Ils se posent des tas de questions et cela m'agace un peu parce qu'ils voudraient tellement une réponse. Ils ont tellement raison.

Mais je ne les ai pas, les réponses aux questions qu'ils se posent. Je ne suis pas un héros ou un savant: je suis un humain comme tous ces gens venus me voir et m'entendre. Je suis né en 1930 et j'ai passé le cap des 75 ans en 2005. Je suis marié depuis 52 ans avec Céline, celle que j'appelle toujours «Maman». J'ai 5 enfants et 21 petits-enfants. Ma vie a été bien remplie.

Cependant, avec tout cela comme réussite, j'ai fait des erreurs, j'ai pris de mauvais virages et je sais que je vais en prendre d'autres encore! Parce que la vie, c'est une succession de hauts et de bas. Et tout ce dont je peux parler, c'est des hauts et des bas que j'ai expérimentés. Ce que je raconte ne vient pas de livres savants; tout cela vient du gros bon sens que, comme humain, on oublie trop souvent.

POURQUOI? PAS COMMENT!

Mais à chaque virage, je reviens toujours à mes vraies questions: les pourquoi, et non les comment! Ce n'est pas comment se sortir du trou qui est le plus important au début, c'est pourquoi! Que cherches-tu pour toi? On apprend trop souvent comment faire les choses, mais on ignore pourquoi on les fait. C'est ainsi qu'on vient à croire que la vie se résume à une recette que l'on peut apprendre par cœur grâce à un livre qui nous l'explique. Pourtant, toute la philosophie apprise au collège tournait autour des pourquoi, jamais des comment. Ne me dis pas comment aller au ciel, explique-moi plutôt pourquoi je devrais y aller!

Quand on regarde les études faites sur ce qui rend les gens heureux, qu'ils soient de gauche ou de droite, on se rend compte que le bonheur, c'est avant tout quand ils découvrent un sens à ce qu'ils font. Quand il n'y a pas de sens à ce qu'on fait, le bonheur, ce sentiment de plénitude vis-à-vis de la vie, est absent. Et le sens ne peut être que la réponse à des pourquoi!

Avec les comment, les gens sont toujours en attente et subissent la vie. On dit alors «faire du temps», consciemment ou inconsciemment. Ainsi, combien de gens font du temps, sans se remettre en question, sans se poser la bonne question:

«Pourquoi je travaille, là ? Est-ce que j'aime ça ? Est-ce que je pourrais travailler ailleurs ? Y a-t-il une autre façon de faire les choses ? »

Je demandais à des secrétaires qui travaillaient dans un organisme paragouvernemental pourquoi elles avaient choisi ce travail. La plupart me disaient que c'était par hasard qu'elles avaient abouti là. Elles avaient lu une petite annonce dans un journal ou encore une amie leur avait dit qu'on cherchait une secrétaire. Je n'en ai pas contre le fait qu'il faille d'abord gagner sa vie et pour cela accepter le poste offert. Mais 20 ans après, peut-on se poser les questions : «Pourquoi on est toujours là ? Pourquoi on travaille toujours comme secrétaire ? »

Ce sont de vrais pourquoi.

LES CAISSES POPULAIRES : **LA MISSION D'UN HOMME**

« Mon Dieu ! Vingt-sept ans de service, seulement quatre à faire et c'est fini. »

Celui qui parle ainsi aura passé, à sa retraite, 31 ans de sa vie à attendre que ça finisse. Est-ce possible... ? Une vie à attendre !

J'interroge souvent les gens que je rencontre sur les raisons pour lesquelles ils font tel ou tel boulot. Ils répondent : «Je travaille là parce qu'il y avait une ouverture et j'ai bloqué l'ouverture. » Ils ne se rendent pas compte que la vie ne consiste pas à bloquer une ouverture : c'est beaucoup plus grand que cela !

Le directeur général d'une caisse populaire m'a appelé au lendemain d'une de mes conférences pour me dire : «Ce n'est pas ce que j'espérais de la conférence. Je m'attendais à une conférence de motivation et, au lieu de cela, tu nous as embarrassés avec tes questions existentielles ! » J'avais posé de vraies questions, des pourquoi. Ils les avaient trouvées plutôt raides ! Et, effectivement, il y avait eu un silence de mort après une des premières questions que j'avais posées au groupe, un silence *anxiogène*, comme disent les psys !

Je leur avais demandé : « Toi, as-tu choisi le Mouvement Desjardins, ou est-ce le Mouvement Desjardins qui t'a choisi ? » J'avais alors senti chez tous une angoisse. Étaient-ils heureux ou malheureux ? Avaient-ils accepté ce travail « en attendant » ? Le Mouvement Desjardins avait-il une importance pour eux ? Était-ce une sorte de mission qui donnait un sens à leur vie ?

Alphonse Desjardins, le fondateur des Caisses populaires, il y a 105 ans, avait décidé de créer ce Mouvement-là avec des « trente sous » que les gens réussissaient à épargner, sans plan d'affaires, sans financement, sans une loi régissant les caisses. Une entreprise de fou ! Mais un fou qui voulait donner un sens à ses actions : il voulait aider les pauvres gens à s'en sortir.

Il avait proposé à ses compatriotes de confier leurs modestes épargnes à une coopérative gérée localement par eux-mêmes. Comme le disait M. Claude Béland, dans *Le Devoir* du 5 novembre 2004 : « À une époque où les Canadiens français ne sont pas très ouverts aux affaires de la finance et alors que le bas de laine est encore pour certains le lieu le plus sécuritaire pour leur pécule, cette proposition est certes aventureuse. L'audace est telle que des voix s'élèvent afin de mettre en garde la population contre les risques d'une telle initiative. Alphonse Desjardins en vient lui-même à douter de son projet et à demander à Dieu de chasser de son esprit ce projet s'il doit nuire à quiconque. » Il avait trouvé un pourquoi à ses gestes. Il avait répondu à ses pourquoi !

Une mission, cela se pose aussi pour chacun de nous : quel sens donne-t-on à sa vie ? Que veut-on laisser comme trace de son passage sur cette terre ? Oh ! pas nécessairement aussi gigantesque que celle laissée par Alphonse Desjardins ; mais chacun de nous a une mission, un rôle à jouer, un grain de sable à laisser sur la planète Terre !

UNE QUESTION **D'UN PRISONNIER**

C'est lors d'une rencontre avec des prisonniers à la prison de Saint-Vincent-de-Paul qu'un jeune du groupe m'a permis de chercher ma propre mission sur cette terre.

Ce soir-là, j'étais en train de boire un café en compagnie d'une quinzaine de détenus et nous discutions de sujets et d'autres. J'avoue tout de suite que cette forme de bénévolat n'est pas désintéressée de ma part. En fait, c'est avec une bonne dose d'égocentrisme que je rencontre ces prisonniers dès que j'en ai l'occasion. Pourquoi ? Parce que j'apprends énormément de ces gens-là !

Il y avait dans le groupe ce jeune prisonnier qui devait avoir 37 ou 38 ans, pas davantage, et qui n'allait pas sortir de prison avant l'âge de 45 ans. Disons que ces longues incarcérations ont tendance à modifier un plan de carrière... Malgré cette longue peine, ce prisonnier était très optimiste et même quelque peu philosophe sur les bords. Il était tout sourire et, ce qui me plaisait beaucoup chez lui, il avait confiance en la vie. Je savais qu'il s'en sortirait.

Durant la soirée, il me regarde, pendant que je sirote mon café, et me dit : « Jean-Marc, j'ai très mal dormi cette nuit.

— Sans blague ? Pourquoi ? que je lui réponds.

— J'ai fait un mauvais rêve...

— Ah ! oui ! C'était quasiment un cauchemar ? Ce genre de trucs te laisse souvent tout courbaturé à ton réveil le lendemain matin...

— Non, Jean-Marc. Ce n'était pas un cauchemar du tout. Tu étais même présent dans mon rêve et comme d'habitude, très enjoué !

— Mais c'est cela qui t'a rendu la nuit si difficile !

— Je vais te raconter mon rêve. On était assis à boire un café ensemble autour d'une table, comme ce soir, et je t'ai posé une question. Comme tu venais pour me répondre, je me suis éveillé. C'est ça qui est frustrant. J'ai jamais eu la réponse à ma question. Pourrais-je te la poser de nouveau ce soir ?

— Vas-y. On verra bien. Mais je n'étais pas là, dans ton rêve ! Je n'ai pas nécessairement la réponse.

— Jean-Marc, as-tu des enfants ?

— Comment ça, si j'ai des enfants ? J'en ai cinq : trois beaux gars, deux belles filles. J'en parle tout le temps. Si c'est ça ta question, tu en connaissais déjà la réponse !

— Attends, Jean-Marc ! Énerve-toi pas ! Ça s'en vient !... Jean-Marc, as-tu de l'argent ?

— Oui ! Financièrement, cela va très bien.

— Alors Jean-Marc, voici la question : qu'est-ce que tu veux laisser à tes enfants en mourant ? Un compte de banque ? Une maison payée ? Un chalet *clair* ? Un REER important ? »

Je ne savais pas quoi répondre. Notre testament, à ma femme et à moi, m'est revenu en mémoire. Un document de 60 pages. Très bien fait, mais qui ne traitait que d'argent. Tout y était ! Soixante pages qui disaient à quel âge les enfants auraient le droit de toucher leur part d'héritage. Et si ma femme se remariait, elle perdait tout !

Non ! Non ! Ce n'est pas vrai ! C'est une blague !

Mais la question me faisait réaliser une chose : le sens de ma vie se serait strictement limité à faire de l'argent ? Toute mon existence se résumerait à créer de la richesse matérielle ? Au retour, sur le boulevard des Prairies, à Laval, je réfléchissais à cette conversation.

Après discussion avec Céline, on a donc refait le testament au complet. Oh ! bien sûr, on y traite encore d'argent, mais beaucoup moins. Résultat ? Ce testament compte beaucoup moins que les 60 pages originales.

Et, en plus des clauses monétaires qui sont reléguées aux toutes dernières pages, on y a ajouté, Céline et moi, une liste de valeurs que l'on voulait transmettre à nos enfants et symbolisées par des objets nous ayant appartenu : par exemple, le bol à salade dans lequel Maman a préparé pendant 35 ans des salades pour toute la famille. C'est le symbole d'une famille réunie à table pour le repas de famille, qui échange et s'amuse, contents d'être tous là ensemble chaque soir !

La grosse chaise berçante ? Nous l'avons déjà laissée à un de mes fils. Elle représente l'amour des enfants car pendant de nombreuses soirées, j'ai bercé sur les deux bras de cette chaise les petits, en caressant doucement leurs cheveux. C'est la valeur amour paternel sans limites ! L'amour tout court et, surtout, ne pas craindre de le dire avec des mots

Qui héritera des bagues de Maman ? Ces bagues ne sont pas de grand prix, mais elles ont été achetées sur un coup de cœur, une folie. Le petit diamant sur l'une d'elles veut dire « Je t'aime pour très longtemps ». C'est fou ? Oui, mais il faut donner à nos enfants le sens de la folie, le sens de pouvoir se laisser aller comme dans un rêve.

Et qui héritera de cette bague que je porte et qui est celle que ma mère a offerte à mon père le jour de leurs fiançailles et qui, pour moi, symbolise la fidélité, une vertu qui se perd dans notre siècle du «tout jetable»?

Toutes ces choses dont je viens de traiter sont des pourquoi. Voilà ce qu'on a sans doute oublié de transmettre à la génération de demain. La vie, ce n'est pas juste un REER, ce n'est pas qu'accumuler du capital... Il faut lui trouver un sens. Il faut aussi savoir y glisser le brin de folie qui prouve que la vie est belle!

LE **PONT CHAMPLAIN**

La preuve qu'on oublie de s'interroger sur le pourquoi des choses, c'est qu'on pose, souvent sans s'en rendre compte, des questions tout à fait ridicules, ou mieux encore, on répond sans y penser, quasi machinalement, aux questions qui nous sont posées. Les «Comment ça va?» amènent toujours la même réponse: «Bien!» Est-ce que ça va toujours bien?

Je suis toujours surpris de voir comment les gens justifient les raisons pour lesquelles ils font quelque chose. En fait, ils ne justifient rien: ils répondent sans y penser! Combien de personnes, tous les matins, empruntent l'autoroute pour traverser un des grands ponts de Montréal? Pensons, entre autres, au pont Champlain que certains de mes amis traversent tous les jours ouvrables. Ils me disent: «Ce pont-là est bloqué régulièrement... Ils l'ont bâti bloqué! Cela me prend à peu près 45 minutes pour le traverser le matin, et le soir encore 45 minutes, car ce sont les gens du matin qui reviennent le soir à la maison.»

La question qui me trotte en tête et que je n'ose pas toujours poser par crainte de choquer mes amis, c'est tout simplement: «Dans ce cas, pourquoi ne te trouves-tu pas du travail sur la Rive-Sud, à Boucherville, à Longueuil, à Saint-Lambert, à Saint-Jean-sur-Richelieu, ou ailleurs?... Tu n'aurais plus de pont à traverser pour te rendre au travail. Tu pourrais ainsi profiter plus de la vie. Tu gagnerais au moins une heure tous les jours ouvrables!»

Mais les gens ne se posent pas la question et quand ils le font, ils me répondent : «Oui, mais Jean-Marc, il ne me reste plus que sept ans à faire au bureau à Place Ville-Marie, et ensuite j'ai fini... Je travaille à la banque depuis 28 ans!»

Ils auront passé 35 ans de leur vie à traverser le même pont, à prendre une heure et demie par jour, sept heures et demie par semaine... Pendant 35 ans, cela veut dire 375 heures par année, 15 jours de 24 heures perdues à attendre «que ça avance en avant»! Est-ce que cela en vaut la peine?

Mais s'ils se posaient sérieusement la question, peut-être réaliseraient-ils qu'ils apprécient beaucoup le travail qu'ils font à Place Ville-Marie : c'est un travail valorisant qui donne un sens à leur vie. Alors, bien! Ils ne seront plus impatients en attendant 45 minutes soir et matin sur le pont. Le problème : les gens ne se posent jamais la bonne question : pourquoi? Ils ne font que compter les jours, les mois et les années. Ils sont devenus des comptables!

POURQUOI AU LIEU DE COMMENT

Un jour, en visite dans une entreprise, je rencontre quelqu'un à qui il reste quatre ans et trois mois à travailler. Ce qui me surprend : il compte les jours. Il est encore dans le millier de jours à attendre... C'est encore un comptable pour qui la vie consiste à attendre qu'elle finisse?

Il y a cette autre téléphoniste qui, me montrant le téléphone qui sonnait presque continuellement, me dit entre deux appels : «Regarde... Il sonne toujours! Ça n'arrête jamais de sonner! Un vrai job de fou!»

Il sonne toujours, tant mieux. C'est le travail à accomplir : répondre au téléphone qui sonne ! Si tu n'aimes pas un téléphone qui sonne, ne choisis pas le travail de téléphoniste.

Ce sont là les pourquoi que chacun doit se poser. Mais on est tous trop occupés à apprendre comment faire les choses : on oublie pourquoi on les fait.

Mon Dieu, il faut se poser des questions et, surtout, les vraies questions : les pourquoi !

IL ÉTAIT *POLITIQUEMENT CORRECT*

Contrairement à celui qui désire sortir du rang, une bonne majorité des gens préfèrent se terrer au milieu de la foule, se perdre dans l'anonymat. Ils ne lèvent jamais le ton, se taisent plus souvent qu'à leur tour, obéissent et se conforment facilement à toutes les règles sans jamais oser les contester. On dit qu'ils prennent trop souvent tout pour de l'argent comptant et n'osent jamais soulever la controverse !

Voici un exemple qui montre jusqu'où peut aller la soumission aux règles de politesse, n'osant jamais contredire l'autre. Un jour, quelqu'un attendait son tour dans la salle d'attente bondée d'un médecin ; il s'est assis sur un journal n'ayant pas pris la peine de le remettre sur le guéridon.

Le croirez-vous ? Un adulte s'approche et lui demande le plus sérieusement du monde, surtout très poliment, en pointant le journal sur lequel il est assis : « Le lis-tu ? »

Le monsieur le regarde avec un sourire en coin, croyant qu'il fait une blague. Mais non : l'homme est très sérieux. Afin de lui faire réaliser le ridicule de sa question, il le regarde à son tour, l'air très absorbé, et répond : « Oui, je suis à le lire. » L'homme n'a même pas souri et prend place sur une chaise voisine sans dire un mot. Il est *politiquement correct* : on ne discute pas avec un inconnu, c'est là le véritable savoir-faire et savoir-vivre!

Se rendant compte que l'autre n'a pas saisi l'humour du message, il se lève, tourne la page du journal sur lequel il est assis... et se rassoit sur le journal grand ouvert, histoire de «confirmer» à l'autre qu'il était vraiment en train de le lire!

Non mais, réveille-toi! Tu as beau être poli, il aurait été raisonnable que la personne lui demande à nouveau le journal en disant: «Excusez! Est-ce que je peux avoir le journal, s'il vous plaît?»

À force d'apprendre seulement les comment être poli et respectueux, on oublie de savoir pourquoi il est vraiment ridicule de l'être dans certaines circonstances.

HISTOIRE DE **MIDOL**

Ce n'est pas seulement dans la vie de tous les jours qu'on oublie de se poser les vraies questions, les pourquoi! De grosses entreprises sont composées de gens qui sont formés à une seule suite de tâches et ils les exécutent sans oser se demander si le gros bon sens n'exigerait pas une autre façon de faire.

À preuve, la compagnie qui fabrique les produits Midol a fait imprimer sur ses boîtes, aux États-Unis, et Dieu sait combien il y a de boîtes de Midol en vente, la mise en garde suivante: «Ne prenez pas ce produit pour des douleurs liées aux menstruations... si vous êtes enceinte.»

Quelqu'un ne s'est sûrement pas servi de sa tête pour laisser passer une telle coquille. Est-ce possible que quelqu'un ait pensé écrire une telle énormité!? Mais son travail consistait à vérifier l'orthographe et la construction des phrases, non le sens de la communication. Oh! il n'y avait aucune faute d'ortho graphe mais il y avait pire: une imbécillité!

Je ne veux pas ridiculiser les gens qui ont le sens du détail : il est d'une très grande importance. Je ne voudrais pas voyager dans un avion qui aurait été assemblé par des mécaniciens n'ayant aucun sens du détail. Mais il est bon de toujours s'assurer que ce qu'on dit ou écrit a du sens, et de le dire si ce qu'on lit ou entend n'en a pas !

CROIRE EN SON PRODUIT

On dit que le ridicule tue ! Il y a des circonstances dans la vie qui semblent prouver le contraire : les gens y survivent ! Voici ce qui a été relevé dans les faits divers d'un journal publié aux États-Unis : en 2004, la compagnie Smith & Wesson, spécialisée dans la fabrication des armes à feu, a élu comme président de son conseil d'administration un type qui avait passé 15 ans dans une prison du Michigan pour des vols à main armée et tentative d'évasion. M. James Minder utilisait-il des armes Smith & Wesson quand il faisait ses vols à main armée en 1959 ? En lisant ce petit article, je me suis rappelé cette célèbre réclame publicitaire du gars qui avait trouvé le rasoir tellement bon qu'il avait acheté la compagnie ! C'est donc dire que ce M. Minder avait trouvé le revolver tellement à son goût qu'il était devenu président du conseil d'administration de l'entreprise qui le fabriquait ! Où étaient les administrateurs qui ont su éviter tellement bien les bonnes questions, les pourquoi ? Oh ! on doit leur pardonner, mais il y a aussi une certaine prudence qui s'impose, prudence qui aurait exigé au moins une vérification des antécédents de ce monsieur. Mais on avait suivi la façon normale sans se poser de questions.

Et encore, est-il possible qu'une compagnie importante qui fabrique des stimulateurs cardiaques ait sur ses dépliants cette note extraordinaire : « Tous nos stimulateurs cardiaques sont garantis. » Cela veut dire quoi ?

Un stimulateur cardiaque garanti? Quand il ne fonctionne pas, on vous en donne un neuf? S'il ne fonctionne plus, le type est probablement décédé et se fout royalement qu'on lui en installe un tout neuf amélioré!

On pourrait allonger la liste indéfiniment. Je sais que les erreurs sont possibles. Mais pourquoi, dans des entreprises regroupant des gens intelligents, personne ne critique ces genres de notions, disant aux patrons: «Cela n'a pas de sens!»

HISTOIRE DE **PIERRE TOMBALE**

Il y a quelques années, Stephen Covey, l'auteur américain du best-seller *The 7 Habits of Highly Effective People*, demandait aux participants à un de ses séminaires de composer l'épitaphe qu'ils voudraient voir gravée sur leur pierre tombale. Pendant que je tentais de rédiger la mienne, il me revenait en tête comment on résume la vie des gens dans tous les cimetières du Québec.

Visitez un cimetière prochainement, je vous en prie, et examinez attentivement chacune des inscriptions sur les monuments. Vous allez y voir quelque chose d'extrêmement drôle, mais aussi combien cynique et triste. Tout y est indiqué clairement: vous avez la date d'arrivée de la personne, disons «1930». Vous avez aussi, tout à fait à droite, sa date de départ, mettons «1998», et pour résumer 68 ans de vie sur terre, on a gravé dans la pierre un trait d'union d'un pouce et quart. Voilà tout ce qu'il a fait! A-t-il laissé une trace, a-t-il laissé des valeurs qu'il privilégiait?

Pis encore, sur d'autres pierres tombales, vous verrez la date d'arrivée de la personne, le trait d'union car on sait déjà ce qu'elle fera, mais comme elle n'est pas encore morte, à droite du trait, l'espace est resté vide. Il manque toujours la date de son «départ»: elle vit toujours!

Et pour en remettre, au cours d'un voyage au lac Mégantic, tandis que je me promenais dans le cimetière avant de commencer ma conférence prévue tard cet après-midi-là, j'ai remarqué un monument où on avait inscrit à gauche la date d'arrivée de la personne, le trait d'union et tout de suite après, les chiffres « 19 ». Or, on était en 2002 et le type était toujours plein de vie quelque part dans cette ville ! Le monsieur en question était « en retard », il devait mourir au XXᵉ siècle, non pas au XXIᵉ siècle ! J'avoue que cette constatation est déprimante. Pourtant, on peut revoir ces inscriptions sur des multitudes de pierres tombales. La vie n'est pas plus grande qu'un trait d'union ? Pourquoi, un jour, es-tu apparu sur cette terre ? Tu y es venu pour accomplir quoi ?

LA VIE : **UN CONCOURS**

Voici une version modifiée de mon histoire de pierre tombale. À Saint-Damien-de-Bellechasse, à la fin d'une conférence, une personne de mon âge avec les cheveux tout gris vient me voir dans le hall d'entrée et me dit : « Jean-Marc, j'ai une histoire pour toi, tu pourras l'ajouter à ton histoire de cimetière. Nous autres dans le coin, on est une quinzaine de vieux, tous élevés ensemble ; on est allés à l'école primaire ensemble ; enfin, on a toujours vécu ensemble. On a un rituel à chaque décès. Quand un membre du groupe meurt, ceux qui restent vont tous ensemble aux funérailles. Après, on se réunit à la forge, on allume un bon feu, on prend place autour et ensemble, on prend un petit verre de vin en l'honneur du mort. On parle alors de lui, de ce qu'il était, de ce qu'il faisait.

> « Il y a deux ans, poursuit-il, Alfred est mort. Alfred, c'était le plus tranquille du groupe. Il ne faisait jamais de bruit. Même petit, il n'était pas bruyant. Alfred ne s'était jamais marié. Il avait toujours vécu au fond d'un rang. Il était toujours avec nous, mais il ne disait jamais rien ou très peu. Comme d'habitude, on est tous allés aux funérailles. On a acheté la bouteille

de vin, on a allumé le feu à la forge, on s'est assis autour et là, il y eut un silence de mort; tous, on buvait tranquillement notre vin, mais personne ne parlait. Un silence de 25 minutes! Puis, tout à coup, il y en a un qui a dit: "Il crachait loin, par exemple!" Est-ce là tout le sens de la vie d'Alfred?!»

Il avait raison, ce spectateur, de retrouver dans cette anecdote le trait d'union de mon cimetière. Tout ce qu'on se rappelait d'Alfred, c'est qu'il crachait loin. A-t-il aimé un jour? A-t-il pleuré un jour? A-t-il eu des rêves? Qui était Alfred? Quelle trace a-t-il laissée ici-bas?

LA VIE DE **JEAN-DOMINIQUE BAUBY**

À l'opposé d'Alfred, voici l'exemple d'une vie qui a laissé une empreinte, certainement plus qu'un trait d'un pouce et quart sur un monument ou une pierre tombale!

C'est un des plus beaux témoignages que j'ai lus au sujet d'une vie qui laisse une trace et dont je me sers régulièrement dans mes conférences depuis quelques années, la vie de Jean-Dominique Bauby.

«Jean-Dominique Bauby était, à 42 ans, directeur de la revue *Elle*, à Paris. Il avait un poste important: 250 employés, dont 200 journalistes, un immense bureau au 8e étage d'un building donnant sur les Champs-Élysées d'où il avait une vue imprenable sur Paris. En bas, dans une aire de stationnement qui lui était réservée, il avait sa propre Mercedes – et pas la plus petite de la gamme! Vraiment, la vie était magnifique. Sa vie semblait avoir un sens. Il était éditeur en chef et il aidait les gens à se former une opinion, à comprendre l'Univers dans lequel ils vivaient.

«Le vendredi 8 décembre 1995, vers 14 h 30, une crise cardiaque, un AVC, le terrasse dans son bureau. Transporté à l'hôpital, il reste plongé dans le coma pendant quatre jours. À son réveil, il est complètement paralysé. Plus rien ne bouge. Il est sourd et presque muet. Mais son intelligence est parfaitement intacte. Il réalise tout ce qui se passe autour de lui, mais il ne peut communiquer avec les gens. Il se rend compte à quel point il est handicapé, mais encore là, il n'a pas la possibilité de le dire. La seule partie de son corps qu'il peut faire bouger à volonté, c'est sa paupière gauche ! Il peut cligner de l'œil gauche. C'est tout. »

Je vous avoue que lorsque j'ai lu cette histoire dans une revue, j'ai pensé instinctivement : « Ce n'est pas possible ! Si moi je passais par la même expérience, je demanderais au médecin s'il y a moyen d'accélérer les choses, d'arriver à la fin plus rapidement. Car vivre ainsi, dans ces conditions, ce n'est pas vivre : c'est exister ! »

Bref, je lui demanderais carrément de me débrancher et d'arrêter tout cela sur-le-champ. Pourtant, Jean-Dominique Bauby, malgré son handicap majeur, 99,9 % de toute sa mobilité maintenant disparue à jamais, n'a pas demandé cette fin rapide. Au contraire, à l'aide d'un alphabet qu'il a lui-même recomposé selon la fréquence de l'utilisation de chacune des lettres, il a dicté à une secrétaire, lettre par lettre, un livre de 139 pages, *Le scaphandre et le papillon*[4] !

Il clignait une fois de l'œil gauche quand la lettre sur le tableau n'était pas la bonne, et deux fois quand elle l'était.

C'est ainsi que Jean-Dominique Bauby a écrit son livre. Je l'ai acheté et je l'ai lu. C'était le message d'une personne paralysée, prisonnière de son scaphandre sous l'eau et qui regarde à la surface où elle aperçoit un papillon voler.

Bauby est décédé le 9 mars 1997 d'une crise cardiaque. Je suis certain que sur son monument au cimetière il y a un trait d'union entre sa date d'arrivée et sa date de départ. Mais si vous allez à la librairie ou à la bibliothèque, vous pouvez retrouver son livre, *Le scaphandre et le papillon*. Vous pouvez voir comment cet homme physiquement brisé laisse une trace de son

---

4. Jean-Dominique Bauby, *Le scaphandre et le papillon*, Paris, Éditions Robert Laffont, 1997, 139 p.

passage sur cette terre. D'après moi, c'est de cette façon qu'on donne tout son sens à une vie.

Évidemment, on n'est pas tous des rédacteurs de revue importante. Ce n'est pas tout le monde qui, frappé d'un AVC, endurerait ce que Jean-Dominique a souffert et qui, en plus, dicterait un livre! Il n'en faut pas moins trouver un sens à sa vie, comme l'a fait ce Québécois bien de chez nous, Bernard Comtois.

UN **VRAI** CONCIERGE

Bernard Comtois était concierge à la Commission scolaire de Montréal. Les douze dernières années de sa vie, Bernard a été concierge à l'école Denise-Pelletier, une école primaire de Rivière-des-Prairies. Pour faire son travail de concierge, il se levait tous les matins très tôt, à 4 h 30, pour aller conduire sa femme à Ville Mont-Royal où elle travaillait comme aide-cuisinière. Puis, il filait en direction de l'école où il arrivait vers 6 h 30. Il aimait voir à ce que tout soit en ordre; par exemple, l'hiver, il fallait que l'entrée de l'école soit bien déblayée. Il préparait le café des professeurs, puis, au fur et à mesure que les élèves arrivaient à l'école, il prenait soin de son petit monde. Il avait dans son atelier une petite boîte avec des fermetures éclair, des boutons pour des pantalons afin d'aider, ne serait-ce que temporairement, un enfant aux prises avec un petit pépin d'ordre vestimentaire. Un enfant avait un problème, Bernard disait toujours: «Viens voir Bernard! Il va t'arranger ça!» On raconte[5] qu'il était considéré comme le grand-papa de tous les élèves.

> «C'était plus qu'un concierge, note Michelle Corriveau, enseignante. Je n'en ai jamais rencontré un comme ça. On demandait aux élèves: "Qui est le directeur de l'école?" et ils disaient en chœur: "C'est Bernard!"»

---

5. Rima Elkouri, «Bernard le concierge», *La Presse*, 9 mai 2003.

Un jour, Bernard a pris sa pension. Malheureusement, il n'a pas vécu très longtemps comme retraité. Il est décédé quelques mois plus tard. Mais il était tellement extraordinaire que pour toujours se rappeler de lui, on a baptisé le salon des professeurs de cette école primaire, le Salon Bernard-Comtois. Il était concierge, oui! mais quel concierge! Il n'avait aucune raison d'arriver à l'école à 6 h 30 puisqu'il n'était payé qu'à compter de 8 heures et encore, il avait un salaire fixe! Il n'y avait, dans sa description de tâches, aucune mention de «boutons ou de fermetures éclair». Il n'était pas concierge, il était le papa de tous ces petits : il prenait soin des enfants. Bernard avait trouvé un sens à ses gestes.

Si tu ne trouves jamais un tel sens à ta vie, il t'est impossible de connaître le bonheur. Pire, on se demandera souvent à ton sujet : qu'est-il venu faire sur cette terre? Crachait-il loin?

PRENDRE **UN ENFANT** PAR LA MAIN

D'ailleurs, travailler dans une école, ce n'est pas un job, c'est une vocation quel que soit le poste que l'on y occupe. Cela m'a été révélé en 1992.

En effet, le 25 août 1992, je donnais une conférence dans une école privée à Lafontaine, près de Saint-Jérôme, dans les Laurentides. Ce matin-là, quelque 200 employés étaient tous réunis en ce début d'année scolaire. Tous les professeurs, tous les directeurs, tous les gens d'entretien et des cuisines, tous les moniteurs, tout le monde y était. Vers 8 h 15, tout le monde a pris ensemble un café et un croissant. Il y avait de grandes tables rondes. Puis, à 9 heures, le directeur de l'école s'est approché du podium et a annoncé que la réunion plénière allait débuter.

«Pour commencer, si vous voulez prendre les petites feuilles roses que vous avez devant vous sur les tables. Nous allons chanter.»

Il s'est tourné de côté pour demander au jeune homme installé à la console de son : « Mets le disque pour qu'on puisse chanter tous ensemble. » Je me souviens du regard surpris des participants. « Devrons-nous, cette année, former une chorale ? » se sont-ils tous demandé.

Ce matin-là, quelque 200 employés ont entrepris le début de l'année scolaire en chantant le succès d'Yves Duteil, *Prendre un enfant par la main* :

Prendre un enfant par la main
Pour l'emmener vers demain
Pour lui donner la confiance en son pas
Prendre un enfant pour un roi
Prendre un enfant dans ses bras
Et pour la première fois
Sécher ses larmes en étouffant de joie
Prendre un enfant dans ses bras
[...]
Prendre un enfant pour le sien

Et quand ils ont eu tous fini la chanson au complet, le directeur a dit : « Maintenant, vous savez pourquoi on est là ! Vous avez la raison d'être de notre école : les enfants ! Ce qu'on va discuter dans les heures qui viennent, c'est comment nous pouvons prendre ces enfants par la main durant toute cette année. »

J'étais renversé de voir ce directeur replacer l'élève au centre des préoccupations scolaires, et non pas le contrat de travail, les contraintes budgétaires, les congés de maladie, la suppléance, le transport des élèves. Non ! Tout simplement l'élève au centre et le prendre par la main. On était loin des « comment gérer une école ». On se concentrait plutôt sur « pourquoi une école » !

Un psychologue de l'université de Pennsylvanie, Martin Seligman, a établi, dans son livre intitulé *Authentic Happiness*, publié en 2002, les trois composantes majeures du bonheur : le plaisir, l'engagement et un sens à la vie. Des trois éléments trouvés par le scientifique, le plaisir est celui qui a le moins de conséquences. Les plus importants gages du bonheur demeurent le sens – où est-ce qu'on va ? – et l'engagement. Les pourquoi donnent un sens à la vie ! Les gens de cette école, ce matin-là, avaient fait un grand pas pour découvrir que toute vie, toute occupation, même la plus simple, a un sens quand on se donne la peine de le trouver.

L'ÉPITAPHE DE JEAN-MARC

Pour moi, et je parle pour moi, la famille, c'est ce qui a donné un sens à ma vie. Mes enfants sont la trace que j'ai tenté de laisser derrière moi. Et celui qui me l'a dit si clairement, c'est mon père.

Quelques mois avant de mourir, m'entendant me plaindre parce qu'il allait bientôt nous quitter pour toujours, mon père m'avait dit : « Voyons donc ! Je serai là tout le temps. » Et en pointant un doigt rendu noueux par la maladie en direction de mon petit-fils qui jouait dans le jardin, il a tout simplement ajouté : « Je serai toujours là dans chacun de tes petits-enfants. »

C'est là le sens de ma vie. Je me surprends quelquefois, en regardant mes vingt et un petits-enfants, à répéter la phrase de mon père. « Je ne mourrai jamais : je serai toujours là ! »

Tous ces gens qui ont trouvé un sens à leur vie ont compris ce que Serge Bouchard du *Devoir*[6] disait : « Faire une montagne de sa vie... » Le journaliste écrivait que tous ceux et celles qui carburent à la passion chercheront inévitablement à donner du sens à tout, à la routine, à la distance ou à la durée.

« L'enjeu est de taille car ne plus mordre dans la vie finit par nous couper l'appétit, l'appétit de vivre s'entend.

---

6. Serge Bouchard, « Faire une montagne de sa vie », *Le Devoir*, 3 décembre 2001.

« Mais qu'en est-il à la fin ? Exprimer sa passion revient simplement à être humain et à le dire. Nous sommes des êtres de parole. Alors il faut parler. Il est bon surtout de se parler à soi-même, de se raconter des histoires, des histoires à n'en plus finir, des histoires pleines de rebondissements, remplies de mots et de poésie. J'ai toujours refusé d'être bref et concis, de m'analyser, de m'expliquer ou de rendre des comptes. Nous avons le devoir de nous rebeller contre la dureté et la platitude de la vie. Car la vie est un principe de rebondissement. Rebondir, c'est vivre. Nous ne savons rien de la mort sinon ceci : les morts ne rebondissent plus, leur fixité nous étonne. Il n'est pas bon de mourir avant l'heure.

« Puisque nous sommes là, faisons des montagnes de nos vies. »

Quel beau message ! Quand j'ai intitulé, il y a trois ans, ma conférence *Politiquement incorrect,* je voulais dire à tous que la vie est belle seulement si on en fait une montagne, seulement si elle a un sens.

Pour moi, avoir des enfants et des petits-enfants, c'est la mission de Jean-Marc sur terre. Je veux, ici, citer le texte de Josée Blanchette, paru dans *Le Devoir* du 17 juin 2005, sur le rôle du père. Elle y parle de son conjoint dont le père est décédé alors qu'il était très jeune. C'est le père adulte qui parle de sa mission et de ses regrets :

« Je regrette de ne pas avoir pu performer devant mon père... J'aurais aimé m'obstiner avec mon père et gagner. J'aurais aimé jouer au hockey contre lui et *scorer.* J'aurais souhaité qu'il me dise que ça va bien quand ça va mal. Ta mère, c'est comme un *cheerleader,* mais ton père, c'est le *coach.* Il ne se gêne pas pour te remettre à ta place et te dire tes quatre vérités, parfois avec diplomatie, parfois de façon autoritaire.

« Sans père, tu es seul dans la mer avec ton kayak, tu n'as pas de balises, pas de repères. Tu ne sais pas de quel bord regarder. Moi, je veux transmettre un coffre à outils avec des valeurs à mon fils parce que c'est très long, trouver ce qui correspond à ce que tu es. Veux, veux pas, tu t'inscris dans une filiation. Quand ton père te présente son système de valeurs, t'as au moins le choix de le rejeter. C'est long, procéder par essais et erreurs... C'est tellement important, un père pour un garçon, en 2005, parce que les femmes sont partout, surtout dans l'éducation. Entouré uniquement de femmes, tu deviens maladroit dans un monde d'hommes. Tu es comme un animal sauvage qu'on a domestiqué et qu'on tente de remettre en forêt. »

J'ai trouvé une partie de l'épitaphe que je voudrais sur ma pierre tombale : « Jean-Marc Chaput a été un père ! »

Chapitre 2

LA **RATIONALITÉ**

*Le succès dans la vie n'est pas fonction de
combien tu as fait, mais de combien grande
est la différence que tu as faite.*

Trouver un sens à son action, voilà l'idée de base de la démarche entreprise dans ce livre. Ce faisant, je savais que je sortais du rang des conformistes, je savais que je devenais *politiquement incorrect*!

Car il faut être fou pour penser et prétendre qu'on a trouvé un sens à sa vie. Les gens ne succombent généralement pas à ce genre de folies et négligent de trouver ce sens dans leurs actions. On évite inconsciemment ce genre de question. On les entend résumer qui ils sont quand ils disent: «Je suis un bon travaillant. Je fais ça et ça...» Aimer ou pas ce qu'ils font ne semble pas avoir une grande importance. Je suis de ceux qui sont assez fous pour dire: «J'ai une passion: c'est fou, mais c'est emballant!» On ira jusqu'à prétendre que ces gens passionnés sont malades et que se donner corps et âme à son travail peut être très dangereux. C'est vrai, mais à mon sens et c'est là une de mes réponses, c'est cela vivre!

LES **POISSONS TROPICAUX**

Voici l'exemple d'un jeune qui a trouvé un sens à sa vie ! Un jour, j'entre dans une animalerie avec mes petits-enfants pour acheter de la nourriture pour les chats. Je m'adresse à un jeune homme dans la vingtaine afin qu'il puisse m'indiquer le meilleur produit possible. J'engage alors la conversation, lui demandant :

« Cela fait longtemps que tu travailles ici ?

— Cela fait six ans ! Je suis le propriétaire !

— Wow ! Si jeune et déjà tu as ton propre commerce ! As-tu suivi des cours en animalerie ou en techniques administratives auparavant ?

— Non ! J'ai terminé mon 5e secondaire ! Mais j'ai toujours aimé les animaux. Tout jeune, j'avais une passion pour les poissons tropicaux. J'avais des aquariums plein ma chambre. Toutes les économies que je pouvais réaliser passaient à l'achat de petits poissons ou en équipement. En terminant mes études à la polyvalente, au lieu de m'inscrire au cégep, au grand dam de mes parents, j'ai choisi de travailler dans une animalerie parce qu'on y vendait beaucoup de poissons tropicaux. C'était ma raison de vivre à ce moment-là. À la longue, j'ai réalisé que ces poissons à la maison, dans l'aquarium, apportaient à mes clients une sorte de sérénité, de paix. Cela les calmait, les aidait à relaxer ! C'était souvent pour ces gens, et surtout pour les personnes âgées, une sorte d'accompagnement, de vie dans leur petite chambre.

Puis, le temps a passé et aujourd'hui, je suis propriétaire d'une animalerie, non pas parce que j'ai de longues études collégiales en techniques administratives, mais tout simplement parce qu'au départ il y avait chez moi cette passion que je ne pouvais assouvir, une espèce de folie de toujours me répéter :

Je vais aller encore plus loin. Je veux toujours essayer quelque chose de plus grand. J'apprends toujours plus ! »

Quel beau témoignage ! Le jeune était *politiquement incorrect*, mais il rayonnait de vie et de plus il réussissait en affaires.

Mais face à cette folie-là, on a malheureusement une société qui est « castrante » et qui y oppose tout ce qui relève de la raison, de cette « raison » dont parlait René Descartes. Il faut être raisonnable à tout prix.

LE MOT D'ORDRE : **« SOIS RAISONNABLE »**

On détruit l'enthousiasme avec ces raisonnements et ces mises en garde que l'on distribue à qui mieux mieux !. Quelqu'un arrive avec un *Wow !* fantastique dans un bureau et lance à ses collègues ou à son patron : « Eh ! je viens d'avoir une commande extraordinaire... » Et en un rien de temps, il se fait démolir, on lui crie : « Énerve-toi pas. Ta commande n'a pas encore été acceptée par le service du crédit. Elle ne sera pas approuvée. Chaque fois qu'on a une belle commande, elle n'est jamais acceptée. » Pauvre gars. On vient lui couper avec une seule petite phrase son enthousiasme. Parce qu'il faut être raisonnable et, surtout, ne pas s'exciter !

Cette façon d'agir est transmise aux plus jeunes. On les force tout petits à être raisonnables. Par exemple, Paul répète avec insistance : « Je veux avoir un autre biscuit... » Qu'est-ce qu'on lui répond neuf fois sur dix ?

« Non, non, Paul. Tu as déjà eu trois biscuits.

— Oui, mais j'aimerais ça en avoir un autre.

— Trois, c'est assez, je t'ai dit ! Si tu en manges un autre, tu seras malade... »

Eh bien ! ce n'est pas vrai. J'ai déjà vu des enfants manger tout un sac de biscuits sans être malades !

Peut-on arrêter de toujours répéter ce mot « *raisonnable* » ? Ça n'a aucun sens de réduire la vie à la raison seulement.

Remarquez que durant mon enfance, à la maison, on m'a souvent répété d'être *raisonnable* !

J'étais un enfant unique jusqu'à l'âge de 11 ans. Ma mère s'occupait de faire les emplettes pour la petite famille. Tous les vendredis, elle achetait un pot d'olives qu'elle installait au centre de la table. Moi, j'adore les olives ! Il était plein de belles olives juteuses dont je me régalais. Je les mangeais des yeux ! Mais ma mère ne m'en donnait que six. Pourquoi pas douze ? Non : six. J'avais beau lui demander si je pouvais en avoir d'autres, elle me répondait invariablement : « Non. Il faut en garder pour dimanche. »

Dans ma tête d'enfant, je me disais : « Cela ne change rien. En manger douze ce soir voudrait dire qu'il y en aura tout simplement six de moins dimanche ! J'aime ça, des olives ! »

« Non. C'est six et pas une de plus... Il faut être *raisonnable* ! »

Oh ! je comprends bien la nécessité d'être capable de tempérer ses humeurs et de doser ses gratifications et ses récompenses. Il faut pouvoir attendre cette gratification, certes. Je sais qu'il faut, jeune, apprendre à faire des sacrifices immédiats pour des bienfaits futurs. Je suis parfaitement d'accord avec ce principe, mais on attend jusqu'à quand ? Faut-il au moins qu'il y ait une raison valable derrière le refus : on ne refuse pas pour rien ! On dit non trop facilement ! Alors que oui est la porte ouverte pour essayer quelque chose. Où est le plaisir quand on nous submerge d'interdits ?

En passant, il y a un autre exemple de remarque qui me fait toujours sourire, quoique je n'en saisisse pas toujours le sens! C'est l'histoire de la petite fille et de sa mère qui discutent ensemble. Il est 8 heures du soir. Tout à coup, au beau milieu de la conversation qui s'éternise, la mère dit à sa fille : «Tu sais, maman a fait une très grosse journée au bureau. Elle est très fatiguée. Alors, va te coucher! Il est 8 heures!» La petite monte à sa chambre en maugréant, se disant intérieurement : «Pourquoi, quand tu es fatiguée, maman, c'est moi qui se couche? Si tu es tellement à bout, couche-toi et fous-moi la paix! Cela ne rime à rien que je prenne le lit pour que tu te reposes! Est-ce parce qu'il faut être *raisonnable*?»

CAUSE À EFFET

Il semble que pour notre monde moderne, il ne sert à rien de savoir *pourquoi* on fait quelque chose! On le fait parce que c'est comme *ça*! C'est à se demander à quoi peuvent servir les rêves. Jadis, à l'école, on donnait des cours qui cherchaient les réponses aux grands pourquoi de la vie : cela s'appelait des cours de philosophie. On veut de plus en plus les éliminer. Dans un monde où la performance passe avant toute chose, on semble avoir compris que lorsqu'on pense, on n'apprend pas à être performant. Penser, se demander qui on est, d'où on vient, où on va, cela ne sert à rien et ralentit le système. Mieux vaut être *raisonnable* et suivre la foule, car mieux vaut être *politiquement correct*!

On dirait que toute la vie doit absolument être *rationnelle* et logique et suivre une ligne droite! Pourtant, ce n'est pas vrai que la vie est rationnelle, qu'elle répond aux lois de la logique. Il n'y a pas de cause à effet dans une vie. Il y a plutôt des angles droits, des coups de pied qui nous obligent à recommencer, à repartir. C'est ça, la vie! Il n'y a pas de continuité horizontale... sauf dans le cimetière, mais alors, il n'y a plus de vie.

Dan Bigras, dans un article paru dans *La Presse* du 23 avril 2005, disait en parlant du film *La rage de l'ange* qu'il se préparait à tourner : « Mais c'est ça la vie : aller de thérapie en thérapie pour devenir un adulte heureux. Le cerveau veut manipuler, tromper, leurrer. L'instinct ne trompe jamais. Et je suis sûr de ne pas me tromper si je réalise mon film avec l'instinct, le cœur, les émotions. Finalement, c'est l'enfant en moi qui a raison et qui aura toujours raison. »

Il a raison de voir qu'il n'y a pas de lien de cause à effet dans la vie. Le parcours de la vie est toujours en dents de scie. Il sait que c'est son instinct qui le guide, c'est-à-dire l'inverse du rationnel !

UN DIMANCHE **À LA PLAGE**...

Le dimanche 26 décembre 2004, des gens en vacances se prélassaient sur des plages sablonneuses. C'était jour de congé, le lendemain de Noël. Il faisait soleil. Et tout à coup, une vague énorme a tout emporté. Des centaines de milliers de morts.

Ce n'est pas *logique*, un tsunami.

Dieu sait si ces vacanciers n'avaient pas prévu cette terrible catastrophe « naturelle ». Il y avait là des gens qui avaient pourtant préparé leur voyage en Thaïlande depuis deux ans et qui y avaient investi presque toutes leurs économies. Ce devait être un *Wow !* extraordinaire dans leur vie. Puis, voilà qu'arrive une vague monstrueuse et tout est à refaire... On a cherché en vain une cause logique.

Il est ridicule de penser qu'on peut vivre une vie comme s'il s'agissait d'une suite de chapitres d'un livre. La vie ne s'écrit dans un livre qu'une fois qu'on l'a vécue, pas avant ni même pendant ! Le livre s'écrit quand on en connaît la fin !

Pourtant, dans les jours qui ont suivi le grand tsunami du 26 décembre 2004, on a pu lire dans certains journaux et revues des articles qui mentionnaient avoir décelé les causes de ce grand drame, ou du moins en avaient trouvé quelques éléments de réponse. Le principe de cause à effet était appliqué : une logique cartésienne que, cependant, je ne dénigre pas, bien au contraire. Mais dans le parcours d'un humain sur terre, il est souvent une entrave à vivre pleinement.

On a cru que c'était la faute des habitants de ces contrées dévastées par le raz de marée. Pourquoi ? Parce qu'ils ont mené une vie de péchés et que là, Dieu les punissait comme il était arrivé aux habitants de Sodome et Gomorrhe jadis ! Le bon Dieu n'a pas de temps à perdre à créer des cataclysmes pour punir les gens : il a d'autres chats à fouetter, non ?

Il y a ceux aussi qui voient les États-Unis dans leur soupe.

Ils prétendent que c'est la faute des Américains qui ont provoqué le tremblement de terre sous les mers par une explosion atomique. Est-ce possible de ne pas avoir les yeux suffisamment ouverts pour savoir que c'est la croûte terrestre qui bouge et provoque ces événements ? Il n'y a pas de Dieu là-dedans, pas plus que d'Américains !

SO LONG NOW ! *I HAVE TO GO !*

Certaines catastrophes, dans la vie, nous apprennent que vivre ne se résume pas en une ligne droite entre une date de naissance et une date de mort et qu'on ne peut avoir un sens dans sa vie en voulant tout prouver. Croire à la vie après un grand drame comme celui du 11 septembre 2001, c'est accepter l'irrationnel !

Un jour, à l'aéroport de Toronto, je suis en attente de mon prochain vol vers Montréal. Je cède alors à mon péché mignon et je vais faire un tour à la librairie pour me livrer à une de mes activités préférées : fouiller dans les livres et les revues. J'y découvre un petit livre d'une centaine de pages. Je le prends en main et comme toujours, ne m'intéressant nullement au titre, je commence à lire la couverture arrière. On y raconte que, grâce à des enregistrements quasi intacts, les conversations téléphoniques de plusieurs personnes disparues dans les tours du World Trade Center, le 11 septembre 2001, sont assez audibles pour avoir une idée des derniers instants de leur vie. On a donc transcrit ces conversations et refait l'histoire de la dernière journée de ces gens-là, avant le terrible écrasement des tours jumelles.

Au hasard, je tombe sur six pages au centre du livre qui racontent l'histoire d'un homme dans la quarantaine, marié, père de deux enfants.

Ce matin-là, le 11 septembre 2001, l'homme se lève à 6 heures, comme d'habitude. Le temps est splendide. C'est vraiment une belle journée de fin d'été. Le thermomètre indique 20 degrés et le ciel est sans nuages. Après son petit déjeuner, à 7 h 15, ce père de famille embrasse ses deux garçons et sa femme, se glisse derrière le volant de sa voiture et roule en direction de la gare. À 7 h 40, il monte à bord du train qui l'emmène au centre-ville de New York. Il y arrive vers 8 h 15. Il prend son café géant chez Starbucks et s'engouffre dans l'ascenseur qui grimpe jusqu'au 89e étage où est situé son bureau au World Trade Center. Il se met au boulot après avoir dit bonjour à son collègue. Tout le monde est déjà là et plusieurs occupent la grande salle en face de son pupitre. À côté de lui, dans la pièce voisine, son copain avec qui il travaille depuis onze ans analyse attentivement un dossier.

Environ une demi-heure après son arrivée, un bruit d'enfer l'étourdit complètement. Une formidable secousse fait tomber les cadres accrochés aux murs et éclater les grandes vitrines. En peu de temps, le bureau est envahi d'une fumée noire, opaque et étouffante. L'homme quitte son pupitre en courant et suit les gens qui tentent de se rendre aux escaliers près des ascenseurs. En arrivant au haut de l'escalier, il fait face à un flot de gens qui remontent des étages inférieurs, le visage noirci par la suie et qui lui crient : « Il est impossible de descendre par les escaliers. Il y a trop de fumée. On étouffe. »

Il revient alors en courant à son bureau. Les gens y sont affolés et courent dans tous les sens. Il décide d'aller voir son collègue d'à côté. Il le trouve debout, près de son pupitre, complètement perdu, les yeux hagards : il est dans sa bulle ! Il lui demande « Qu'est-ce qu'on fait ? » L'autre ne répond pas, son regard fixé sur le mur en face de lui. Tout à coup, il se tourne sur lui-même et regarde la fenêtre défoncée par le choc terrible de tantôt. L'instant d'après, le collègue saute dans le vide.

C'est alors que le père de famille revient à son bureau, s'assoit confortablement dans son fauteuil, prend une gorgée de café, saisit son cellulaire et compose le numéro à la maison. Il annonce alors à sa femme qu'une catastrophe vient de se produire, qu'il n'a aucune idée de ce qui a pu frapper l'édifice quelques étages plus bas et qu'il ne croit pas pouvoir s'en sortir vivant, tout espoir de fuite étant illusoire à cause de l'épaisse fumée qui bloque le passage vers le bas. Pour lui, il semble que c'est la fin. Il lui dit alors d'une voix tendre : « Merci ! Merci pour toute cette magnifique vie vécue ensemble. J'ai été profondément heureux avec toi durant toutes ces années. Rappelle-toi toujours que je t'ai beaucoup aimée et t'aimerai jusqu'à la fin ! Merci pour les deux beaux enfants qu'on a eus ensemble. Refais ta vie, continue à bien élever nos deux garçons et fais-en des hommes. N'oublie pas de leur dire que même si je travaillais beaucoup, moi, leur papa, les aimais plus que tout au monde. »

Par un heureux hasard, les enfants étaient encore à la maison ; il a donc la chance de leur adresser à chacun un dernier bonjour. Il leur dit : « Salut les gars ! Papa n'a plus grand temps. Je ne serai pas là pour souper ce soir. Faites vos devoirs le plus parfaitement possible. Devenez les hommes dont je serai toujours très fier et surtout, surtout, prenez soin de maman : elle aura besoin de vous ! »

Ce qui est extraordinaire dans cet appel téléphonique, c'est ce qu'il ajoute et dont je me souviendrai toujours. L'homme qui allait mourir a terminé sa dernière conversation avec cette phrase banale en anglais : « *So long now ! I have to go !* » Puis, la communication téléphonique a été coupée. Quelques minutes plus tard, la tour s'effondrait. On ne l'a jamais retrouvé ! J'ai remis le livre sur l'étagère et couru prendre mon avion pour Montréal. Une fois assis dans mon fauteuil, j'ai alors réalisé que je n'avais pas acheté le livre et que je n'en connaissais pas le titre. Durant le trajet, cette histoire m'a obsédé. Impossible de lire le journal !

Je réfléchissais ! Pas une seule fois cet homme a-t-il mentionné à sa femme des choses *raisonnables* dont on se préoccupe toujours ! Il n'a pas parlé de son REER, de son hypothèque, de ses placements ni de ses polices d'assurances ni même dans quel tiroir le tout était bien rangé. Il n'a parlé que d'aimer, de poursuivre, d'aller plus loin, d'être heureux. Il a parlé des choses du cœur, pas de la tête !

Pourquoi faut-il attendre que la tour soit à la veille de s'effondrer dans notre vie pour commencer à laisser parler nos émotions ? Pourquoi vouloir tout faire dans le sens du rationnel et de la logique ? Ce n'est pas vivre ! Ce n'est pas comme ça que la vie est faite. Il n'y a pas de suite logique dans une vie.

« J'AI TIRÉ LE **MAUVAIS TICKET** ! »

Il y a trois ans, Jacques Voyer, psychiatre, condamné à la paralysie depuis l'âge de 21 ans, publiait son livre intitulé *Que Freud me pardonne*. Nathalie Petrowski racontait alors ceci : « Vous êtes-vous demandé pourquoi cette tragédie est arrivée ? » « Oui, a-t-il répondu, mais ce que je me suis surtout demandé c'est : pourquoi moi ? Moi qui ai toujours été un bon garçon, trop bon, trop sage, qui suis allé à la messe tous les dimanches jusqu'à 20 ans. Pas parce que j'aimais ça, mais parce qu'à titre d'aîné, je devais donner l'exemple à mon frère et à ma sœur. Pourquoi moi ? Je ne le sais pas. Je sais seulement que ce jour-là, j'ai pris ce ticket-là ! » Et quel mauvais ticket c'était !

Après une première année de médecine, à 21 ans, Jacques Voyer, en plongeant dans une piscine, en frappa le fond et sa sixième vertèbre cervicale éclata, lui écrasant la moelle épinière. Il était alors paralysé à vie ! La tétraplégie serait son lot pour toujours.

Malgré tout, il poursuivit sa médecine et devint psychiatre pratiquant à McGill, à l'Hôpital juif de Montréal, au Royal Victoria et à l'institut Pinel. Il a dit, un jour, à son ami Guy Fournier : « Si toutes les routes sont fermées et qu'il ne te reste qu'un sentier, si impraticable soit-il, que te reste-t-il à faire sinon l'emprunter ? » Ce n'est pas la *logique*. Comme l'a si bien dit Nathalie Petrowski dans *La Presse* du 20 avril 2005 : « Au lieu de laisser l'immobilité lui ravager le cœur et lui bouffer le cerveau, il a foncé en fauteuil motorisé vers les autres, les malades, les fous, les suicidaires, les mourants. Même sans mains ni bras, il a touché les autres comme peu savent le faire. » Eh oui ! Pourquoi ? Parce qu'il disait que malgré le mauvais ticket, la vie valait la peine d'être vécue.

Mais il y a toujours ce que les anciens appelaient le destin qui nous attend au détour de la route : le 18 avril 2005, sous un soleil radieux, à la suite d'une fausse manœuvre, Jacques Voyer et sa femme Francyne ont fait un face-à-face avec un autobus venant en sens inverse sur le pont Champlain. Jacques est mort sur le coup. Francyne est décédée douze heures plus tard. Ce n'est pas *logique* ! Il n'y a pas de cause à effet. Jacques Voyer n'avait pas fait une mauvaise vie ! Le hasard ! *Act of God*, comme disent les Anglais. Il avait pour la seconde fois tiré le mauvais ticket!

Dans la vie, il faut lâcher la rampe de la raison. Il faut «laisser aller» («*Let go*», disent les anglophones). Suivre le courant, c'est-à-dire voir les circonstances qui se présentent à nous à différents moments de la vie et en profiter. Dans les chapitres qui vont suivre, je vais aborder le changement et l'intuition dans la vie par opposition à la planification d'une vie. Il faut vivre le moment présent au lieu de toujours vouloir le vivre avec *logique*: «Si je fais ceci, le résultat sera le suivant...» Rien n'est plus faux. La vie n'est pas faite ainsi. La preuve? Jacques Voyer en est la preuve!

L'ÉQUILIBRE

Cette insistance sur le *raisonnable* s'est traduite souvent dans notre entourage par la recherche de l'équilibre. Même durant la dernière campagne électorale, on a mis de l'avant le principe de l'équilibre travail-famille. Durant cette campagne, on a laissé entendre que la vie pouvait se diviser en quartiers et que chacun de ces quartiers devait avoir son espace bien attitré. Mais la vie n'est pas une «tarte»!

Le mot «équilibre» m'agace lorsqu'on parle de bonheur dans la vie. On veut absolument que la vie soit équilibrée, alors que la vie est une suite de hauts et de bas. Ça monte et ça descend, puis ça remonte et ça redescend! La vie ne suit pas une ligne droite horizontale. Le trait d'union qui suit la date de naissance inscrite sur une pierre tombale, comme je l'ai mentionné dans le chapitre précédent, est loin d'être représenté par cette ligne droite. La mort est une ligne droite: c'est la fin du voyage!

Quoi qu'on dise, quoi qu'on fasse, la vie ne sera jamais *équilibrée*. La vie, ce sont les montagnes russes. L'organisme humain est d'ailleurs lui-même bâti ainsi! Hans Selye en parlait en décrivant la nécessité du stress pour vivre en santé.

Mais on voudrait tellement que nos enfants soient *équilibrés*. La pilule miracle pour les enfants semble être le Ritalin! Elle rétablit l'*équilibre* et permet de passer à travers la vie calmement, sans excitation. Ce remède, car c'en est un, est certes nécessaire pour certains enfants, et je le crois sincèrement. Mais est-il possible que de 50 à 60 % des enfants de 10 à 15 ans soient tous soudainement hyperactifs et qu'il faille absolument leur prescrire ce médicament? Il devrait y avoir plus de petits gars normaux que cela, non? Un enfant de 12 ans aime toujours grimper sur les tables, crier à pleins poumons, se tirailler! À cet âge, il y a des poussées d'hormones! Un enfant, c'est fait comme ça. C'est plein d'énergie, d'enthousiasme pour la vie! Et on voudrait les calmer? Et même durant les fins de semaine et les jours de congé? Pourrait-on se demander, en tant qu'adulte, si ce n'est pas nous qui aurions à prendre nos distances et à laisser plus de liberté, d'indépendance à ces jeunes pour qu'ils essaient de voler de leurs propres ailes!

L'*équilibre* entendu comme le fait de se tenir en équilibre sur une sorte de fil de fer est une fausse notion de la vie! Il s'agit plutôt de pulsions qui nous viennent de l'intérieur, qui font que tu avances de quelques pas et peut-être trop loin; tu dois alors reculer de quelques pas; tu tombes et tu te relèves, toujours en fonçant vers l'avant!

LA VIE N'EST PAS **UNE TARTE** QU'ON PARTAGE

Cette remise en question est beaucoup plus facile à faire si elle est entreprise à deux. J'ai souvent raconté cette description que Céline, ma femme, faisait de moi. Elle disait: «Jean-Marc, il est comme un cerf-volant. Il monte, monte et monte. Mais je tiens toujours la corde et lorsque je vois qu'il est trop loin, que j'ai perdu de vue mon cerf-volant, tranquillement j'enroule la corde pour ramener le tout vers le sol.» Oh! je vois votre objection: c'est sa femme qui le mène! Non! Mais c'est elle qui me dit que je vais trop loin. Elle ne m'empêche pas et ne m'a jamais empêché de voler, bien au contraire. Elle a souvent été celle qui m'a incité à aller plus loin! C'est elle qui, par son action, m'a souvent aidé à briser cet équilibre qui semble l'idéal de bien des humains!

J'ai d'ailleurs retrouvé ce thème de l'équilibre dans un livre intitulé *Personal History*[7]. L'auteure Katarine Graham raconte l'histoire de la vie de son mari Phil Graham qui fut président du *Washington Post*, le journal qui révéla le scandale du Watergate.

Elle y cite une lettre de ce dernier qui écrit:

«Je trouve intolérable de croire que l'équilibre ou la modération ou l'entre-deux représentent des approches à la vie [...] L'équilibre ou l'entre-deux est trompeur. Ce type de langage inévitablement suggère que quelqu'un peut "finasser" le problème dans une sorte de neutralité végétale. Ceci est très approprié pour des navets, mais pas pour des humains.»

Examinez toutes les questions qu'on se pose durant toute une vie. Phil Graham se les posait lui aussi. J'ai inséré entre parenthèses les questions qui surgissent automatiquement à mon esprit:

«Pensons à la vie de tous les jours. Combien de temps consacré à son travail (doit-on faire des heures supplémentaires?)? Combien de temps mis de côté pour sa famille (toutes les fins de semaine ou le dimanche seulement?)? Combien pour méditer seul (le besoin de solitude)? Combien de temps mis au service de son souverain ou de son Dieu (la méditation)?

«Comment rationner notre énergie, notre talent et notre caractère parmi tous ces requérants?

«Nous savons qu'il n'y a pas de réponses à toutes ces questions et qu'il ne pourrait y en avoir sans se dépouiller du sens de la

---

7. Katarine Graham, *Personal History*, New York, Vintage Books, 1998.

vie. Nous savons que nous devons faire face à ces questions et à des milliers d'autres encore et encore, quelquefois avec vigueur, quelquefois avec grande fatigue, maintenant avec espoir, ou encore tout près du désespoir, mais toujours se poser ces questions tant qu'il y a de la vie encore et encore. »

En fait, ce que dit Phil Graham, c'est qu'il faut continuellement se poser des pourquoi. Que cherche-t-on ? En quoi consiste notre bonheur ? Qu'est-ce que ce besoin de vouloir créer, de trouver un sens à notre vie ? Ce n'est certes pas le besoin d'*équilibre*. C'est ce qu'on appelle se remettre en question, réajuster ses priorités, changer son mode de vie. Mais encore faut-il se poser les questions et non se cacher derrière des phrases toutes faites comme : « La vie, c'est comme ça », « Il faut bien vivre ! » ou bien « Je l'ai toujours fait comme ça ! ».

On ne peut diviser la vie comme une tarte, en parties égales et équilibrées entre tous ces différents requérants.

Il y a cependant un paragraphe qui m'a toujours interpellé :

« Comme il est mauvais de vouloir annihiler tout cela, de prétendre que tout cela n'existe pas, en vantant l'équilibre comme approche à la vie, ou l'entre-deux ! L'homme qui quitte la vie dans toute la violence d'un suicide est au moins plus honnête que ceux qui choisissent un suicide vivant en éliminant tout ce qui est humain dans la vie... »

Ceci est une lettre que Phil Graham a écrite deux jours avant son propre suicide. Il ne l'avait pas postée à son ami, le destinataire.

Loin de moi l'idée de publiciser ou de faire l'apologie du suicide comme solution ultime. Il est peut-être même dangereux d'aborder ce sujet dans un livre qui traite du sens de la vie et dans lequel on prétend dire que la vie est remplie de bonheur si on le cherche bien.

D'un autre côté, combien de gens, comme je le dis si souvent, sont morts à 22 ans, mais n'ont été enterrés qu'à 82 ans ?

Il ne s'est rien passé entre ces deux âges : ils étaient déjà «morts». Une vie, c'est fait pour vivre à 300 %. Est-ce fou ? Peut-être ! Mais combien de vies pleines de promesses sont gâchées par cette notion d'*équilibre* ?

Cette recherche constante d'équilibre explique l'absence de sens dans la vie de bien des gens : ils ne cherchent pas le bonheur ; ils cherchent l'*équilibre*. Et ce sens qui défie la logique, le rationnel, il n'est pas comptabilisable ni permanent ! Il faudrait cesser d'être des comptables et redevenir ce que nos ancêtres étaient, des conteurs ! On contait des histoires au lieu de toujours compter son avoir.

L'essence du message de Phil Graham : «Arrêtons de vivre comme si la seule chose à rechercher c'est effectivement l'équilibre.» Il a tellement raison !

LE *BRAKE*, C'EST LA TÊTE !

Qui veut passer sa vie sans un point d'exclamation dans sa bouche, sans un *Wow !* retentissant, sans sentir qu'il a réussi à aller plus loin ? C'est vrai qu'au cimetière, tout est *équilibre*, mais il n'y a plus de vie. La vie est disparue !

Le constat de Phil Graham découle d'un facteur : le *brake* (le mot est anglais), le super frein qu'est la tête. On a trop crié sur tous les toits que l'intelligence, la logique, c'est ce qui faisait que tout coulait de source, que la vie était belle et bien organisée. Or, c'est beaucoup plus les émotions, le cœur qui font avancer, et cela avec ses joies et ses peines ! Il est vrai que sans trop d'*équilibre*, les peines sont plus profondes, mais combien plus exaltantes sont les joies !

LES **ÉTOILES** DANS LES YEUX

À force de prôner l'usage de la raison au détriment des senti-ments, on tue l'enthousiasme pour la vie! On tue les étoiles dans les yeux. C'est ce que m'a prouvé ce jeune homme de 19 ans, un novice dans la vente de l'alimentation. Il visite des épiceries fines, des supermarchés pour y rencontrer des ache-teurs la plupart du temps beaucoup plus expérimentés que lui. Pourtant, c'était merveilleux de voir les étoiles dans ses yeux quand il me raconte sa rencontre avec un épicier qui, après s'être exprimé avec colère, a carrément jeté à la poubelle son produit vedette en criant: «Voilà ce que j'en fais de ce que tu as à vendre! Ce n'est bon que pour la poubelle!» Cepen-dant, après avoir expliqué avec calme et respect que le produit avait été mal entretenu dans un emballage maison inadéquat, ce qui avait provoqué sa rapide maturation et sa grande dégra-dation, il ne méritait pas que la poubelle. Tranquillement mais sûrement, le client a fini par se calmer et a même passé une nouvelle commande. Tout son récit était truffé de points d'excla-mation, de *Wow!* retentissants. Avec sa tête seulement, ce jeune homme aurait dû logiquement tourner les talons devant la violence verbale de ce client et ne pas oser une explication. Il ne veut pas acheter. Ma raison me dit que c'est un homme pas raisonnable. Moi, je le suis! Non! Il a laissé parler ses émo-tions et les étoiles se sont allumées!

La vieille formule latine *Cogito, ergo sum* et son pendant français «Je pense, donc je suis» sont en fait erronés.

Au lieu de «Je pense...», il aurait fallu dire «Je ressens, donc je suis». Ressentir est beaucoup plus important ou du moins aussi important que penser et cela se fait avec le cœur. Les sentiments sont essentiels dans la vie et, surtout, pour trouver le bonheur, la joie de vivre, aller plus loin, découvrir le monde. La tête est un frein. J'allais dire encore une fois le mot anglais *brake*. Pourquoi? Parce qu'un *brake*, cela *brake* plus qu'un frein, et Dieu sait comment on applique les freins en rationalisant tout dans ce monde moderne. Peut-être est-ce la peur qui nous pousse toujours à appliquer les freins !

LES **COMITÉS** ET LES **ÉTUDES**

Sous prétexte d'avoir une tête et de toujours devoir s'en servir, on a tout bloqué avec elle. On a fait en sorte que tout soit pris dans un carcan et qu'on ne puisse plus rien faire de différent, balisé et en conséquence banalisé par ce besoin quasi maladif de toujours suivre un cheminement logique, de cause à effet.

Combien de bonnes idées dans la vie ont été freinées, arrêtées, bloquées à cause de la tête ? Dans une organisation, quelqu'un émet une idée, une solution extraordinaire et on l'arrête aussitôt, lui disant : « Attention ! As-tu pensé à ceci et à cela ? » On stoppe alors toute créativité.

Combien de fois, dans une réunion, un participant a soumis en criant : « Pourquoi on ne fait pas plutôt cela ? » Les autres retiennent alors leur souffle avant de répliquer presque en chœur : « Attention ! Va pas trop vite... On va former un comité qui va faire une étude sur l'infrastructure du milieu, le mouvement démographique de la région et rédiger un rapport de 60 pages... »

Et quand on a fini le tout quelques mois ou années plus tard, les Japonais font ce produit depuis déjà un bon bout de temps !

Pensons à ces études d'environ 64 millions de dollars en 2005 pour découvrir l'endroit où installer le CHUM (Centre hospitalier de l'Université de Montréal) !

Je comprends qu'il faille y penser. Je suis parfaitement d'accord qu'il faille éviter de faire des gestes inutiles et qu'on doive réfléchir sur la question. Je comprends qu'il faille établir un budget. Mais il arrive un moment où il faut prendre une chance : décider de faire le saut. Il faut voir assez grand pour les 25 ou 30 prochaines années et éviter de toujours réagir en redoutant le pire. Cela ne peut se faire logiquement avec le *brake*. Les gens associés à un projet doivent pouvoir le ressentir. Malheureusement, on donne à l'intellect une telle importance qu'on en arrive à des choses aussi ridicules qu'établir une distinction entre les noix non salées et celles qui le sont.

Saviez-vous que les noix non salées ne sont pas taxables parce qu'elles sont considérées comme de la nourriture ? Cependant, le ministère du Revenu considère les noix salées comme un aliment de luxe. Elles sont donc frappées d'une taxe. Qui donc a pensé à faire un distinction aussi « songée » ? Il y a quelqu'un quelque part qui a travaillé de la tête !

Et que dire de Gilles Kègle, cet infirmier de Québec, qui visite les pauvres et les itinérants pour les soigner, faisant avec son équipe plus d'un million de visites à domicile par année ! Ils les aident en prenant vraiment soin d'eux, allant jusqu'à les enterrer dans son lot personnel au cimetière. Eh bien, à ce monsieur, on a retiré ses prestations d'assurance-emploi car il n'était pas disponible au travail étant donné qu'il faisait des visites à domicile : ce n'était pas du travail ! Puis, on lui a fait des milliers de tracasseries pour son allocation d'aide sociale. Quel imbécile a pu faire ça ?

Mais comment s'en sortir ? Il faut inventer de nouvelles façons de faire dans les organisations. On ne pourrait mieux prouver qu'il est possible de repenser une entreprise en fonction de critères autres que ceux de la raison, en citant l'exemple de la compagnie General Electric.

M. Jack Welch, président et grand patron pendant plus de 20 ans de ce géant des affaires, avait senti que l'on insistait trop sur la logique et que les émotions qui poussent à découvrir de nouvelles façons de faire n'arrivaient pas à se faire entendre. Il sentait que l'on cachait souvent la vérité, car elle ne cadrait pas avec le plan *raisonnable* établi. Il institua donc une sorte de réunions qu'il appela *Town Hall Meetings*. Ces réunions groupaient de 30 à 100 participants avec un facilitateur de l'extérieur. On y discutait des meilleures façons de faire les choses, mais surtout comment éliminer la bureaucratie. Le patron de la division ou du groupe assistait à la réunion au tout début seulement. Il s'engageait alors à répondre sur-le-champ à au moins 75 % des questions et à répondre aux 25 % manquants dans les 30 jours qui suivaient. Il quittait par la suite la réunion pour y revenir à la fin afin de ne pas nuire aux discussions. Il y a eu plus de 10 000 sessions de ce genre où on cherchait à éviter le rationnel pour laisser parler le cœur. M. Welch considère que c'est là une des plus importantes initiatives sinon la plus importante de tout son règne comme président et directeur général.

LA FOI EST **AFFAIRE DE TRIPES**

J'ai lu un livre qui traduit très bien quelle sorte d'organisation on crée lorsque la tête prend le dessus ! Dans *Miséricorde*[8], un père franciscain du nom de Roger Poudrier parle de l'Église catholique. Il lui reproche de trop souvent castrer plusieurs fidèles. Il s'agit évidemment ici de l'Église comme organisation humaine. Je ne parle pas de dogme ni de foi !

Voici ce qu'il prône : « Une obéissance aveugle à une autorité infaillible, sur tous les points, dans toutes les questions, dans tous les secteurs, est une position commode pour ceux qui sont demeurés infantiles et qui ne demandent pas mieux que les autres décident pour eux. C'est une position antichrétienne et anticatholique. »

---

8. Roger Poudrier, *Miséricorde, six cas particuliers,* Joliette (Québec), 2004, 103 p.

Il y a certes une distinction à faire entre religion et foi. La foi vient du cœur et, malheureusement, la religion comme organisation vient de la tête. Elle crée des structures, des organigrammes, des hiérarchies où ce qui comte semble avant tout être le pouvoir! Le mot «religion» a la même étymologie que le mot «relation», soit relier. Pour cette organisation humaine, il s'agissait de relations entre les fidèles. Mais on a voulu réglementer ces relations, les encadrer, mais en même temps, on a tué l'amour, fondement de la foi.

Quand on se penche sur ce qu'on appelle les «guerres de religion», on réalise qu'elles sont toutes le résultat du choc d'idées venues de la tête, du jeu de pouvoir. Elles n'ont rien à voir avec le cœur, seulement avec la règle. Il n'y a plus de «Aimez-vous les uns les autres»! La foi vient de Dieu qui est loin d'être une création de la tête. Dieu, c'est l'énergie à l'état pur, cette énergie qui transporte les montagnes.

C'est ainsi que la revue *Fortune* du 26 mai 2005, à la page 44, décrivait l'évolution de la chrétienté. Les historiens de la religion chrétienne disent que le christianisme, qui est né au Moyen-Orient comme religion, est passé par la suite en Grèce et y est devenu une philosophie, puis a séjourné à Rome pour y devenir un système légal, puis s'est répandu en Europe comme culture. Aussi, quand il a émigré en Amérique, le christianisme est devenu une *business*! On voit ainsi comment le christianisme a évolué du niveau du cœur et des sentiments, vers le niveau rationnel et logique. Il est évident qu'on peut questionner cette façon de voir cette évolution, mais aurait-elle aussi sa part de vérité?

La foi est affaire d'émotions: elle ne se *raisonne* pas! Ce qui veut dire que la foi musulmane est aussi valable que la foi chrétienne pour aller au ciel, sans se questionner sur laquelle a le vrai Dieu ou un faux Dieu, comme on disait jadis.

UNE COMMISSION POUR **GENS DE TÊTE SEULEMENT**

Quand on veut taire la vérité, on peut avec sa tête créer une certaine confusion. On dira alors que la personne ne parle pas avec son cœur!

C'est ainsi qu'on a entendu des gens dire des énormités à la commission Gomery, camouflant la vérité pour cacher les gestes illicites qu'ils auraient faits. Pensons à ce M. Gagliano, ex-ministre au gouvernement fédéral et ex-ambassadeur du Canada au Danemark, qui a dit au commissaire Gomery une phrase qui m'a absolument estomaqué parce qu'elle vient de la tête: «J'ai donné mon accord, mais je n'ai pas approuvé.» Comment peut-on avec le gros bon sens dire une telle chose aussi peu intelligente! Il y a aussi ce témoin à qui on a demandé avec qui il était au restaurant ce jour-là et qui a répondu avec sa tête: «J'étais accompagné de la personne qui m'accompagnait!» Franchement, nous prend-on pour des imbéciles? Mais ces mêmes gens osent affronter le public avec une candeur qui ne peut que désarmer le plus aguerri des commissaires.

SIMPLIFIONS LES LOIS

Je prends un plaisir fou à relever les exemples de la vie quotidienne qui me semblent prouver que lorsqu'on travaille trop avec la tête afin de s'assurer que tout soit *politiquement correct*, on oublie que nous sommes tous des humains avec un bon jugement permettant aux autres d'approuver ce que chacun de nous entreprend.

C'est ainsi que lors des élections provinciales de 2003, le Parti libéral avait promis de simplifier et d'alléger les lois et les règlements du Québec, ce qui en soi serait une bonne chose.

Cependant, le ministre du Revenu ne semble pas avoir saisi le message puisqu'il a fait voter la loi 10 sur le revenu, une loi qui compte 468 articles sur 395 pages! Pour une simplification, c'en est toute une!

Prenons comme exemple l'article 1029.8.36.0.3.62 du projet de loi 10, tel qu'adopté par l'Assemblée nationale. Seulement le numéro de l'article nous apprend que c'est là une création de l'esprit:

> «[...] Une société admissible qui est associée à une ou plusieurs autres sociétés, à la fin d'une année civile comprise dans sa période d'admissibilité, relativement à une entreprise reconnue, et qui joint à sa déclaration fiscale qu'elle doit produire en vertu de l'article 1000 pour l'année d'imposition dans laquelle se termine cette année civile les documents visés au quatrième alinéa, est réputée, sous réserve du troisième alinéa, avoir payé au ministre, à la date d'échéance du solde qui lui est applicable pour cette année d'imposition, en acompte sur son impôt à payer pour cette année d'imposition en vertu de la présente partie, un montant égal à 35 % de l'ensemble des montants suivants: [...][9] »

Est-ce qu'on peut comprendre un tel article? La seule notion compréhensible, c'est le 35 %! Est-ce possible qu'on ait écrit quelque chose du genre? Un ministre, avant d'être élu, a certainement du gros bon sens, du jugement; il est certes intelligent. Est-ce qu'on perd tout cela en devenant ministre? Y a-t-il pensé?

Ce texte n'a aucun sens! Un avocat m'a confié que cet article ridiculement incompréhensible était un des articles les plus longs de toutes les lois québécoises. Et tout cela se fait en 2004!

Et dire que cette loi été promulguée après une campagne électorale dont l'une des promesses consistait à simplifier les

---

9. *La Presse*, 4 novembre 2003.

directives gouvernementales pour les rendre plus accessibles et compréhensibles au bon peuple!

Ce sont pourtant des gens intelligents qui font de telles horreurs. Pourquoi? Parce qu'ils le font avec la tête, avec cette langue de bois quasi hermétique. Et personne ne s'est plaint! On est *politiquement correct*! Des lois, c'est toujours comme ça: c'est incompréhensible! Et tout le monde se tait!

UN **NOUVEL OUTIL** DE GESTION?

Encore un nouvel exemple de langue alambiquée qui rationalise tout, oubliant le véritable sens des choses. Avez-vous déjà entendu parler de la «solution accélérée»[10]?

C'est ce que proposait M. Robert Abdallah, alors directeur général de la Ville de Montréal, au tout début de son mandat. Il avait trouvé une nouvelle façon de résoudre les problèmes.

Sa nouvelle technique s'appelait une «solution accélérée». Comme les gens ne semblaient pas comprendre ce dont il s'agissait, voici comment M. Abdallah l'a décrite:

> «[...] C'est une technique qui fait en sorte que dans un contexte et dans un cadre physique, toutes les personnes concernées sont réunies dans un même lieu, dans une certaine configuration, avec tout le soutien nécessaire pour prioriser et obtenir l'engagement et le soutien décisionnel nécessaire à la résolution des problématiques identifiées.»

Vous n'avez pas compris le message du monsieur? Je vais vous résumer ce qu'il a voulu dire.

Ce que dit M. Robert Abdallah, c'est qu'il y aura une réunion.

---

10. *La Presse*, 16 mai 2003.

Cette réunion ne sera pas virtuelle : elle se tiendra dans un lieu physique, c'est-à-dire dans un bureau ou une salle de conférence ; il y aura là tout le soutien nécessaire, par exemple des beignes et du café ; ils vont étudier ensemble le problème afin d'y trouver une solution.

Mais *comment* ce monsieur, directeur général d'une grande ville, peut-il accoucher de quelque chose d'aussi compliqué pour expliquer quelque chose d'aussi simple, à savoir tenir une réunion ? Inutile d'appeler cela une « solution accélérée » ! Après tout, c'est exactement ce qu'on fait chez nous, à la maison autour de la table de cuisine, quand on doit décider de nos vacances en famille. Jamais on ne parle de « solution accélérée » !

UNE **POLITIQUE D'ÉVALUATION** DES APPRENTISSAGES

Le pire dans tout cela, c'est que cette langue de bois alambiquée au possible se répand dans toutes les communications gouvernementales. C'est ainsi que le gouvernement a toujours communiqué avec ses citoyens. Quand aurons-nous des politiciens *politiquement incorrects* au point de dire non à tout ce charabia juridique ?

Le pire, c'est que le ministère de l'Éducation, qui est là pour permettre aux jeunes de prendre leur envol et de refaire le monde en sortant des sentiers battus, énonçait en 2003 sa politique d'évaluation des apprentissages[11] dans sa langue de bois habituelle. Lisez et essayez de comprendre ; ici, on parle d'éducation...

> « [...] Bien que le processus d'évaluation soit constitué d'une suite d'étapes allant de la planification à la décision-action, il relève davantage d'une logique itérative que séquentielle. [ ] »

---

11. *La Presse*, 31 octobre 2003.

Tout cela veut dire quoi?

« Le savoir agir propre à la compétence suppose une appropriation, une utilisation intentionnelle de contenu notionnel et d'habiletés tant intellectuelles que sociales dans la poursuite d'un objectif clairement défini. »

Sacrafèce! Le seul mot clair est « défini » ! Et encore, qu'est-ce qui est clairement défini ? Et ça continue :

« [...] En situation d'aide à l'apprentissage, le jugement est souvent une appréciation de caractère informel et la décision qui en découle se traduit par une action de régulation de la démarche pédagogique ou d'apprentissage. »

On donne ces directives-là aux professeurs et on leur dit que c'est ainsi qu'ils devront évaluer leurs élèves. Mais si les professeurs eux-mêmes ne comprennent pas? Mais cela n'a aucune importance : ce qui importe, c'est que le ministre et ses acolytes comprennent. Mais comprennent-ils eux-mêmes?

Plus loin, on peut lire :

« [...] Compte tenu des contextes variés dans lesquels l'élève est évalué, il est nécessaire de choisir la fonction de l'évaluation appropriée à l'intention de l'évaluation et à la nature de la décision à prendre. [...] La détermination de balises qui assurent que les comportements obéissent à l'éthique traduit la responsabilité collective des acteurs en évaluation des apprentissages, tout en permettant à chacun de remplir les obligations particulières qui lui incombent. »

Quel jargon! Et dire que ce sont eux qui aident les jeunes à s'exprimer clairement! Peut-être faudrait-il revenir sur ce dicton : « Ce qui se conçoit clairement s'exprime aisément. » Mais encore, tout est rationnel et vient de la tête!

DU **BRICOLAGE**...

L'expression « *politiquement correct* » me semble relativement nouvelle dans notre société. On a pris cette mauvaise habitude de ne jamais revenir aux pourquoi lorsqu'on entreprend de faire quelque chose, se contentant d'apprendre seulement comment on fait. Pire, on l'apprend d'un autre qui lui aussi n'a appris que les comment d'une autre personne qui ne savait que les comment, répétant ainsi les mêmes gestes à l'infini! Quand va-t-on réaliser qu'une bonne part du bonheur, c'est d'être en contrôle de sa propre vie? On reviendra d'ailleurs à cette notion au chapitre 7.

En attendant, permettez-moi de vous parler de ce petit dépliant qui, au printemps 2004, annonçait aux assistés sociaux « des heures et des heures de plaisir »! On y proposait des activités destinées à des gens sans emploi[12] :

> « On fera du bricolage, des porte-clés par exemple, et on apprendra à faire de la pizza sur du pain pita. On ira peut-être aux quilles. On fera une visite du quartier en autobus scolaire et une sortie au Jardin botanique. »

La véritable question, basée sur le pourquoi, qu'on aurait dû se poser est : qu'est-ce qu'on attend pour leur apprendre avec toute la délicatesse nécessaire l'art de se prendre en main? Tous, on admet que ce n'est pas facile! Tous, on est conscient qu'on cherche à briser la solitude de ces gens. Mais de là à les entretenir comme s'ils étaient à la garderie, ne va-t-on pas un peu trop loin? A-t-on oublié que le but de toute cette aide est de sortir ces gens de leur dépendance envers une société et de commencer à se prendre en main?

Peut-être devrait-on leur faire suivre des cours pour devenir humoristes? C'est une blague! Mais la vie, ce n'est pas s'amuser, c'est s'assumer. Et pour cela, il faut y mettre du cœur.

---

12. *La Presse*, 4 mars 2004.

Leur dit-on à ces gens qu'il faut cesser de suivre le courant et faire l'effort de «gagner sa vie», que leur bonheur est en partie fonction de leur réussite dans cette démarche?

UNE SAISIE **ORIGINALE**

Combien de gens obéissent aux règles, surtout si elles ont trait à la justice, sans jamais oser les remettre en question? On se conforme aux lois sans se poser les vraies questions que le gros bon sens devrait nous suggérer! On arrive alors à des maladresses qui auraient pu être évitées si on avait fait appel à son bon jugement.

Lisez seulement le titre de cet article publié dans *La Presse* du 12 mars 2003: «Un huissier saisit tous les biens d'une banque alimentaire»!

En résumé, le huissier s'est présenté chez cet organisme sans but lucratif avec un mandat pour recouvrer 28 000 $ de taxes non payées. Or, l'organisme en question est une banque alimentaire, une œuvre sans but lucratif, donc exempt de taxes. Est-ce possible de ne s'en tenir qu'au sens propre de la loi, sans se servir de son gros bon sens pour évaluer la situation?

Qu'a-t-on saisi au juste? Les cinq congélateurs de la banque alimentaire, toute la nourriture et les cinq camions qui n'appartenaient même pas à l'organisme! Le responsable de la banque alimentaire, un révérend père, avait dit aux journalistes après la saisie: «C'est le maire Gérald Tremblay qui a envoyé un huissier pour nous détruire.» Ce qui est certainement exagéré: pourquoi le maire en voudrait-il à une banque alimentaire? Comme le bon Dieu, le maire a certainement d'autres chats à fouetter!

Pourquoi la saisie alors? Le responsable de l'organisme a reconnu qu'il avait négligé de remplir un formulaire envoyé par la Ville de Montréal, entérinant le statut d'organisme sans but lucratif de la banque alimentaire. Au lieu d'appliquer bêtement le règlement et de procéder à une saisie qui s'est avérée catastrophique avec le gaspillage de denrées périssables destinées aux plus démunis de notre société, n'aurait-on pas pu envoyer un fonctionnaire avec le formulaire dûment rempli qui aurait aidé le responsable à signer au bas de la page ? La Ville s'est justifiée en expliquant que depuis 1999, elle avait tenté à maintes reprises de communiquer avec le révérend père afin de lui signaler l'importance de remplir la demande de reconnaissance permettant aux organismes sans but lucratif de ne pas payer de taxes : faute de ne pas signer, il devrait payer les taxes municipales.

Mais le révérend père, probablement négligent, n'a pas rempli le formulaire ; on a donc saisi les camions et la nourriture ! Cela lui apprendra à prendre les avis de la Ville à la légère ! On va lui faire la leçon : il faut l'éduquer ! A-t-on changé quelque chose ? Quelles leçons profitables a-t-on données à l'organisme ? Le seul résultat observable est que le jour de la saisie, on a paralysé les opérations quotidiennes de la banque alimentaire, on a immobilisé les camions qui devaient livrer de la nourriture, des gens démunis ont été privés de repas ce jour-là. Tout est à recommencer ! Même le révérend père n'a pas appris : il blâme monsieur le maire !

Tout cela parce qu'il y a une loi, un règlement, qui stipule qu'on doit remplir un formulaire. Cette loi est parfaitement normale. Il faut s'assurer que les organismes à but non lucratif ne sont pas taxés. Mais de là à appliquer bêtement la loi ! On le fait avec sa tête, certainement pas avec son cœur !

QUELLE **EFFICACITÉ** !

Je me suis souvent demandé ce qui arrive quand on pousse à l'extrême l'idée de l'efficacité. Est-ce que la vie à ce moment disparaît ? Détruit-on le sens de l'homme ? Cette gestion à outrance qui veut éviter le moindre geste inutile, qui étudie chacune des activités humaines pour y déceler des pertes de temps et le gaspillage, ne va-t-elle pas trop loin quelquefois et même plusieurs fois ?

Voyez ce que Patrick Boisselier, dans son livre intitulé *Contrôle de gestion*[13], ose décrire dans le sixième chapitre « L'organisation scientifique du travail et le concert » !

« Un groupe de spécialistes de l'organisation du travail a assisté à un concert symphonique au Royal Festival Hall de Londres. Puis, réunis au Bureau des méthodes, ils rédigèrent le rapport suivant :

"Pendant de longues périodes, les quatre joueurs de hautbois n'avaient rien à faire. Leur nombre doit être réduit et le travail mieux réparti sur la durée du concert, de manière à éliminer les pointes d'activité. Les douze premiers violons jouaient à l'unisson, c'est-à-dire des notes identiques. Le personnel de cette section doit subir des réductions massives : si une grande intensité sonore est requise, on peut l'obtenir à l'aide d'amplificateurs électroniques appropriés.

"Le coefficient d'utilisation du triangle est extrêmement faible. On a intérêt à utiliser plus largement cet instrument, et même à en prévoir plusieurs. Son prix d'achat étant bas, l'investissement correspondant serait très rentable.

"Le remplacement du piano à queue par un piano droit, moins encombrant, permettrait d'utiliser plus rationnellement l'aire de stockage et de rangement des instruments.

"Il est recommandé de normaliser la durée de toutes les notes en la ramenant à la double croche la plus rapprochée. De la sorte, on pourra dans une plus large mesure faire appel à des exécutants de qualification moins élevée.

---

13. Patrick Boisselier, *Contrôle de gestion*, Paris, Éditions Vuibert, 2005, 624 p.

"Il est tout à fait inutile de faire répéter aux instruments à vent des passages déjà exécutés par ceux à cordes. On peut estimer que, si tous les passages redondants étaient supprimés, la durée du concert pourrait être ramenée à 20 minutes, ce qui réduirait les frais généraux (économie de chauffage, surveillance, usure des fauteuils, etc.)." »

« On imagine », comme le précise si bien l'auteur du livre, « à la lecture de ce passage, ce que deviendrait un concert philharmonique, auquel on appliquerait une telle organisation taylorienne du travail. »

Pourtant, on fait cela couramment. On ose ainsi régulièrement tout minuter, voulant tout penser à l'avance : le temps qu'une téléphoniste prend pour décrocher le récepteur et répondre à l'appel ; le temps que prend la caissière pour passer tout le panier de victuailles à la caisse enregistreuse, en évitant de communiquer avec le client pour ne pas se tromper. Et combien d'autres exemples nous viennent en tête. On compte tout : on mesure tout !

À vouloir tout mesurer, on tue ce qui était humain dans la vie ! Prendre le temps de discuter, démarche de plus en plus importante de nos jours, ne passe-t-il pas pour une perte de temps ? Cesse d'écouter l'autre : on perd du temps et on ne produit pas !

Être *politiquement incorrect* ne veut pas dire « faire contrepoids à tous nos désirs de vouloir voir les choses logiquement agencées ». Mais cessons de nous conformer à tout ce que prône la société, nous conformer dans le sens de vouloir être quelqu'un d'autre alors que chacun se doit d'être lui-même !

LE **GOÛT DU VIN**

Même dans notre vie de tous les jours, il y a le mot «snobisme» que l'on n'ose pas utiliser alors qu'on s'y prête trop souvent. Et s'il y a une place où ce snobisme règne en roi et maître, c'est bien en gastronomie, surtout la gastronomie québécoise. On goûte un fromage qui s'avère infect? «Oui, mais c'est du québécois, et au lait cru en plus!» Mais il est acide? «Oui! C'est ce qu'il doit goûter!» Pourtant, a-t-on déjà goûté à du lait acide? Le lait est avant tout alcalin.

Et que dire des juges à un concours de fromages qui ne tiennent pas compte du goût du fromage comme critère de sélection parce que le goût est trop personnel et varie d'une personne à l'autre! On ne tient compte alors, pour décerner les prix, que de leur apparence. On se sert encore trop de la tête, oubliant qu'aimer un produit vient des émotions, non de l'intellect! Pour ce qui est de la nourriture, quoi qu'en disent certains grands chefs, tout se passe en bouche!

On est rendu à ce point que l'on goûte aux produits fins non plus avec ses papilles gustatives, mais avec la tête. Pourtant, très souvent, nos papilles nous disent que ce que nous goûtons n'est pas bon, et ce n'est pas une question de goût personnel, ce n'est carrément pas bon!

Pensons aux vins alors... Quel snobisme pour décrire avec des mots creux des saveurs qui, dans le fond, n'en sont pas!

Je me souviens au retour de Québec, un soir, j'ai entendu à la radio ce spécialiste des vins raconter à l'animatrice de l'émission qu'un certain vin qu'ils étaient à goûter ensemble était «rond en bouche»... Seul au volant de mon auto, je me concentre très fort pour essayer de comprendre le sens de «rond en bouche»... Du vin, c'est liquide, non? Donc, étant liquide, il ne peut être rond. J'ai peine à saisir ce que cela veut dire.

Par un heureux hasard, deux jours plus tard, je découvre un petit article[14] décrivant – pour intellectuels seulement! – un riesling 99, pour ne pas le nommer. Je me demande si l'expert (un œnologue, c'est-à-dire un expert en vins qui déguste avec sa tête seulement) aime le vin? Voici un extrait de ses commentaires.

> «Un fond fruité juvénile de pommes rouges et exotiques, de carambole ainsi que de discrets agrumes, des fragments épicés de badianes et de fleurs assez capiteuses comme le frésia, le lilas, la menthe blanche; la finale participe d'une belle présence aromatique d'une jolie allonge et se raffermit sur la pulpe d'agrumes qui procurent finesse.»

Après avoir lu ce texte, la première question qui me vient à l'esprit est la suivante: «Est-il bon, le vin?» N'est-ce pas la seule chose qui compte? Qui a déjà goûté à du frésia ou à de la badiane? Être *politiquement incorrect*, c'est ne plus attacher d'importance à ces spécialistes qui nous jettent de la poudre aux yeux. Ce sont des ordinateurs, avec un programme plutôt qu'un cœur.

LE GOÛT AVANT TOUT

Je me souviens de ce chef français qui avait été cuisinier sur les grands transatlantiques. Il avait fini par s'installer dans les Laurentides, au nord de Montréal. Ce chef, monsieur Compeau, était devenu cuisinier pour M. Joseph Ryan, celui qui développa la célèbre station de ski du Mont-Tremblant. M. Compeau a eu sa propre petite auberge. Un jour, assis à la table de sa cuisine, je l'observais pendant qu'il fricotait un ragoût. Il me racontait qu'il préparait très souvent des potages pour ses clients. Chaque potage était préparé à partir des restes de plats qu'il trouvait au réfrigérateur. «Souvent, me disait-il, des clients viennent me dire qu'ils ont adoré le potage que je

---

14. *L'actualité*, 15 avril 2004.

leur ai préparé et m'en demandent la recette. Que voulez-vous que je leur réponde ? Il n'y a aucune recette. J'y vais selon mon intuition et mon expérience pour apprêter les restes d'aliments de la semaine. »

De nos jours, on dirait que la cuisine est devenue intellec-tuelle. Il faut absolument qu'il y ait une recette écrite quelque part, un comment! On perd l'intuition qui, elle, vient des émotions! On perd le pourquoi de la cuisine : semer du bon-heur avec son instinct!

On insiste trop sur le *comment* alors que l'important, c'est le *pourquoi*.

Je suis toujours étonné de voir des jeunes chefs cuisiniers s'asseoir à une table, se fermer les yeux et créer une recette dans leur tête sans s'approcher des fourneaux. On leur de-mande : « Y mets-tu de la coriandre ? » et ils vous répondent sans hésitation : « Bien non! De la coriandre, ça n'ira pas du tout. »

Comment font-ils pour le savoir ? N'est-ce pas la preuve que la cuisine n'est pas quelque chose d'intellectuel, de logique. C'est plutôt une affaire de cœur, d'intuition! Combien d'autres domaines sont devenus trop souvent intellectuels, logiques, rationnels, alors qu'ils auraient avantage à être plus émotion-nels...

LES **INSTRUCTIONS** SONT **DANS LA BOÎTE**

Une année, pour la fête des Pères, j'ai dû m'exécuter et assem-bler un barbecue. On reçoit le tout en pièces détachées et il suffit de bien suivre les instructions écrites. Ces dernières années, les instructions sont beaucoup plus compréhensibles, je dois le dire. Je me souviens d'ailleurs avoir assemblé une brouette. Voici l'histoire de cette aventure!

Un jour, tandis que nous nous trouvions à notre maison à Fassett (près de Montebello), j'avais étalé au sol les pièces d'une brouette que je venais d'acheter à la quincaillerie du village. Pour y arriver, j'avais ouvert un dépliant inséré dans la boîte et qui contenait les instructions pour le montage de la fameuse brouette.

En voici un petit extrait; il s'agit de l'instruction numéro 6: «Insérer 5/16" × 5" boulon à travers de l'avant-trou dans le soudre console dessous le bas de cendrier et à travers des trous correspondants devant coin, poignet, et jambe.

«Poser le carré nettoyeur et écrou sur le boulon lâcement.»

Quand on lit cela, on se dit: «Mais ça veut dire quoi? C'est pas un cours de Kama Sutra que je veux! Ça n'a pourtant rien de sexuel, monter une brouette!»

On a chacun son travail dans la vie: le quincaillier qui m'a vendu cette brouette en avait lui-même monté une identique et en avait fait un modèle en démonstration dans son magasin. Il avait donc dû lire ces instructions incompréhensibles. Quand je suis retourné le voir, je lui ai demandé: «As-tu lu les explications pour le montage de la brouette?

— Eh oui! C'est drôle, non?

— Drôle?... Tu as lu les instructions? Pourquoi ne les as-tu pas changées? Et cela, même si ce n'était pas dans ta description de tâches!»

Sa réponse toute simple était loin d'être originale:

«Parce que ces instructions viennent avec cette brouette. Elles sont déjà dans la boîte!

— Mais tu aurais pu les reprendre en bon français et aviser le client à l'achat d'ignorer les instructions dans la boîte et de se servir de celles que tu aurais préparées.»

Mais non! La logique est revenue au galop!

Cette initiative – à laquelle il a tourné le dos – aurait nécessité qu'il ait de l'empathie pour sa clientèle!

Voilà une autre preuve que chacun a sa tâche bien définie. On se dit: « Je n'ai pas à m'occuper de ça. Ce n'est pas mon job! »

Ainsi, on établit logiquement des postes à l'aide de longues descriptions de tâches. Et on n'oserait pas y déroger. Logiquement, nous avons chacun nos fonctions. Serait-il pensable qu'on puisse aider les autres en sortant de ce conformisme? Serait-il possible de donner un coup de main à l'autre, comme le quincaillier aurait pu le faire, tant pour la compagnie de Taïwan qui n'a pas pu rédiger les instructions correctement, qu'aux clients qui achètent son produit?

DES INSTRUCTIONS **DANGEREUSES**

On se rend très peu compte de l'importance de se servir non pas de sa connaissance scientifique, mais de son gros bon sens pour rédiger des instructions nécessaires à l'utilisation d'un produit. Cela est d'autant plus important s'il s'agit de produits pharmaceutiques. Il ne faut surtout pas ici se conformer à des règlements, mais plutôt faire en sorte que le patient comprenne.

Voici un exemple qui implique une compagnie très importante et très connue dans la préparation de produits pharmaceutiques. Elle a oublié de penser en termes simples pour les instructions de l'un de ses produits; à la place, elle a obéi aveuglément à la loi qui lui dictait la marche à suivre!

Après une visite à la clinique médicale, ma femme, très malade, et moi revenions à la maison avec une ordonnance du médecin. Je me rends rapidement à la pharmacie. Le pharmacien m'explique que ce qui a été prescrit à mon épouse, c'est un produit tout simple : un lavement. En le payant, je demande à ce pharmacien s'il y a des instructions particulières à suivre. «Elles sont dans la boîte. C'est facile!» répond-il. Les instructions sont toujours dans la boîte, c'est connu!

Voici les instructions dans la boîte, pour un lavement au Québec. Je vous cite le mode d'emploi.

«Réservé à l'administration rectale. On recommande la position génu-pectorale ou le décubitus latéral gauche avec jambe droite fléchie.» Il y a tout près un petit dessin somme toute pas très utile à quelqu'un qui ne serait pas très visuel.

Wow! Je ne savais même pas que j'avais un décubitus! Et comme on parle de celui de gauche, cela veut donc dire que j'en ai un à droite puisque je semble me tenir en équilibre! J'en ris encore!

Un des avantages des gens au Québec, c'est qu'ils sont généralement bilingues. Voici donc les mêmes instructions, en anglais cette fois :

«*How to use : For rectal administration only. The preferred positions are : lying on left side with knees flexed, or in the knee-chest position.*»

Ainsi, il n'y aurait pas de décubitus en anglais? Les Anglais ne semblent pas avoir de décubitus, eux... Je suis donc allé chez le fabricant et je lui ai dit avec tout le respect dû à cette grande multinationale :

«Messieurs! Revoyez vos instructions pour un lavement en français. C'est à n'y rien comprendre.

— C'est impossible, Monsieur. Car depuis la loi 101, il a fallu traduire en français tout ce qui est vendu au public, au

Québec. On a donc tout refait dans un français parfait ! explique le représentant de la compagnie.

— Je comprends, mais on doit pouvoir rédiger ces instructions de manière beaucoup plus compréhensible. C'est d'un remède qu'il s'agit ici, Monsieur. Il faut être très prudent avec ce genre de produits. »

Je raconte alors au même représentant que mon voisin à Fassett n'a qu'une 3e année de scolarité. C'est un bon cultivateur un peu plus âgé que moi. Imaginez qu'un jour il achète un lavement et lit les instructions. Ne comprenant rien, il risque de boire la bouteille. On pourrait alors nuire à sa santé. Cela risque de le tuer. On a beaucoup ri !

J'espère qu'on a amélioré les instructions au lieu de suivre la loi et de rédiger le tout dans un français pour savants seulement, difficile à comprendre pour le commun des mortels ! Où est le gros bon sens ?

PASSER À L'ACTION

Il y a eu des inondations à Laval, aux mois de mars et avril 2004. L'eau a commencé à monter terriblement sur la rivière des Prairies. Le maire de la municipalité, M. Gilles Vaillancourt, avait été vertement semoncé parce que l'eau montait dans les sous-sols. Il cherchait une solution, car on lui reprochait de ne pas consulter suffisamment son entourage. Un jour, il a décidé de prendre le bœuf par les cornes et il a ordonné d'aller casser l'embâcle responsable de ces inondations. Pour ce faire, il a suggéré le recours à des pelles mécaniques installées sur des barges. On allait ainsi frapper sur la glace avec ces pelles, l'embâcle allait être brisée et l'eau pourrait alors s'écouler normalement.

Quelqu'un au conseil municipal a levé la main pour poser la question au maire : « Oui, mais avez-vous vérifié auprès des ingénieurs et autres experts?» Ce à quoi M. Vaillancourt a répondu : « Je peux trouver à n'importe quel moment une bonne soixantaine d'experts sur la question du débordement d'une rivière. Ils vont m'expliquer l'origine et l'incidence du frasil dans une inondation, en hiver, mais cela ne donne rien. L'eau monte toujours dans le salon d'un résidant de Laval. Il faut arrêter ça tout de suite. Le moment est venu de passer à l'action.»

Résultat? Même si le premier jour on n'a pas pu faire avancer la première barge tant la neige était abondante sur la glace, le lendemain, on a dû faire intervenir de gros bulldozers pour pousser les barges. Cela a finalement bien fonctionné. Le maire a cessé de traiter avec des conseillers et experts qui se limitaient à faire des recherches, qui travaillaient avec leur tête, qui étaient uniquement préoccupés par la compréhension du phénomène du frasil en dessous de la glace afin de découvrir comment cela se produisait, et il s'est dit : «Ce qui est maintenant le plus important, c'est casser la glace au plus sacrant pour que l'eau sorte du salon du résidant de Laval!»

FAIRE UNE **MONTAGNE** DE SA VIE

Dans ce livre, je tente de traduire dans l'écrit la conférence que j'ai prononcée au grand public depuis l'automne 2003, *Politiquement incorrect*. Tout ce dont j'y parle n'est pas strictement de moi, bien au contraire! Entre autres, j'ai été influencé par un article publié dans *Le Devoir*, «Faire une montagne de sa vie[15]», dont voici quelques extraits qui m'ont particulièrement touché et annoté de mes commentaires. Il résume bien tout ce dont j'ai discuté dans ce chapitre avec ces nombreux exemples de comportements dont on peut dire qu'il est difficile de croire qu'ils viennent tous de gens intelligents.

---

15. Serge Bouchard, «Faire une montagne de sa vie», *Le Devoir*, 3 décembre 2001.

« [...] Nous opposons la raison à la passion. [...] Nous nageons dans l'efficacité, les programmes, les objectifs et les intérêts. Nous sommes du capital et des ressources, nos histoires de vie sont comme des comptes courants, certainement pas des contes de fées. [...] »

On est devenu des comptables et on compte tout ! Au point où on est absolument émerveillé de voir tout à coup quelqu'un capable de raconter une histoire devant un groupe. Il y a un spectacle, offert à Shawinigan, où un homme racontait les histoires de son petit village. Il ne comptait pas, il racontait !

Nous avons malheureusement perdu cette façon de communiquer qui nous sommes. Tout doit être compté, numéroté, catalogué, enregistré !

« [...] Quand on ne se préoccupe pas de l'état d'âme des gens, les gens n'amènent pas leur âme au boulot. »

Quelle phrase importante pour quiconque doit s'occuper des gens ! À l'hôpital, est-ce qu'on se préoccupe de l'état d'âme des gens ou si on veille tout simplement à essayer de les guérir ou plutôt de régler un problème qui nuit à la bonne marche de l'institution ?

Au foyer pour personnes âgées, est-il question de l'état d'âme de quelqu'un qui pleure, d'un aîné confiné à la résidence ? A-t-on écouté celui qui dit : « Je ne veux pas retrouver l'efficacité que j'avais à 30 ans. Je veux vivre heureux ce qui reste de ma vie : voilà tout ce que je demande. Je veux voir et sentir de la compassion, pas la science, pas les analyses des professionnels de la santé ! J'aimerais que quelqu'un brise ma solitude et me parle comme si j'étais encore un être humain à part entière. »

Cela n'a rien à voir avec des pilules ni des remèdes. Cela a à voir avec des hommes qui parlent et agissent avec le cœur.

À l'école, est-ce qu'on prend soin de l'âme des enfants ou si on les «éduque»? Est-ce qu'on les dresse à obéir à l'œil ou à se servir de leur esprit critique? Je ne fais que poser les questions ici: à chacun de nous d'y répondre!

«[...] Nous mesurons nos heures, nos pas, nos efforts, comme nous mesurons nos dépenses et nos investissements.»

Partout, des horloges que l'on poinçonne, comme preuve de notre arrivée ou de notre départ. Partout, on calcule le nombre de minutes que l'on prend pour dîner. Si on accordait aux employés une heure et quart pour leur repas du midi, est-ce que cela nuirait beaucoup aux activités d'une entreprise? On s'objecte en disant: «On est une grande compagnie. Si on le fait pour un, tout le monde voudra prendre une heure et quart pour le lunch!» Et puis, est-ce qu'à la fin du mois il y aura une telle différence?

Je pose alors la question: Et puis? Ça va changer quoi au juste si tout le monde le faisait? Et si après l'avoir fait, tout le monde était plus productif? Ne serions-nous pas gagnants? L'a-t-on essayé? Non! La tête nous enseigne de ne rien accepter qui pourrait dévier de la norme! N'avons-nous pas obtenu les résultats escomptés? Achetons-nous des heures ou des résultats avec tous ces salaires?

«[...] Nos discours s'appuient sur l'univers de la balistique et de la comptabilité générale. Voilà bien nos expressions préférées: cible, mission, impact, investissement, bilan, équilibre entre l'actif et le passif.»

Où donc sont les mots «bonheur», «joie», «famille»? Où sont les mots qui ont pourtant été dans la bouche des gens à quelques minutes de leur mort, au haut des tours du World Trade Center le 11 septembre 2001? Où donc sont ces mots si importants dans une entreprise? Ils n'y sont pas et on n'en parle jamais. Jamais, sur son lit de mort, quelqu'un a dit regretter n'avoir pas passé davantage d'heures au travail!

Où est cet indice du bonheur dont parlait *La Presse* du 21 juin 2005 ? Cet indice qui remplacerait le PIB (produit intérieur brut) par le BNB (bonheur national brut). Il serait basé sur quelque 22 critères parmi lesquels on trouverait la valeur économique du bénévolat, la valeur du travail des parents à la maison, la valeur du temps de loisirs, la santé de la population, l'accès à l'éducation, la qualité de l'environnement, etc. Ne pourrait-on pas avoir à la fin du bulletin d'information de fin de soirée à la télévision l'indice du bonheur de chez nous ? Ce serait certainement *politiquement incorrect* !

> « [...] Pas surprenant que notre existence tienne dans une bataille de chiffres. »

Le Canada compte dix provinces, plus les Territoires et le Nunavut, et tout le monde parle de chiffres. Y aurait-il eu moyen de faire mieux avec le revenu national brut pour que les gens soient heureux ? À quoi ressemble le bonheur des gens dans un pays, dans une ville ? Où sont nos fêtes d'antan ? Sont-elles devenues des prétextes à chicanes et sujettes à des coupures *rationnelles* et intellectuelles ? Je pense ici au défilé de la Saint-Jean le 24 juin 2005. Est-ce une fête ou tout simplement un autre budget ?

Pour faire une montagne de sa vie, on doit sortir du rang, il faut être *politiquement incorrect*. On doit cesser de toujours vouloir suivre les chemins tracés d'avance.

VENDRE DES CERVEAUX

Au contraire, on a une société qui, sous prétexte de produire de plus en plus, de vendre de plus en plus, a oublié pourquoi on produisait plus, pourquoi on vendait plus ! On a atteint un tel niveau de cynisme dans les affaires que je ne puis m'empêcher de citer la déclaration faite à la presse par le grand patron de TF1, la plus grande chaîne de télévision en France, Patrick Le Lay :

« Nous télédiffusons ce qu'il faut pour conditionner nos télé-spectateurs à mieux consommer la pub. Pour qu'un message publicitaire soit perçu, il faut que le cerveau du téléspectateur soit disponible. Nos émissions ont pour vocation de le rendre disponible, c'est-à-dire le divertir, le détendre pour le préparer entre deux messages. Ce que nous vendons à Coca-Cola, c'est du temps de cerveau humain disponible. » Mais est-ce ce monde-là que je veux laisser à mes enfants ? Un monde de robots que l'on rend disponibles pour vendre plus ?

On semble dépasser les bornes ! On vit dans ce monde-là de nos jours...

Ne veut-on pas agir de la même façon avec la culture qué-bécoise ? Quand pose-t-on les bonnes questions ou quand prend-on le temps de les penser ? Non, on s'en prend à des émis-sions de grande valeur. Je pensais à *Zone libre* (SRC) dont on a réduit la fréquence annuelle de 24 à 8 émissions. On nous dit que c'est là une amélioration ! Peut-être... Durant ce temps-là, on diffuse le dimanche soir à la même antenne *Tout le monde en parle* qui débute à 20 h et prend fin vers 22 h 15. On se coupe la chance de dire aux gens : « Pensez-y ! Le monde, c'est grand ! » On doit penser en fonction de la planète, pas du dernier humo-riste à la mode, des derniers gagnants d'un concours ou de la nécessité de synergie à l'intérieur de grosses entreprises !

Oh ! je n'en veux pas aux émissions de variétés, mais a-t-on comme seule solution comptable de couper dans les émissions d'information sérieuses ? Je pose encore la question. Voudrait-on, à la télévision et ailleurs, vendre des cerveaux en les ren-dant disponibles pour les clients annonceurs... ?

LE QUÉBEC **S'ENNUIE**

On est à créer un Québec qui s'ennuie, faute de défis! Mme Denise Bombardier l'a dit dans un texte très dur[16] qui traite de nos chefs politiques: «Tous ces hommes ne soulèvent ni passion, ni rêve, ni espoir. Ils administrent, gèrent, critiquent, contestent au coup par coup.»

Ce ne sont plus des leaders, mais de bons gestionnaires qui fonctionnent par consensus, oubliant que diriger, c'est oser sortir du rang, oser encourager les troupes à faire de même. C'est agir tout à fait à l'inverse de dire aux gens qu'il faut absolument se conformer aux règles, mais surtout à la majorité. Que le peuple le dise ne veut pas nécessairement vouloir dire qu'il faille absolument emboîter le pas.

> «[...] Les jeunes de 20 ans sont ainsi privés de modèles d'identification, ces leaders charismatiques qui n'apportent pas que des frissons fugitifs aux foules, mais qui donnent aussi envie de se dépasser et de croire que la société est un laboratoire permanent vers le progrès pour tous.
>
> «Quand pense-t-on à changer le monde? Jean-Paul II disait aux Polonais: "N'ayez pas peur! Changez la face du monde!"... Quand allons-nous commencer à le faire? Si tout ce qu'on pense à faire, c'est d'être un chef rassembleur, on n'est pas sorti de l'auberge! Il faut plutôt inciter les jeunes à sortir du rang et à aller plus loin.
>
> «Quand un peuple s'ennuie, il se désole. [...]
>
> «[...] Il est normal qu'un peuple qu'on prive de rêve s'ennuie. [...]
>
> «On rêve petit! Ou pire, on ne rêve même plus! On est submergé par les 50 000 "Non!" qu'on a essuyés depuis notre tendre enfance!

---

16. Denise Bombardier, «Le Québec s'ennuie», *Le Devoir*, 4 décembre 2004.

« [...] Avec l'ennui surgit la tristesse, cet affaissement du tonus de vie. Or, la tristesse produit un effet délétère sur le désir de changement, dont le mouvement ne s'accommode pas du sur-place, donc qui rétrograde l'action. C'est sans doute la tristesse qui explique le succès des humoristes, les bons et les mauvais. Le peuple triste cherche à être surpris, faute d'être inspiré. Et il préfère de loin les salles de spectacle où il est distrait à celles qui l'obligent à affronter les grands drames humains; il préfère le bruit aigu des rires aux scènes qui font place au silence à travers les mots. »

On préfère se perdre dans la plomberie des comment au lieu d'affronter les pourquoi qui pourraient nous amener à changer les choses, et peut-être le monde, du moins notre monde!

UNE HISTOIRE DE **PIANO**

J'ai toutefois espoir! J'ai la chance de fréquenter beaucoup de gens de tous les âges. Et ce sont les jeunes qui, étant moins déformés par notre société de droit, osent parler de l'âme des choses.

Voici l'histoire d'une de mes petites-filles qui magasine l'achat d'un piano en compagnie de son papa. Après avoir visité deux magasins d'instruments de musique, ils entrent dans un troisième spécialisé exclusivement dans la vente de pianos tous modèles confondus. Même s'il n'est pas ingénieur de profession, le père en a la mentalité. Il est très porté sur l'aspect scientifique des choses, et cela est loin d'être un défaut, au contraire. Il demande au vendeur un bon piano à queue.

« Le meilleur piano que vous pouvez posséder est, sans contredit, un Kawai, un piano fabriqué au Japon, lui répond-il. Ce sont des instruments extraordinaires. Même les marteaux sont en matériau composite et non en bois. Ils ne sont pas alors affectés par l'humidité. Ils ne bougeront jamais, c'est ce qui explique que les notes sont toujours très pures et justes. »

Pendant que les deux hommes discutent, la jeune fille installée au clavier confirme la justesse des notes. Mais du coin de l'œil, elle aperçoit un autre piano, celui-là beaucoup plus âgé. C'est un piano de plus de 100 ans! Elle le pointe du doigt et demande la permission de l'essayer.

> « C'est un vieux piano, reprend le vendeur. Il est de ceux qu'on achète souvent chez des antiquaires et qu'on rénove avec des pièces que l'on doit souvent fabriquer nous-mêmes, telles qu'elles étaient à l'origine. Évidemment, ce n'est pas un instrument comparable à celui sur lequel vous jouiez tantôt. Il n'a pas sa justesse ni sa pureté. »

La jeune fille y tient malgré tout et commence à jouer sur le vieux piano remis en bon état. Elle s'arrête et dit à son père, un sourire dans la voix : « Papa, celui-ci a une âme! »

Tout est là. On a fait des pianos en usine. Il faut maintenant apprendre à leur donner une âme, ce qu'on ne peut pas faire avec la seule technique. L'âme, c'est l'affaire de l'artisan. C'est ce qui a fait toute la force d'un Stradivarius : on n'a jamais pu reproduire par la technologie ces fameux violons. On peut reproduire exactement le même instrument, mais on est incapable de reproduire la même richesse de sonorité. Elle ne peut se faire qu'avec le cœur. Une société se fait avec le cœur, et ma petite-fille me réconfortait en parlant de l'âme et non seulement de la tête. Elle a d'ailleurs acheté ce vieux piano qui, aujourd'hui, vibre sous ses doigts d'artiste!

J'espère que toutes ces histoires, ces exemples ont pu vous faire réfléchir, cher lecteur. Peut-être pourriez-vous penser faire un effort et revenir aux passions qui, elles, viennent du cœur? Il faudra bien un jour, dans nos propres vies, passer de la logique pure au langage des émotions. C'est d'ailleurs là le sujet du prochain chapitre.

Chapitre 3

LA **PASSION**

Quand les hommes ne font pas de grandes choses, ils font de terribles choses. Quand ce n'est pas leur cœur qui est grand, c'est leur cruauté qui l'est[17].

L'ex-ministre québécois Jean-François Bertrand a eu des problèmes de dépendance à la drogue et à l'alcool. Il racontait un jour à l'émission *Arcand*, sur les ondes de TVA, que durant une cure de désintoxication, sa sixième si je me souviens bien, le médecin l'avait regardé droit dans les yeux et lui avait dit : « Jean-François, tu as trois graves problèmes : l'alcool, la drogue, mais surtout la tête ! Pourquoi la tête ? Parce que tu fais tout intellectuellement, avec logique et raison, et tu ne laisses pas intervenir l'âme ; à froid, jamais tes émotions ne s'expriment. Il te faut t'étourdir pour enfin laisser paraître ce que tu es vraiment. Tant que tu essaieras de vaincre ces trois dragons rationnellement, tu n'y parviendras jamais. Il va falloir que tu sentes que tu es capable et cela n'est pas rationnel mais émotionnel. Tu voudrais que tout soit prouvé froidement. Ça ne se prouve pas, ça se ressent. »

---

17. Bernard Vergely, *Petite philosophie pour les jours tristes*, Paris, Éditions Milan, 2003, 312 p.

Ce que le médecin demandait à Jean-François à ce moment-là, c'était un acte de foi, acte de foi en lui-même, de croire sans avoir toutes les preuves logiques et cartésiennes qu'il pouvait le faire! Il devait avoir assez confiance en lui pour oser dire sa douleur, ses frustrations, ses joies, etc.

À l'avenir, il lui faudra cesser d'être seulement une tête raisonnable comme tout gentil garçon bien élevé sait le faire! Cela vaut pour toutes les facettes d'une vie. Il faut y croire avec le cœur!

Quand les gens commencent à vouloir tout structurer avec leur tête, ils oublient l'aspect humain, et c'est l'échec à plus ou moins brève échéance.

C'est ce que racontait dans *La Presse* du 25 juin 2005 Mme Nicole Poirier, directrice et fondatrice du centre d'hébergement pour les personnes atteintes de la maladie d'Alzheimer, Carpe Diem, à Trois-Rivières. Elle racontait : « Je tiens à ce que les gens ici établissent des relations basées sur la confiance, pas sur le contrôle. » N'est-ce pas le cœur qui parle et non la tête ?

Elle ajoutait plus loin : « J'ai rencontré des familles et je leur ai demandé ce qu'elles souhaitaient pour leurs parents... Plus de 80 % des inquiétudes étaient d'ordre relationnel. » C'est de l'ordre de l'humain, non de la structure rigide qui encadre malheureusement trop souvent nos institutions pour malades chroniques. Elle expliquait d'ailleurs plus loin : « Ici, on ne dit pas qu'il faut donner le bain en moins de huit minutes. Il faut prendre le temps, c'est tout!... Le cœur de notre philosophie, c'est l'empathie. Il faut traiter la personne en fonction de ses normes à elle, pas des nôtres. Quand je décide qu'une personne ne doit pas se lever en pleine nuit ou qu'elle doit manger assise à une table à 17 heures, ce sont mes normes. Si une personne a faim à 16 heures, pourquoi ne pourrait-elle pas manger à cette heure-là ? Je dois respecter ça. Je m'adapte alors à ses normes.» Cette maison défie toutes les normes gouvernementales. Elle a su redonner au rationnel, au raisonnable, sa place, soit *après* le cœur, la passion pour les humains.

Car la chose la plus importante, tout à fait en opposition avec le raisonnable du chapitre précédent, c'est avant tout la *passion*. J'irais même plus loin en disant que le plus important, c'est le rêve, la folie qui est le fruit d'une passion!

Le rêve ne se rationalise pas. Tu le vois grand, tu le découvres, tu le construis, puis tu tentes de le réaliser... Ce rêve, cette passion, c'est ce que les Américains appellent le *gut feeling*, c'est-à-dire le pressentiment au plus profond de soi. C'est bien davantage que la plus grande intuition. Si tu veux reconnaître le rêve, la passion dans l'écriture de quelqu'un, il suffit de compter les points d'exclamation dans son texte! Comptez le nombre de *WOW!* Combien y a-t-il de points d'exclamation dans toutes les notes de service et tous les rapports produits aujourd'hui, dans votre bureau?

Cette passion se manifeste dans toutes les sphères d'activité. Elle surgit partout quand on cesse d'être rationnel, logique, structuré. Une des pires expressions que j'entends souvent dans les négociations, c'est: «Ils sont rendus à discuter le *normatif*.» La passion vient du cœur, pas de la tête. Et le cœur, c'est le moteur de l'homme.

Nos ancêtres disaient jadis d'une personne paresseuse: «Les cordons du cœur lui traînent dans la m...» Jamais ils ne faisaient allusion aux cordons de la tête, parce que ce n'est pas la tête qui mène; elle ne détient pas les rênes du pouvoir. Elle n'est capable que de constats! La tête ne ressent rien! Elle en déduit ce qui est approprié de faire.

Très peu de gens demandent à un nouvel employé: «Vastu y mettre du cœur pour faire ce travail? Tu vas conduire ce camion. Vas-tu y mettre les émotions pour que ta contribution améliore le fonctionnement de l'entreprise en livrant la marchandise en bon état et avec courtoisie ? Ainsi, on aura une clientèle encore plus satisfaite, le chiffre d'affaires sera ainsi à la hausse grâce à ce bon service. Alors, toute l'entreprise progressera ! »

On est trop rationnel avec tous nos organigrammes, genre de petites cases, avec chacune sa description de tâches qui ne dit rien à personne. Ce n'est pourtant pas avec les mots de la tête que la vie s'exprime, mais avec ceux du cœur, ces mots qui traduisent les émotions. Quand on fait l'analyse étymologique du mot « émotion », on découvre le mot « motion » et, par extension, « moteur », preuve que les émotions poussent à travailler et à aller plus loin, à vivre !

Aimer, une des émotions les plus fortes, est un moteur extraordinaire qui rend possible la réalisation de grandes choses. C'est cet amour qui nous fait dire que « la foi transporte les montagnes ». Ce n'est pas la tête qui accomplit ce tour de force. La foi ne relève pas de l'intellectuel, de la tête, mais du cœur. C'est pour cela qu'il est toujours difficile de discuter de la foi avec un agnostique. Il raisonne trop logiquement pour ressentir la foi !

C'est le grand problème de toutes les religions : du moment qu'elles deviennent trop rationnelles, elles perdent leur âme. Est-ce que l'Église catholique romaine se pose la question ? Je me pose moi-même la question... Quand on en vient à juger à grands coups de règles et d'édits comment les autres devraient vivre leur vie, quand on en vient à vouloir tout structurer, hiérarchiser, on devient alors une organisation civile qui risque de perdre dans ce processus la foi qui n'a rien à voir avec le jugement des autres ni les structures. La foi engendre l'espérance qui, elle, pousse à l'amour qui, à son tour, pousse à vivre ! Ce cycle a permis les plus grands exploits sur terre ! Nulle part y parle-t-on de logique.

Morris Albert le chantait jadis dans une chanson qui était sur les lèvres de tout le monde à l'époque, *Feelings*! Ce chanteur avait compris toute la force du mot *feeling*! Toutes les relations humaines sont basées sur des émotions. Même dans les courriels, on ajoute des émotions à l'aide de «binettes» (*emoticons*, en anglais). Pas dans les mots, mais dans la façon d'écrire son message. On l'écrit en majuscules, on multiplie les points d'exclamation, tout ça pour traduire une grande émotion, un cri du cœur.

Dans la vie, il faut être capable de laisser percer ses émotions. *Politiquement incorrect* est directement lié à la phrase qui précède: il faut avoir la capacité de sourire et d'y aller d'un *WOW*! qui vient droit du cœur, sans passer par la tête. Je parle ici d'excitation, d'enthousiasme...

Quel mot extraordinaire qu'est «enthousiasme» qui vient du grec et qui veut dire «Dieu en soi»! N'est-ce pas là toute la notion de Dieu? Il est en soi! C'est l'énergie que l'on ressent en poussant plus loin l'effort pour atteindre le sommet de la montagne, pour toucher le fil d'arrivée dans la course, c'est-à-dire devenir plus soi! Cela semble peut-être un peu cucul, mais pensez-y: Nelson Mandela avait un grand enthousiasme pour son pays, l'Afrique du Sud! N'a-t-il pas accompli une œuvre divine en libérant son pays de l'apartheid?

La foi, c'est Dieu en toi, pas à l'extérieur de toi. L'enthousiasme est l'inverse de la froideur rationnelle, celle qui dit aux gens: «Il faut être objectif. Il ne faut pas y mettre trop d'émotions!» Cet enthousiasme se traduit de multiples façons. Mais pas avec des mots comme «concept», «structure», «stratégie», etc. Ce ne sont que des mots vides qui masquent les vraies motivations: les émotions!

UNE HISTOIRE DE **CAFÉ**

J'aime beaucoup le café. J'en bois même beaucoup trop. Or, je suis quelquefois à prendre un café avec des gens qui n'en boivent pas. Je les invite à m'accompagner et à en savourer une tasse avec moi. Ils me répondent invariablement : « Non. Je ne bois jamais de café. Ça m'excite trop. »

Quand je les entends me répondre cela, je les regarde et, inconsciemment, je m'entends leur dire : « Mon Dieu ! Tu devrais en boire ! Ceci t'aiderait à partir ! Il se passerait quelque chose chez toi ! » Ces gens-là sont morts ou, du moins, ils meurent en santé. Mais leur vie me semble *plate* ! Il y manque l'excitation pour la vie !

Je suis cependant d'accord à 300 % avec tous les mouvements de *slow food* et du « manger santé ». Mais il faut aussi faire des folies dans la vie. Le mot « folie », c'est le sel de la vie.

Ce qui manque dans notre monde à l'heure actuelle, ce sont des « fous » qui font des choses en s'emballant, qui grimpent sur des tables, pas ceux qui font tout calmement, voulant tout prouver rationnellement !

Certains matins vers 9 heures, j'entre chez un client et ceux qui m'accueillent me demandent : « Jean-Marc, avant de commencer, prendrais-tu quelque chose à boire ? »

Je leur réponds immanquablement : « Je prendrais un café. Noir, si c'est possible. » Et là, tout penauds, ils me disent : « Ah... Tu prendrais un... café ? C'est que, vois-tu, notre café n'est pas fameux. Nous avons une distributrice qui fonctionne à coups de 25 cents. Le café est en poudre et l'eau chaude s'ajoute séparément. Ce n'est pas très bon ! »

Quand je les entends presque s'excuser de ne pouvoir offrir un bon café au bureau, je me mets à me demander « Ces gens-là ne pourraient-ils pas s'arranger pour avoir une machine à espresso et servir aux invités un petit café bien tassé, au lieu de les laisser fouiller dans leurs poches pour trouver les 75 cents nécessaires pour un verre en polystyrène, une poudre et de l'eau chaude ? » Il y aurait alors un petit quelque chose indéfinissable, mais qui changerait l'atmosphère, une émotion qui nous lierait ensemble. On pourrait par la suite s'exciter sur les propositions à discuter.

Ce petit détail relève de l'émotion et n'est absolument pas inscrit dans un organigramme ni une définition de tâches. Ce détail qui vient du *fond de l'être* donne toute sa saveur à une entreprise. L'invité qui se voit offrir un vrai espresso dans une petite tasse – ou un café allongé dans un bol, tiens ! – sent que l'entreprise qu'il visite a une âme, une personnalité, une culture qui lui est unique. Elle a sa signature !

Je participais un jour à un congrès de marchands de pneus. Avant ma conférence, j'ai eu la chance de visiter les différents kiosques des fournisseurs, histoire de me familiariser avec les produits. Tous ces manufacturiers exposaient leurs différentes marchandises, des pneus de toutes formes et dimensions. Mais quelle ne fut ma surprise quand j'ai aperçu le kiosque de la compagnie Pirelli ! Il n'y avait aucun pneu en vue ! Le tout était conçu sous forme de petit café avec des chaises confortables et de belles petites tables. En face de moi, il y avait une merveilleuse machine à espresso toute dorée. Les détaillants se faisaient offrir un bon petit café par une gentille hôtesse vêtue aux couleurs de Pirelli. Ils vendaient des pneus ! Et pourtant, il n'y avait que les affiches de leurs produits ! Ils exprimaient dans ce kiosque leur âme, leur signature italienne ! La joie de vivre ! Le cœur parlait.

À défaut d'une machine à café, on pourrait avoir une assiette de fruits frais tous les matins. Des petites douceurs qui viennent du cœur, pas de la tête, qui révèlent que dans cette entreprise, il n'est pas question que de productivité, de rentabilité ou d'efficacité. Il y a aussi de la beauté, du bonheur et du plaisir. C'est ça, l'excitation. On veut tellement être efficace, augmenter le rendement, qu'on oublie qu'une entreprise, c'est d'abord et avant tout des humains avec un cœur !

LES **JEUX** PARALYMPIQUES

Ce pouvoir de faire des choses qui semblent totalement irrationnelles se trouve dans toutes les différentes activités humaines. Ainsi, dans le sport, pensons à cette athlète olympique, Mme Chantal Petitclerc.

Vers l'âge de 14 ou 15 ans, une lourde porte de grange lui fracture la colonne vertébrale en lui tombant sur le dos. On lui annonce alors qu'elle sera paraplégique pour le reste de sa vie. Rationnellement, les gens ont dû lui dire : « On va te fournir un bon fauteuil roulant équipé d'un moteur électrique, très confortable, qui te permettra de te déplacer ! Tu pourras toujours étudier et lire tranquillement... »

Mais Mme Petitclerc a fait la sourde oreille : elle aime le sport, le défi, l'adrénaline qui lui coule dans les veines dans le feu de l'action. Elle avait une passion pour l'action. Tout cela n'était pas disparu avec l'accident. Elle a dit : « Non. Je veux continuer à faire du sport. Il devrait être possible de faire du sport dans un fauteuil roulant. »

Elle s'est donc entraînée à force de bras, c'est le cas de le dire, à courser en fauteuil roulant. Elle en a même conçu un qui répondrait à ses attentes et à ses besoins d'aller plus loin, plus vite ! Ce fauteuil a été bâti pour elle, selon ses spécifications : inclinaison des roues et leur positionnement par rapport à sa longueur de bras, roue avant de direction avec le bon diamètre, longueur de la perche à l'avant, etc.

Avec ce fauteuil particulier allié à un entraînement intensif, Mme Chantal Petitclerc a raflé des tonnes de médailles et de trophées! Elle établit des records, même contre ceux et celles qui ont la possibilité de courir avec leurs deux jambes! Et elle a même gagné des médailles d'or aux Jeux paralympiques d'Athènes, en 2004. Je me surprends à penser parfois que le Canada devrait se spécialiser et ne participer qu'aux Jeux paralympiques! Au moins, on y gagne des médailles! Ainsi, à un jeune amputé d'une jambe, on pourrait dire : «Il te manque une jambe? Tu vas être bon en natation!» Bref, ces particularités physiques, qu'on appelait autrefois des «infirmités», ne seraient plus considérées comme des handicaps, mais plutôt comme des préalables!

Sans trop vouloir verser dans la parodie, et plus sérieusement, je comprends le succès de ces athlètes particuliers. Leur handicap les pousse à *performer* hors du raisonnable, à y mettre tout leur cœur, toute leur passion pour y arriver. Ils défient la raison et laissent l'adrénaline de la foi leur faire déplacer les montagnes.

Mais je ne peux m'empêcher de penser à cet autre athlète canadien extraordinaire, doté d'un solide jugement et pour qui j'ai beaucoup d'admiration, le jeune plongeur Alexandre Despatie. Il y est malheureusement allé de contre-performances aux Jeux olympiques d'Athènes en 2004. Il faut comprendre que la pression sur ses épaules devait être écrasante! On s'attendait tellement à ce qu'il gagne la médaille d'or! Tout le Canada le regardait! Il a dû en ressentir des papillons dans l'estomac quand il attendait le signal des juges pour plonger...

Après les compétitions de plongeon où il avait en quelque sorte raté sa chance pour un podium, des journalistes l'ont questionné peut-être un peu trop vite. Alexandre n'avait pas encore décanté tout ce qu'il lui était arrivé que déjà on lui demandait quelles étaient les causes de sa contre-performance. L'air triste, nerveux, déçu, Alexandre leur a décrit dans des mots simples toute la pression qu'il avait ressentie et il a ajouté : «Il y a aussi le fait qu'au Canada, pour nous, les athlètes de haut calibre, pour nous qui mettons tout notre cœur dans notre sport, on est loin d'être gâtés par les infrastructures qui sont mises à notre disposition. Par exemple, là où je m'entraîne toute l'année, on plonge dans une vieille piscine... »

En lisant cette remarque dans les journaux, je savais qu'il cherchait une raison à sa piètre performance ; il cherchait avec la tête. En plongeon, que la piscine soit vieille ou neuve, on s'en fout complètement, du moment qu'elle garde son eau, c'est là le plus important, non ? Mais il cherchait la cause qui avait produit ce triste résultat. Cette réponse est encore une fois la manifestation du *rationnel* au détriment de l'émotion.

Je travaille souvent avec des entreprises qui comptent sur de gros budgets. Pourtant, elles ne réussissent pas mieux que d'autres avec des budgets plus modestes. Mais les gens qui y travaillent justifient la médiocrité de la compagnie en disant : «C'est par manque d'argent...» N'est-ce pas le cas de plusieurs ministères, de services au gouvernement ?

Et ce n'est pas vrai ! Combien de petites entreprises réussissent avec peu de moyens financiers ? Combien d'organismes réussissent sans avoir tous les fonds nécessaires ? Elles compensent avec plus d'imagination, plus de passion. C'est la même chose pour certains ministères qui, à un moment donné, ont eu des surplus budgétaires si importants qu'ils ne savaient pas quoi en faire ! Il y manquait la passion qui pousse à innover, à oser essayer. Il n'y avait pas eu un rêve au départ et un leader qui y croyait !

UN **RETOUR** AUX ÉTUDES

Même en éducation, il faudrait peut-être revenir à plus d'empathie pour les jeunes, leur laissant la chance de tenter l'aventure, car ce sont les passions qui font que les gens sortent du rang et font des choses différentes.

Voici l'histoire d'une passion pure et simple, et même pire qu'une folie, puisqu'elle défie toute logique!

À l'âge de 14 ans, un jeune adolescent annonce à ses parents qu'il veut quitter l'école. Son père et sa mère en sont bouleversés. Ils savent que leur fils a un tempérament quelque peu rebelle, mais là, vraiment, il dépasse les bornes.

« Mais qu'est-ce que tu feras si tu ne vas plus à l'école? » lui demandent-ils.

— Je désire voyager, découvrir le monde. À l'école, je perds mon temps. Je n'y apprends rien, c'est plate! » de leur répondre le jeune garçon avec un peu d'arrogance.

N'est-ce pas là la réponse classique de tout jeune de 14 ans?

Malgré tout, ses parents prennent la décision d'envoyer fiston chez des amis qui vivent en Angleterre. Le petit gars prend donc l'avion pour Londres. Quelques mois ont passé et le papa et la maman reçoivent une lettre de leur fiston qui leur apprend que tout est merveilleux : « Je m'amuse. Et j'ai même commencé à suivre des cours! »

En lisant ce dernier passage, ses parents sont fous de joie! L'envoyer en Europe aura donc été une bonne décision. Ils se sont dit : « Si on l'avait forcé à rester ici et à continuer d'aller à l'école, il aurait décroché. Alors que là-bas, il a repris goût aux études! » Or, les cours que suivait le jeune homme en Angleterre lui permettraient de devenir... *cracheur de feu*!

On ne peut pas dire qu'il y a au Québec beaucoup d'emplois de cracheur de feu. Disons que la demande est minime! Il a aussi suivi des cours pour monter sur des échasses, une carrière pas très prometteuse dans le contexte québécois de l'époque, vous en conviendrez...

Mais tous ces «cours» ont été l'étincelle qui a fait jaillir dans sa tête – mais surtout dans le cœur du jeune homme – un grand rêve. Alors qu'il était un jour attablé en train de siroter une bière avec des camarades à Baie-Saint-Paul, il a lancé comme ça : «Et si on se créait un cirque, une fête foraine avec jongleurs, des cracheurs de feu, des échassiers, etc. ?» Le jeune rebelle québécois parti un jour étudier en Angleterre l'art de cracher le feu et courir sur des échasses, Guy Laliberté, venait de créer le premier Cirque du Soleil. Quelques années plus tard, cette fête foraine sans animaux jouit d'une popularité qui dépasse nos frontières. Ce cirque est reconnu dans le monde entier. Cependant, ce cirque est *politiquement incorrect*. C'est une histoire de fous : ils étaient à l'origine deux associés, dont un a finalement choisi de se retirer. Guy Laliberté a donc décidé de poursuivre seul ses rêves.

Fou ! c'est bien le mot... Comme tout ce qui touche le Cirque dont le plus récent spectacle à Las Vegas, *Kà*, a coûté 170 millions de dollars ! En dollars US, s'il vous plaît ! Une salle incroyable, des innovations fabuleuses ! Durant toutes ces années, Guy Laliberté n'a cessé d'innover, mais il ne le fait pas seul. Il s'entoure de gens créatifs pour bâtir quelque chose de grandiose.

C'est ainsi qu'un jour, il a embauché le président de TVA, M. Daniel Lamarre. Ils forment une paire de géants extraordinaires. Comme M. Lamarre le disait dans le journal *Les Affaires* du 5 mars 2005 : «Guy, c'est le visionnaire. Et moi, je suis le stratège !» Le Cirque du Soleil, après avoir pensé à des hôtels thématiques, a plutôt choisi d'éviter d'investir dans la brique et le mortier. Il était préférable qu'il s'en tienne au contenu et, ainsi, le Cirque est devenu un laboratoire de création. À un point tel que le critère numéro un de cette entreprise n'est pas le rendement sur l'investissement, mais bien la créativité. D'ailleurs, la question qu'ils se posent tous les deux est : «Qu'est-ce qu'on peut faire qui n'a jamais été fait ?» Peu importe combien cela coûte! Ce n'est qu'après avoir rêvé qu'ils cherchent le partenaire qui assumera le risque financier. Jamais ils n'iront à la Bourse avec leur compagnie. Les analystes financiers, avec toute leur rationalité, deviendraient fous à les voir fonctionner. Pourtant, cette entreprise de cœur a vu ses profits augmenter de 15 % par année en moyenne depuis sa fondation. Avec de tels rendements, il n'est pas nécessaire de faire des compromis. *La Presse* du 25 juin 2005 rapportait qu'à Toronto, devant le sérieux Empire Club, M. Lamarre disait : « Ce n'est pas que nous soyons riches, mais plutôt que nous avons de bons partenaires pour financer nos infrastructures. Prenez le spectacle *Kà*, à Las Vegas : nous logeons dans des installations de 100 millions de dollars qui ne nous ont rien coûté. » Et il ajoute : « C'est la créativité qui prime chez nous, avec des artistes recrutés dans le monde entier qui apprécient notamment la bonne culture d'accueil du Canada. Les affaires et la finance viennent ensuite, avec les partenaires les plus intéressants. »

On a cherché, par exemple, les metteurs en scène au talent mondialement reconnu, tel Robert Lepage, pour créer un spectacle particulier, différent de tout ce qui a été fait à ce jour.

Loin de moi l'idée de dire qu'il n'y a pas de rationalité ni d'organigramme dans le Cirque du Soleil, mais c'est très rare qu'on les entend parler de leur spectacle comme des « concepts ». Il n'y a rien qui tient du concept dans ce que fait le Cirque du Soleil.

Il est vrai que les gens de ce Cirque ont eux aussi leur part de problèmes humains, de jeu politique avec lequel il faut composer. C'est ça, l'humain : on n'y échappe pas. Mais le Cirque est d'abord et avant tout une affaire de tripes, de passion, d'émotions, de bons coups et de mauvais coups aussi !

Toute cette entreprise vit à partir des émotions. Oh ! combien chacun des spectacles en est la preuve ! Allez-y avec vos enfants et petits-enfants. Vous en ressortirez des gens de cœur, ayant oublié durant quelques heures d'être raisonnables !

UNE PARTIE DE **HOCKEY**

On a tellement peur de dire qu'on a des émotions. Et quoi de mieux que le sport pour crier ses émotions avec une grande foule ! C'est ce qui s'est passé le 17 novembre 2004, alors que le Canadien de Montréal a disputé un match de hockey sur une glace extérieure, à Edmonton, dans ce qu'on a appelé « The Heritage Classic ». À cette époque, le Centre Bell était loin d'afficher complet quand le Tricolore y disputait un match de la saison régulière de la LNH. D'ailleurs, toute l'organisation trouve difficile le peu d'affluence aux parties de la Sainte Flanelle, comme on dit dans certains milieux.

C'est pour cette raison qu'on a eu le sentiment – pas une *idée* ! – d'organiser une activité qui pourrait redorer le blason terni du Canadien et soulever de nouveau l'enthousiasme des partisans.

On se souviendra que le jour du match, il faisait moins 16 °C à l'extérieur cet après-midi-là. Le froid était mordant pour les gens assis sur les sièges gelés du stade de football au centre duquel on avait monté une patinoire. Pourtant, on a compté pas moins de 57 000 personnes qui ont assisté à cette partie mémorable. Elles étaient si loin de l'action qu'elles pouvaient à peine distinguer les joueurs et ne pouvaient absolument pas voir la rondelle au jeu ! Mais tous ceux et celles présents ont dit en chœur : « C'était extraordinaire ! Mon Dieu que c'était emballant ! »

On a vendu des tuques identiques à celle que portait le gardien du Canadien José Théodore, et cela, tellement rapidement que tous les stocks ont été épuisés en un temps record. Il a fallu passer de nouvelles commandes. On dépassait toutes les prévisions les plus optimistes !

Il était pourtant illogique d'organiser un match de hockey dans l'air glacé d'Edmonton, dans un stade inconfortable ouvert aux quatre vents parce que bâti pour le football, alors qu'on aurait pu le disputer dans un aréna chauffé comme le Centre Bell ou celui des Oilers, au Rexall Place, en Alberta. Ce n'était pas une décision logique, mais il y avait de l'excitation dans l'air quand on a mis la rondelle au jeu ce jour-là.

VIVRE SES **ÉMOTIONS**

Les gens d'Edmonton, cet après-midi glacial, ont vécu des émotions fortes, mais surtout, ils ont vécu leurs propres émotions. Ils ont eu la chance de laisser sortir leur enthousiasme, leur excitation. Quant à cette idée de vivre ses émotions, on se demande sérieusement si le secret d'une bonne santé ne résiderait pas tout simplement dans le fait de vivre véritablement et à fond ses émotions au lieu de tenter de les refouler et de toujours vouloir agir rationnellement et objectivement.

Ainsi, la colère – Dieu sait combien forte peut être cette émotion ! – ou encore la tristesse que l'on cherche à masquer, ou encore la joie qui nous tire les larmes en recevant un trophée devant une foule, toutes ces émotions, l'humain doit apprendre à les vivre pleinement et à les laisser s'exprimer librement, faute de quoi elles se terreront en nous et continueront à saper notre santé physique et mentale. La colère, par exemple, ne se dilue pas avec le temps. Une vraie colère bien ressentie mais non vécue ne sera jamais oubliée par notre être, même si notre tête, elle, semble l'avoir fait.

Une émotion ne se gère pas : elle se vit en versant des larmes, en criant même ! L'important, c'est de l'exprimer, de trouver les circonstances favorisant la sortie de ce trop-plein qu'on a à l'intérieur de soi. Une grosse grippe quand on est en amour par-dessus la tête et une grosse grippe quand on traverse une peine d'amour ne se vivent pas de la même façon !

Combien de gens font tellement tout pour s'assurer d'une bonne qualité de vie, mais en ne limitant tout qu'à l'aspect physique du corps ? On se réassure en disant que tout va bien, mais on a alors évité de s'engager totalement dans la vie, c'est-à-dire tant du cœur que de la tête.

Comme le disait le docteur Daniel Dufour dans *La Presse* du 18 avril 2004 : « Vivre ses émotions, apprendre à manger logiquement (des fruits d'automne durant cette saison et idéalement des produits locaux), relaxer, refuser de suivre le mental qui nous impose trop souvent un conditionnement social réduisant nos émotions à un silence temporaire et dangereux, se faire du bien en s'aimant tout simplement, c'est notre responsabilité à tous. »

UN **FESTIVAL** PAS COMME LES AUTRES

En parlant de se faire plaisir, on peut donner libre cours à ses émotions dans les arts. Pouvez-vous imaginer qu'un jour quelqu'un à Trois-Rivières a eu une idée folle : pourquoi ne pas mettre sur pied un festival de la poésie ? Qui aurait pu croire que cette idée illogique et irrationnelle aurait pu devenir un grand succès ?

Un festival de la poésie... Mais la poésie, ce n'est pas populaire ! Personne ne viendra ! Combien de gens ont tenté de dissuader le promoteur de ce rêve insensé ! Mais cet événement, qui a vu le jour en 1984, a pour nom le Festival international de poésie de Trois-Rivières. Incroyable mais vrai !

Voici ce qui s'est passé au cours des dernières éditions de cette fête automnale : en plus des artistes de la région, voilà que se sont ajoutés des poètes qui nous arrivent de partout dans le monde : Sénégal, Mexique, États-Unis, Italie, Tunisie, Côte-d'Ivoire, Australie, France et ailleurs!

Ces artistes nous arrivent avec leurs poèmes et au lieu de se produire dans de grandes salles, ils s'exécutent dans des restaurants. Voici comment se déroule la présentation d'un poème : vous êtes à prendre un bon repas arrosé d'un bon vin dans un resto de Trois-Rivières et, tout à coup, une personne frappe sur un verre. Le service aux tables est immédiatement interrompu. Les gens cessent de manger et de parler. Un poète s'installe sur une petite tribune et lit sa création pendant trois ou quatre minutes. Tout le monde l'applaudit et on continue à manger pendant une quinzaine de minutes, puis on entend un nouveau tintement de verre, les serveurs de table se retirent, on dépose ses ustensiles dans son assiette et on écoute un nouveau poète, celui-là vient peut-être d'Argentine ; il récite son poème dans sa propre langue! Quelle musique exotique!

Au fil des ans, le tout est devenu un concours international de poésie! Les poèmes primés sont gravés dans des blocs de granit que l'on trouve un peu partout dans la ville. Il y a sept ans, une femme, attablée dans un restaurant pendant le Festival, a écouté avec beaucoup d'intérêt un poète lire une de ses œuvres. La dame en avait été tellement enthousiasmée qu'elle était allée parler à l'artiste, sitôt sa lecture terminée, lui demandant copie de ce poème qui l'avait touchée droit au cœur.

Par la suite, cet artiste a été un des gagnants et le fameux poème a été primé. Il est depuis gravé dans un bloc de granit exposé sur un terre-plein situé à environ une trentaine de minutes de la résidence de cette dame. Tous les matins, elle marche une heure pour aller lire son poème. Ce n'est pas rationnel, mais cela libère les émotions en se faisant plaisir!

Tentez d'expliquer cela à votre directeur de banque... D'ailleurs, quand le responsable du crédit d'une institution financière de Trois-Rivières avait pris connaissance des grandes lignes du projet du Festival de poésie pour l'obtention d'un prêt, sa première réaction avait été de penser que celui qui avait élaboré un tel projet avait bien davantage besoin de pilules et de soins psychiatriques que d'une aide financière !

Malgré tout le négatif qui entourait un tel projet au départ, les organisateurs attendaient un millier de personnes. Il en est venu au-delà de 5 000 ! Aujourd'hui, le festival attire plus de 30 000 visiteurs, dont 60 % viennent de la région immédiate. Quelle belle réussite !

DONNER **AVEC LE CŒUR**

La générosité vient du cœur, c'est bien connu ! On aura d'ailleurs la chance d'en discuter plus au chapitre 6. Mais il est bon de se rappeler que le don n'est pas une action qui se situe dans la logique des choses. Car, en toute logique, si tu donnes ton cinq dollars, tu ne l'as plus pour t'acheter ton sandwich. Pourtant, j'ai vécu précisément cette expérience d'une personne qui a donné son dernier cinq *piastres*...

J'ai pris l'habitude, ces deux dernières années, de faire ma part en sollicitant les passants pour un don, si modeste soit-il, dans le cadre de la Guignolée conjointe des diffuseurs de télévision québécoise TVA, Société Radio-Canada et TQS. J'aime le faire à une heure de la journée moins populaire, c'est-à-dire tôt le matin vers 6 heures, jusqu'à l'ouverture des bureaux, à 9 heures. En plus de recueillir des dons au profit des plus démunis de notre société à quelques semaines de Noël, cet exercice me réconforte sur la capacité de folie chez l'être humain.

C'est ainsi qu'à l'automne 2004, je suis à la sortie d'une bouche du métro de Montréal, celle directement située en face des studios de Télévision Quatre Saisons. En souriant aux gens qui sortent du métro, j'agite un gros bidon de plastique dans lequel les passants glissent l'argent par le goulot. Certains me disent qu'ils viennent de donner à un autre « préposé à la cueillette » à l'œuvre à l'intérieur du métro et s'excusent tout penauds. Je leur réponds : « C'est parfait ! Le plus important pour vous, c'est de faire votre effort et aussi de garder le sourire aux lèvres pour le reste de la journée ! »

Parce que pour moi, la Guignolée, c'est donner. Ce n'est pas rationnel. Il faut cesser d'y penser et agir avec son cœur plein de compassion pour ceux qui n'ont pas la vie heureuse. Vers 8 heures, un type s'arrête en me voyant lui sourire, et sans dire un mot, fouille dans sa poche et en sort deux billets de 5 $ tout froissés. Il en prend un, le replie soigneusement et le glisse dans le goulot de mon bidon de plastique. Je le remercie et j'ajoute : « Tu viens de donner 50 % de ta richesse ce matin. » Il me regarde un moment, un peu songeur, puis reprend en souriant : « Tu as bien raison, Jean-Marc. Pourquoi je ne donnerais pas l'autre 5 $ tant qu'à y être ? » Il le ressort de sa poche et le glisse sans le replier soigneusement comme le précédent dans le gros contenant que je lui tends et il explique : « De toute façon, ce 5 dollars-là, je l'aurais dépensé en prenant une bière au lunch. Je m'en passerai pour aujourd'hui. »

Un cri du cœur, c'est ça. Quand on devient trop rationnel, trop *politiquement correct*, à trop vouloir tout faire selon les normes, on perd cette belle spontanéité du cœur qui, tout à coup, donne quelque chose de soi. C'est Dieu qui, ce matin-là, s'était manifesté !

FAIRE DES FILMS, **POURQUOI PAS** !

Cette folie dont je parlais précédemment, c'est celle qui, venant du cœur, est quasiment synonyme de rêve ! De petites folies engendrent de petits rêves : de vraies grandes folies, comme rêver que son coin de pays, sa région a tout le potentiel nécessaire pour faire du cinéma, aboutissent à de grandes réalisations.

C'est ce qu'a rêvé un jour un résidant de Lachute au Québec. Voici son histoire.

Nous sommes dans les années 90 et de grandes entreprises cinématographiques de Californie viennent tourner des films à Montréal. En 1997, ce résidant de Lachute a une idée plutôt farfelue, du moins aux yeux de bien des gens. Ce type se dit : « J'habite Lachute, dans le comté d'Argenteuil, aux portes des Laurentides où l'on trouve des milliers de décors naturels extraordinaires pour tourner des films. Cela se compare à bien des coins du monde, avec en prime quatre saisons bien marquées, toutes différentes les unes des autres. »

Au mois de mars 1997, l'homme crée donc dans la ville de Lachute une petite société à laquelle il donne un nom étonnant : le Bureau du cinéma et de la télévision d'Argenteuil ! Cela vous rappelle-t-il le stade « olympique » de Trois-Rivières dont on a entendu parler pour la première fois à la Commission Gomery ?

Chapeau aux édiles municipaux qui ont voté les crédits nécessaires pour former ce nouvel organisme, soit 7 000 $ au grand total ! Eux aussi se sont mis à rêver, mais peut-être en plus petit !

Pourtant, en 2003, 70 films ont déjà été tournés dans cette région et ont créé des retombées de plus de 45 millions de dollars ! Extraordinaire ! Une idée de fou, celle de quelqu'un qui s'est exclamé *Wow !* et qui a lancé autour de lui un cri de ralliement : « On le fait, pourquoi pas ? » et contre toute attente *rationnelle*, malgré tous ceux et celles qui ont eu le réflexe de lui répliquer : « Il faudrait tout d'abord créer un comité d'étude pour... », ce type a répondu : « Non. C'est pas le temps de faire des comités. On le fait. » Voilà le genre de personnes dont on a besoin de nos jours pour refaire le monde avec les émotions et les rêves.

UNE **HISTOIRE D'AMOUR**

Il n'y a pas d'âge pour rêver grand et beau! En effet, il est vrai qu'on doit toujours y penser avant de procéder à un mariage à un âge avancé. Pourtant, que diriez-vous d'un mariage béni à l'église de la paroisse et dont les deux amoureux ont 85 et 82 ans? Cela ne fera pas des enfants forts! Mais ça fait une belle histoire d'amour.

Voici la manchette d'un quotidien[18] : « Renée et Fernand ont dit oui. » Renée Germain, une dame âgée de 85 ans, se marie avec Fernand Beaudry, de trois ans son cadet. Fernand est veuf. Renée et Fernand se sont rencontrés 63 ans plus tôt; toutefois, à ce moment-là, ils n'avaient pas osé se marier. Fernand s'est marié mais pas Renée. Elle attendait Fernand, espérant qu'un jour il devienne veuf de sa première épouse. Cela s'est produit 63 ans plus tard, et Renée a réalisé le rêve de sa vie en épousant Fernand, l'homme qu'elle aimait depuis tant d'années et qui était devenu libre.

C'est fou, mais c'est beau! Un tel fait divers donne une toute nouvelle perspective au fameux débat de la légitimité du mariage entre personnes du même sexe. Le mariage n'est-il pas une institution dont le but principal est la procréation? Or, il est peu probable qu'une fois mariés, Renée, 85 ans, et Fernand, 82 ans, se cherchent un logement ou une petite maison située près d'une école!

Ce mariage entre des octogénaires est une manifestation concrète de l'amour et la réponse à un cri du cœur. Et je suis certain que les gens autour ont été émerveillés par le geste de Renée et Fernand qui ont dit oui.

---

18. Raymond Gervais, « Renée et Fernand ont dit oui », *La Presse*, 7 septembre 2003.

Cela dit, je ne voudrais pas blesser qui que ce soit au sujet du mariage entre personnes de même sexe ! Je me doute de toutes les implications juridiques complexes et je suis au courant des dogmes prêchés par notre Mère, la Sainte Église !

Mais je crois que tout ça est trop rationnel. L'amour qui vient du cœur n'a rien à voir avec le droit, avec les édits de savants théologiens ! Renée et Fernand me le prouvent par leur mariage et me disent que la vie vaut la peine d'être vécue à tout âge !

Renée et Fernand étaient certainement des gens *politiquement incorrects* de vouloir célébrer en grande pompe leur mariage. Ils ont agi selon leur amour ; pourtant, il aurait dû s'éteindre au fil de ces 63 ans. Les années ne sauraient détruire des rêves vécus intensément durant la jeunesse.

Cela vaut aussi pour toutes ces traditions qui se transmettent de père en fils et de mère en fille. Seulement le fait de vouloir les préserver quasi intactes exige un effort pour aller à l'encontre de tous ceux qui disent : «C'est fini ce temps-là ! C'est passé ! On ne fait plus cela !» C'est ainsi que rien ne reste de certaines occupations de nos grands-parents !

Cependant, il y a des êtres têtus qui poussent plus loin et cherchent à faire revivre ce que leur grand-père et leur père ont fait durant des années. C'est le cas de M. Georges-Henri Lizotte, pêcheur d'anguilles de père en fils, qui, en plus d'être cultivateur, pêchait ce poisson dans la région de Kamouraska.

À PROPOS DES **ANGUILLES**

Depuis qu'ils étaient tout jeunes, son père, son grand-père et son arrière-grand-père avaient pêché l'anguille – et lui aussi. Mais voilà que les anguilles disparaissent de plus en plus, avec des chiffres pour le prouver : de 75 tonnes de prises en 1981, on passe à 5 tonnes en 1997, dernière année où la pêche avait été permise. Devant le risque de disparition totale de ce poisson d'eau douce, Georges-Henri Lizotte a un rêve de fou : depuis huit ans, il a entrepris de réensemencer d'anguilles différents plans d'eau. Il a d'abord ensemencé un lac, à Rivière-Ouelle. Comme elles se reproduisaient bien, les petites anguilles sont devenues grandes. Il veut maintenant ensemencer le lac Champlain. Or, des biologistes de l'école de médecine vétérinaire de Saint-Hyacinthe découvrent, au grand désespoir de M. Lizotte, que certaines des civelles qu'il prélève dans les Maritimes pour ensuite les ensemencer dans le lac Champlain ont leurs organes ravagés par un virus. Face à cette incertitude, la Société de la faune et des parcs du Québec décide de stopper l'opération et décrète que l'ensemencement des civelles ne se poursuivra qu'une fois le doute levé sur la cause de la maladie détectée chez ce poisson migrateur.

Georges-Henri Lizotte, têtu comme une mule, garde espoir et continue de se battre. Il a un rêve : remettre les anguilles dans nos rivières. Il ne saurait se décourager pour si peu ! Il a toute une vie pour réaliser son rêve !

Or, on titrait dans *La Presse* du 25 mars 2005 : « 700 000 anguilles ensemencées dans le Richelieu. » Et comme dit M. Lizotte : « Les anguilles seront tout près de la frontière américaine. Elles n'auront pas besoin de passeport pour traverser les douanes. » Envers et contre tous, avec la foi qui transporte les montagnes, M. Lizotte a relevé le défi : une espèce en voie de disparition pourra de nouveau survivre !

LES **ÉMOTIONS**

Politiquement incorrect veut dire que tu acceptes l'idée que l'humain a des émotions, des passions qui sont d'une grande importance et qu'on doit apprendre à les dire, à les exprimer, à les vivre.

On parle ici d'une forme d'intelligence bien particulière : l'intelligence émotionnelle, qu'on sait plus importante, et même beaucoup plus, que l'intelligence intellectuelle – les Américains parlent de *EQ*. Elle serait plus importante à la réussite de tout un chacun dans la vie que le traditionnel *IQ*, car c'est émotionnellement que l'on entre en communication réelle avec l'autre, que l'on réussit à réaliser nos rêves.

Malheureusement, nous vivons dans une société qui axe ses activités sur le rationnel, la logique. Avec « Je pense, donc je suis[19] », Descartes aurait mieux fait de dire : « J'ai des émotions, donc je suis. »

Si je me réfère à ma propre expérience, disons que j'ai certainement étudié à une époque où la rationalité était capitale. On devait se servir de sa tête. Toujours. Toutes les universités au Québec et aux États-Unis m'ont enseigné la rationalité, la logique. J'ai étudié les termes à la mode, le marketing de créneau, la planification stratégique, la planification financière, les organigrammes, le *span of control*, comme disent les Américains, qui détermine le nombre idéal de subalternes que devrait avoir un patron, etc. On m'a appris toutes ces choses rationnelles, mais on a oublié de m'expliquer que ce n'était pas cela la vie, que le moteur de la vie était les émotions. Ce sont les émotions qui font bouger le monde !

HISTOIRE DE **MON PÈRE**

J'ai eu ma première véritable leçon sur les émotions en 1981, à l'âge de 51 ans. C'était un peu tard, mais mieux vaut tard que jamais ! Cette année-là, mon père avait atteint ses 78 ans. Il avait été machiniste aux usines Angus, à Rosemont, de 14 à 65 ans, soit pendant 51 ans de sa vie. Fils de cultivateur, il

---

19. René Descartes, *Discours de la méthode*, Paris, Flammarion, 2000.

adorait son métier et il était aussi un passionné de la pêche et du jardinage.

Pour la première fois de sa vie, il ne se sent pas très bien. Jamais je n'avais vu mon père malade et, ce jour-là, il m'annonce qu'il a un mal de ventre qui ne veut pas le quitter. Il s'agit peut-être d'un malaise passager, me suis-je dit. Mais lui croit que c'est autre chose, d'autant plus que le mal ne le quitte pas depuis déjà deux ou trois semaines : « C'est achalant ! Cela me fait mal au point de me réveiller la nuit », m'explique-t-il.

Il entre à l'hôpital pour des examens plus approfondis. Au bout de toute une batterie de tests et d'un séjour à l'hôpital assez prolongé, on nous apprend qu'il souffre d'un cancer du pancréas. On nous prévient qu'il n'y a rien à faire. Il n'y a pas de guérison possible car, à l'époque, ce cancer était inopérable. Cependant, on nous explique qu'à 78 ans, avec la chimiothé-rapie et la radiothérapie comme traitements, il pourrait encore vivre de trois à quatre ans. Mais mon père veut en savoir plus et il demande au médecin : « Sans tous ces traitements-là, com-bien me reste-t-il de temps à vivre ? » « Sans ces thérapies, la mort surviendra probablement à l'automne, soit dans quelques mois seulement ! » lui a-t-on répondu. Mon père est mort le 14 octobre 1981.

Sachant que la fin était prochaine, je me suis rapproché de mon père. J'ai commencé à le voir beaucoup plus souvent. Un matin, vers la fin du mois de mai, je suis assis dans la cuisine. Je bois avec lui une éternelle tasse de café. Il fait un soleil ma-gnifique. Je vois mon père qui regarde par la fenêtre. À l'exté-rieur, son parterre et son jardin qu'il aime tant entretenir s'épanouissent sous le soleil matinal. Tout est beau, la nature renaît. La vie est belle pourtant !

Puis, je tourne les yeux vers mon père amaigri, blême, qui ne pèse plus que 110 livres (50 kilos). Soudain, j'ai une idée de fou ; je suis persuadé que cette idée ne vient pas de ma tête. Je n'avais aucun plan de ce que j'allais lui dire. Le tout est venu du fond de mon être. J'ai dit à mon père, le regardant avec un sourire plein de tendresse : « Papa ! je ne sais pas si tu le réalises, mais c'est probablement le dernier été qu'on va passer ensemble sur cette terre. Que dirais-tu si on le passait ensemble ? Viens avec moi à la campagne, à la petite maison de Fassett, près de Montebello, le long de la rivière Outaouais. On va refaire cet été les choses qu'on faisait quand j'étais petit garçon, haut comme trois pommes. Tu te souviens, papa ? Tu m'emmenais à la pêche ; j'avais à peine quatre ans. Il fallait que je passe l'après-midi dans la chaloupe, en plein soleil. Et en silence parce que tu disais que le bruit effrayait les poissons... On va retourner ensemble à la pêche, tous les après-midi, comme dans le bon vieux temps. » Mon père m'a regardé avec un sourire rempli de nostalgie et m'a dit :

« Je peux pas.

— Pourquoi ? Mais tu peux encore pêcher !

— J'en suis incapable ; je ne puis me tenir debout sur mes jambes, elles sont trop faibles.

— Pas de problème, papa ! Je vais te prendre dans mes bras et je vais t'installer moi-même dans le petit bateau. Tu pourras emporter tes pilules et tes drogues et nous passerons tout l'après-midi au soleil à pêcher. On parlera de ces années, quand j'étais petit homme et que toi, tu étais un homme en pleine forme. Et en soirée, tu mettras ta belle chemise blanche, ta cravate et tous les trois, toi, Céline et moi, nous irons ensemble dans les grands restaurants. On goûtera à tout ce qu'il y a au menu.

— Non, mais tu exagères ! Je ne mange pas à cause de ma maladie.

— Pas grave, papa. Tu nous regarderas manger. »

Mais là, soudainement, mon père s'est fâché. Il m'a lancé un regard très sévère et m'a dit : «C'est pas des choses à faire. Tu as une ferme et l'été, on travaille à la ferme. J'irai, à la condition que tu me trouves de l'ouvrage à faire. Même si je dois rester assis, je suis quand même capable de peinturer ou de faire quelque chose du genre!»

Je lui ai répondu : «Papa! Arrête de chicaner. Tu as assez chicané dans ta vie... Aujourd'hui, j'ai une faveur à te demander. Je te la demande très sérieusement et avec beaucoup d'insistance. C'est la dernière que je te demanderai : laisse-moi te gâter! Laisse-moi t'acheter tout ce qui me passe par la tête. C'est moi qui paie. Tu le jetteras si tu ne l'aimes pas. Et je veux te dire pourquoi je fais ça : je t'aime, papa!»

C'était la première fois de ma vie d'adulte, à 51 ans, que j'osais dire à mon père que je l'aimais avec des mots qui sortaient de ma bouche! Je ne le lui avais jamais dit auparavant. J'avais toujours tenu pour acquis que, logiquement, un grand garçon aime son père : c'est fait comme ça!

La vie m'a donné quatre mois pour lui dire que je l'aimais, pour l'embrasser et le serrer dans mes bras. J'ai même un souvenir extraordinaire. Nous sommes à la fin de juillet. Il pleut très fort et nous faisons une marche, car il voulait toujours sentir les choses de la nature. Je tiens mon père par un bras et de l'autre, un parapluie. Nous portons chacun un imperméable. Mon père se traîne les pieds sur le gravier le long de la rivière. Il me regarde tout à coup avec un beau sourire et me dit : «C'est beau, la pluie, Johnny...»

Depuis ce jour-là, jamais je ne vois la pluie de la même manière. La pluie me rappelle mon père qui savait si bien m'apprendre à aimer la nature!

Ce fut pour moi un point tournant! Si tu as encore tes parents avec toi, insère immédiatement un signet sur cette page, dépose ce livre et prends le récepteur du téléphone pour les appeler, uniquement pour leur dire «Je t'aime, papa! Je t'aime, maman!» Fais-le tout de suite. Ils seront certainement renversés, sinon surpris! Mais tu auras mis des mots sur ton amour!

Ou encore, lorsque ton grand garçon de 27 ans entrera à la maison, ce soir, prends-le dans tes bras, embrasse-le. Dis-lui: «Je t'aime, Paul!» C'est là qu'est le moteur de la vie!

Si on n'apprend pas cela dans une famille, comment arrivera-t-on à le faire dans une société? On bâtira alors un monde aseptisé. Aussi bien être un ordinateur à ce moment-là!

La phrase tirée d'un article de Serge Bouchard que j'ai cité précédemment[20] me revient en tête: «[...] Si on ne prend pas soin de l'âme des gens, les gens n'amènent pas leur âme au bureau.»

Si les gens n'amènent pas leur âme dans la société, on crée des sociétés d'ordinateurs, de portables. On bâtit des sociétés qui ont oublié d'être humaines. Tout est là: on doit pouvoir saisir et exprimer ses émotions.

L'INTELLIGENCE **ÉMOTIONNELLE**

J'ai fait référence précédemment à une *intelligence émotionnelle*. Tous les gens devraient suivre des cours sur cette forme d'intelligence, particulièrement dès les premières années de la vie, à la garderie, à l'école primaire. On a d'ailleurs déjà commencé à le faire à certains endroits. On a mis au point des cours qui apprennent à des enfants d'école primaire comment résoudre des conflits en gérant leurs émotions. On leur fait réaliser qu'il y a d'autres solutions que frapper sur la personne qui

---

20. Serge Bouchard, «Faire une montagne de sa vie», *Le Devoir*, 3 décembre 2001.

se tient en face de soi. Il existe des façons d'exprimer sa colère sans tout démolir autour de soi. Pourtant, au moment où j'écris ces lignes, je vois des centaines de milliers d'étudiants qui se promènent dans la rue en brandissant des pancartes, qui saccagent des bureaux, etc., parce qu'ils sont en colère contre des décisions qui les briment.

Je comprends leurs émotions, mais ils ne savent pas les exprimer. L'important, c'est d'abord reconnaître qu'on est en colère. C'est permettre à ses émotions d'exister. Ce n'est que par la suite qu'on apprendra la façon de l'exprimer sans tout casser. Puis, il faudra trouver des solutions aux problèmes, en cherchant une *troisième voie*, c'est-à-dire une autre issue dans les circonstances.

Tu ne peux entrer en relation avec la personne en face de toi si au départ tu n'as pas accompli ces choses toi-même. Il n'y a pas d'autre façon d'y arriver : ça commence par toi ! À défaut d'agir ainsi, tout ce que tu fais, c'est frapper l'autre quand, en fait, c'est toi que tu devrais frapper. On ne gagne pas grand-chose à s'affronter parce que, dans un affrontement, il y a toujours un perdant et un gagnant. Le perdant en veut immanquablement au gagnant. Il restera toujours un goût amer en bouche pour celui qui a cédé. Il faut créer avec ses émotions exprimées des situations de gagnant-gagnant !

Mais on veut tellement être *politiquement correct* qu'on a peur de dire ce qu'on a au fond du cœur, de donner l'heure juste avec toutes les émotions qu'elle implique ! On avance toujours comme si on marchait sur des œufs, oubliant que dire les vraies choses, sans agenda caché, c'est ce qui permet d'être heureux parce qu'il n'y a plus d'amertume au fond de l'âme.

LES **MYTHES**, LES **LÉGENDES**

Je ne voudrais pas être perçu comme quelqu'un qui s'aventure dans le monde de l'ésotérisme. Je ne veux pas tomber dans la mièvrerie parce que j'aborde l'importance des émotions. Au contraire. Strictement du point de vue des affaires, l'auteur danois Rolf Jensen raconte dans un livre[21] une chose plutôt surprenante: «[...] Nous sommes au crépuscule d'une société basée sur des données.»

Dans notre société actuelle, nous attachons tellement d'importance à la transmission, à l'enregistrement, au tri des données! Mais cet auteur avance que nous sommes au crépuscule d'une telle société. Selon lui, ces temps-là achèvent pour la raison suivante: l'information et l'intelligence relèveront éventuellement du ressort des ordinateurs qui en viendront à faire des choses de plus en plus «intelligentes».

> «Alors, la société devra mettre une nouvelle valeur sur la seule habileté qui ne peut jamais être automatisée: les émotions. L'imagination, les mythes, les rituels, le langage des émotions affecteront tout, de nos décisions d'achat à notre façon de travailler avec les autres.»

Rappelons-nous en mars 1955, il y a plus d'un demi-siècle, un événement hors de l'ordinaire avait soulevé l'indignation tant à Montréal que dans tout le Québec et qu'on a appelé «l'émeute Maurice Richard». Les gens se sont levés et ont marché dans les rues parce qu'ils trouvaient injuste la suspension de leur idole, le numéro 9 du Canadien de Montréal, pour le reste de la saison et pour toutes les séries éliminatoires de la Ligue nationale de hockey. Le Rocket lui-même en était tout surpris. Il se posait la question: «Qui suis-je? Je ne suis qu'un joueur de hockey!»

---

21. Rolf Jensen, *The Dream Society: How the Coming Shift From Information to Imagination Will Transform Your Business*, New York, McGraw-Hill, 1999, 242 p.

Mais cet homme représentait tout un peuple quand il était sur la glace, ce que le président de la LNH de l'époque, Clarence Campbell, n'avait jamais pris en considération. Cet homme était un mythe pour le Québec. Il était plus grand que nature! C'est de cela que veut parler Rolf Jensen quand il ajoute que «[...] les compagnies vont se développer sur la base de leurs histoires et de leurs mythes, sur leur habileté à créer des produits, des services qui évoquent des émotions. Les consommateurs vont s'engager dans un jogging émotionnel. Ils vont donner à leurs sentiments la chance de s'exprimer en utilisant des produits et des services qui satisferont leur désir de ressentir et de montrer leurs émotions. Les entreprises devront comprendre que leurs produits et leurs services sont moins importants que leurs histoires.»

Et vous qui êtes propriétaire d'une compagnie, parlez-vous de l'histoire de votre entreprise, de ses origines, de ses légendes? Y a-t-il des anecdotes qui rappellent à tous que le service à la clientèle est important, que la qualité du produit passe avant tout, que l'honnêteté est primordiale en tout lieu et en toute circonstance?

> «[...] Les compagnies vont recruter des employés selon leur capacité d'exprimer leur âme. Karl Marx avait probablement raison quand il disait que dans une société idéale les employés possèdent les moyens de production dans leur tête et dans leur cœur.»

Cela a été repris dans un article de la revue *Commerce*[22]. On y parle de différents produits: les Papiers Scott qui vendent du papier hygiénique, Gaz Métro qui vend du gaz, et on peut y lire: «Les consommateurs ne veulent pas des produits utiles. Ils réclament des produits qu'ils aiment. Les entreprises futées sont passées d'une situation où leur produit était respecté pour le service qu'il rend à un mode où il est aimé pour

---

22. Louis Giguère, «Parlez-nous d'amour», *Commerce*, janvier 2005.

sa dimension sensuelle et émotionnelle. L'aspect émotionnel et sensuel détermine le prix que le consommateur est prêt à payer pour se procurer un produit, un prix que l'on souhaite aussi élevé et en fonction directe du degré d'émotion qu'on aura soulevé. Les spécialistes du marketing prennent conscience que pour payer un produit plus cher, le consommateur doit avoir l'impression d'acheter une expérience, un mode de vie, et qu'il doit se créer un lien émotionnel. »

Et voilà que le mot « émotionnel » revient! L'importance des émotions en affaires sera de plus en plus grande.

UNE **HARLEY DAVIDSON**

Un bel exemple de l'apport des émotions dans les affaires nous vient du monde du sport qui en regorge : Guy Lafleur. L'ex-joueur de hockey a acheté un jour une motocyclette, une Harley Davidson dont il est très fier. À un quotidien de Montréal[23], il confiait : « Il y a plusieurs choses qui font que j'aime ces motos. D'une part, c'est une moto qui garde son prix parce que c'est une marque prestigieuse. Mais c'est aussi un peu le rêve de tout le monde de posséder une Harley. Ces motos ont un son inimitable et impressionnant. C'est une vraie musique. »

En lisant ces lignes, j'ai eu une pensée pour ce voisin propriétaire lui aussi d'une Harley Davidson, qui rentre chez lui vers 23 h 30 ou minuit les beaux soirs de juillet. On entend le moteur de sa moto pétarader sur le boulevard tout près de chez moi, ce qui ne manque pas de me tirer de mon sommeil. Chaque fois, je me dis : « Sa musique est moins belle. Pour moi, il l'a mal ajustée. Elle joue mal, sa motocyclette, elle fausse! »

Pourquoi achète-t-on une Harley Davidson?

---

23. *La Presse*, 18 août 2003.

Je ne suis pas un grand expert capable de juger la valeur d'une telle moto par rapport à d'autres modèles vendus sur le marché, qu'ils soient japonais ou allemands. Une chose est certaine toutefois : Harley, c'est un club, avant tout. Quand tu es propriétaire d'une Harley, tu fais partie d'un groupe, d'une confrérie, et c'est là toute la différence.

UNE **HISTOIRE** D'AMÉRINDIENS

C'est cet attachement émotionnel qui fait que les gens collectionnent des objets sans valeur monétaire, mais avec un fort capital de souvenir. Ainsi, toute l'histoire d'une région pourrait être symbolisée par un ou plusieurs objets qui la caractérisent tout en rappelant un souvenir agréable. C'est ce que j'ai réalisé, un jour, lors d'un voyage en Abitibi. J'étais logé, ce soir-là, dans un hôtel avec un joli nom, le Complexe hôtelier Atmosphère. Le lendemain matin, son propriétaire me dit au petit déjeuner : « Jean-Marc, j'ai un petit cadeau pour toi. »

En disant cela, il sort de sa poche une petite pierre plate comme un galet qu'il me met dans la main en m'expliquant : « Porte-le sur toi. Ce petit caillou, on l'appelle dans le coin pierre de fée. Ce sont des pierres qu'on ramasse dans le lit de la rivière Harricana, un mot amérindien qui veut justement dire *rivière aux biscuits*. Les Amérindiens portaient ces petits cailloux plats comme un bijou. Ils disaient qu'ils étaient des porte-bonheur qu'ils appelaient *pierres de fée*. Lors de leurs expéditions de pêche et de chasse, ces pierres de fée leur apportaient la chance ! »

Voyant le gibier de plus en plus rare au sud, les Amérindiens étaient montés vers le nord pour y découvrir un paradis rempli de bêtes sauvages. En arrivant en Abitibi, près de la rivière Harricana, ils ont trouvé ces petits galets qui ressemblaient à de petits biscuits. Par la suite, ils en firent des porte-bonheur !

Aujourd'hui, à l'entrée de cet hôtel, dans un petit panier qui ne contient pas les traditionnelles menthes, comme dans beaucoup d'autres établissements hôteliers, il y a des pierres de fée. Un petit écriteau nous informe : « Nous aimerions vous offrir un petit cadeau souvenir de chez nous comme porte-bonheur ! »

J'ai encore ce petit caillou qui me rappelle cette visite et ce petit déjeuner agréable avec Céline en ce matin de février 2005. Il y a là encore cette charge émotive à laquelle tous les humains, même les plus rationnels, ne sont pas insensibles.

HISTOIRE D'ŒUFS BIOLOGIQUES

Et si un petit caillou produit un tel attachement émotionnel, que dire alors de l'attachement relié à la nourriture ! On n'a qu'à penser à la crème fouettée de notre grand-mère couronnant un immense bol de fraises fraîches et tous nos souvenirs d'enfance et de vacances à la campagne qui nous reviennent en tête. On s'empresse d'aller au marché retrouver ces fraises et cette crème pour revivre autant que possible ces temps heureux. À ce moment, achète-t-on des fraises et de la crème ou des souvenirs ? Difficile de départager ! On achète les deux, oui ! Mais la charge émotionnelle l'emporte souvent dans nos décisions d'achat. C'est le cas de tout ce phénomène du retour aux produits du terroir. Une bonne part de tous les aliments que nous mangeons n'est pas toujours bonne pour la santé, ne serait-ce qu'à cause du fait qu'on a aseptisé tous les produits.

Ainsi, le lait qu'on chauffe pour lui retirer ses bactéries pathogènes, on le chauffe à tel point qu'on lui enlève aussi toutes ses qualités immunologiques, et d'autres aussi ! Il est important de revenir aux produits fabriqués à partir d'ingrédients naturels selon des méthodes ancestrales, car ils sont excellents pour la santé de l'homme. Cependant, certaines descriptions de ces produits ne sont pas toujours faites suivant la logique cartésienne. Elles procèdent du domaine des émotions, ce qui n'enlève rien à leur valeur nutritive.

C'est avec beaucoup de candeur que je vous raconte l'histoire des œufs biologiques. Je ne voudrais pas que la compagnie en cause, une entreprise bien de chez nous, la compagnie Nutriœuf, se sente blessée par mon récit. Celle ci vend des œufs très particuliers, en ce sens qu'ils sont biologiques, donc dépourvus de tout additif. Mais sur la boîte, on peut y lire quelque chose qui ressemble presque à un poème. C'est ce que le journaliste Pierre Duguay[24] a relevé : « Nos œufs certifiés biologiques sont produits par des poules heureuses qui ne vivent pas en cage. »

Entre vous et moi, avez-vous déjà vu des poules malheureuses ? Êtes-vous capable, en vous promenant dans un poulailler comptant plus de 4 000 poules, de dire : « Celles-là sont heureuses et ces autres, là-bas, sont malheureuses ? »

Je continue de citer l'extrait publié dans le journal...

« Ces poules-là jouissent d'une grande liberté dans un poulailler à aire ouverte, avec fenestration leur permettant de bénéficier de l'éclairage du jour. »

Comme je le répète souvent, c'est quasiment mieux que beaucoup de bureaux occupés par plusieurs employés installés en plein centre d'un étage sans fenêtres ! Poursuivons...

« Elles ont aussi accès à un parc aménagé à l'extérieur. »

Probablement pour aller fumer pendant leur pause syndicale, car ces poules ne fument pas à la porte du bureau, comme c'est le cas trop souvent chez les employés humains, surtout en hiver...

---

24. *La Presse*, 2 mai 2002.

« [...] Les œufs frais sont ramassés tous les jours à la main, ce qui favorise de meilleurs contacts entre le troupeau de volailles et l'humain. »

Et Pierre Duguay y va d'un *punch* que je trouve absolument savoureux !

« On lit ça et on a envie de retirer nos enfants de la polyvalente pour les envoyer dans un poulailler biologique. »

M. Duguay a parfaitement raison ! Ici, on parle de poules avec les émotions, non avec la raison. On a compris, chez Nutri œuf, que vendre, c'est avant tout un transfert d'émotions entre l'acheteur et le vendeur, et non un transfert de connaissances.

Dans un livre intitulé *Le Christ païen*[25], l'auteur, Tom Harpur, consacre tout un chapitre à la grande valeur des mythes qu'on a évacués de notre discours, ces mythes qui évoquent toujours des émotions fortes.

Il écrit : « Dans notre culture, mythe est synonyme au mieux, de conte de fées, et au pire, de mensonges et de tromperie. Si vous êtes attentif, vous serez étonné de la fréquence à laquelle vous lisez ou entendez dire : "Ce n'est qu'un mythe !" »

Et il ajoute plus loin : « Une vérité trop souvent oubliée est qu'on peut vivre les événements de l'histoire en ignorant complètement la réalité qui les sous-tend. Ce que néglige l'histoire, le mythe l'exprime clairement. Le mythe dans les mains d'un génie nous donne une image nette de la signification intérieure de la vie elle-même. »

La vente de votre produit ou service est beaucoup mieux servie par les mythes et les histoires de votre entreprise que par les explications toutes rationnelles de votre dépliant publicitaire. On pourrait quasiment ajouter, comme le rappelle cette

---

25. Tom Harpur, *Le Christ païen*, Montréal, Boréal, 2005, 304 p.

vérité : Avez-vous mis du cœur dans votre vente ou votre offre de service ?

ARISTOTE AVAIT RAISON

Dans ce chapitre, j'ai voulu, par de nombreux exemples, tenter de prouver l'importance des émotions dans nos vies. Sans ces réflexes émotionnels, sans notre intelligence émotionnelle, nous serions tous des humains incapables de se décider et donc de poursuivre notre bonheur. Les choix dans nos vies seraient alors impossibles à prendre. C'est ce que rapporte le docteur Antonio Damasio dans son livre *Descartes' Error : Emotion, Reason and the Human Brain*[26] (L'erreur de Descartes : émotions, raison et le cerveau humain). Il a travaillé avec des patients dont le lien entre le cerveau émotionnel et le néocortex avait été gravement endommagé. Il a découvert qu'ils étaient aussi intelligents et habiles à raisonner que ceux en parfaite santé, mais que leur vie avait tourné au désastre. Ils ne pouvaient prendre aucune décision parce qu'ils ne pouvaient savoir comment ils se sentaient vis-à-vis d'un choix à faire. Ils ne réagissaient plus aux avertissements ni aux colères des autres. S'ils faisaient une erreur, ils ne ressentaient aucun regret ni honte et refaisaient ainsi la même erreur. Les émotions leur manquaient.

Cela est loin d'être une découverte récente. Aristote en avait déjà parlé dans son *Discours sur l'éthique* : « Quiconque peut faire une colère : c'est facile ! Mais faire la bonne colère à la bonne personne, avec la bonne intensité, au bon moment, pour le bon motif et de la bonne manière, cela n'est pas facile ! »

Il avait bien compris l'importance des émotions dans une vie. Il savait qu'il fallait apprendre à les exprimer de la bonne

---

26. Antonio R. Damasio, *Descartes' Error : Emotion, Reason and the Human Brain*, Minneapolis, Quill Publisher, 1995, 336 p.

manière. Il savait que les émotions permettent à l'individu de se frayer un chemin sans avoir tout prévu avec sa tête. C'est là le sujet de notre prochain chapitre : la prévision, le changement, la sécurité !

Chapitre 4

LA **PLANIFICATION**

Le problème, ce n'est pas de prévoir
l'avenir; c'est d'embrasser la réalité
changeante de différentes façons.

Michael Schrage, MIT Lab[27]

Il faut couler dans l'airain le but que
l'on vise et dessiner dans le sable
son plan pour l'atteindre.

Auteur inconnu

A vec cette logique quasi implacable, on en vient à croire que l'on peut tout améliorer dans la vie à une condition : il faut d'abord et avant tout planifier toutes ses actions. Comme si la vie était planifiable ! L'homme veut toujours savoir à l'avance ce qui va arriver. C'est toujours le vieux mythe qui nous répète qu'il existe quelque part une boule de cristal où l'avenir y est clairement lisible.

Pourquoi autant de planification ? Pour ne pas perdre de temps inutilement, sachant exactement ce qu'on doit faire à chaque instant de la journée. Tout est prévu ! Chaque instant

---

27. Michael Schrage a aussi été chroniqueur au *Los Angeles Times* pendant six ans.

de notre vie est donc prévu à l'agenda. C'est notre Palm ou notre Black Berry[28] qui, tranquillement, nous a tous aseptisés. Nos vies ne sont plus vraies, mais plutôt une suite d'événements à venir et on se prépare en conséquence. On vit selon le «plan»!

Pourtant, combien d'entrepreneurs ont commencé leur aventure en affaires sans tous ces procédés de planification? C'est ainsi que le grand patron de Cascades disait dans *La Presse* du 30 mars 2004, à propos d'un plan stratégique : « C'est le premier de notre histoire. [Le volume des ventes de l'organisation dépasse les 3 milliards de dollars!] Avant, notre plan était toujours de trois mois, en fonction des occasions qui se présentaient... Quand on nous a demandé un plan stratégique, on ne savait pas trop ce qu'il fallait faire. C'est vrai. Dans quel créneau va être la prochaine opportunité? Comment peut-on vraiment planifier ça? En focalisant sur certains secteurs, ne va-t-on pas laisser passer des opportunités ailleurs?»

À lire ce qui précède, on pourrait croire que je prête peu de crédibilité à la planification dans l'entreprise : c'est tout à fait faux! Je crois que les plans sont nécessaires. On en fait trop cependant. Nous sommes rendus une société si rationnelle et logique que nous semblons ramener la vie à un mécanisme que nous pouvons prévoir à l'avance et ainsi réagir avant que les choses se produisent. Mais la vie est pleine d'imprévus, d'angles droits : n'est-il pas inutile de passer des mois à vouloir prévoir les réactions des consommateurs en 2008? La chose la plus importante, c'est de réaliser qu'on ne connaît pas tous les comportements du marché et que, en conséquence, les plans devraient être préparés avec un crayon à mine et une gomme à effacer de façon à les modifier facilement.

Cette folie de tout voir selon un plan est poussée encore plus loin quand on réalise que l'émission la plus écoutée et regardée à la télévision dans le monde est les prévisions de la

---

28. Téléphone mobile aux multiples usages.

météo. Tout le monde veut savoir quel temps il fera demain, alors que pour la grande majorité des gens, cela ne changera absolument rien à leur vie, sauf savoir comment se vêtir et emporter avec soi un parapluie.

On ira jusqu'à prévoir à la minute près quel jour et quelle heure le printemps doit arriver au Québec, comme si les saisons suivaient un horaire! Encore la tête qui veut tout rationaliser et contrôler!

Stéphane Laporte, dans une chronique parue dans *La Presse* du 21 mars 2004, racontait : «Les hommes ont beau avoir fixé des rendez-vous aux saisons, les saisons font ce qu'elles veulent. On peut régler l'arrivée d'un train et des avions, mais pas celle du beau temps. Le printemps n'arrivera jamais le 20 mars à 1 h 49.»

Plus loin, il disait combien il est réjouissant de ne pas tout savoir de l'arrivée du printemps à l'avance. «La première journée de printemps est la plus belle journée de l'année parce qu'on ne sait jamais quand elle va se pointer. La nature nous fait la leçon. On a des petites vies programmées où chaque heure est réglée au quart de tour, où le temps pour chaque chose est distribué, prévu et planifié. On croit même pouvoir inscrire dans une case le rythme des saisons. Mais c'est l'utopie. Nous sommes le 20 mars et c'est l'hiver. Chaque chose doit arriver en son temps. Si nos agissements jouissaient d'une telle liberté, peut-être que nous serions mieux. Moins "débalancés". Une société d'êtres libres qui seraient là où ils ont envie d'être, et non pas là où leur agenda leur dicte d'être. Peut-être que nos passions dureraient plus longtemps si elles n'avaient pas à se rapporter à heures fixes. Si on faisait plus de place à la spontanéité. Si chacun allait à son rythme.

«À force de planifier chacun des instants de notre vie, on finit par les aseptiser. Ils ne sont plus vrais. Ils sont provoqués. En retard ou à l'avance, le printemps arrive frais. Parce qu'il arrive quand c'est le temps. Le printemps est toujours vrai.»

Quel beau texte! Mais on est conditionné par cette planification à outrance, et cela même avant notre naissance! Car n'est-il pas surprenant de voir la quantité d'enfants à l'heure actuelle qui naissent au mois de mai? La raison est bien simple: c'est une question de planification.

Les mères prétendent que c'est le meilleur moment pour avoir des bébés, car à cette période de l'année, elles ne sont pas obligées de les habiller durant l'été et elles souhaitent sans doute que les bébés auront tout l'automne pour apprendre à enfiler eux-mêmes leurs mitaines l'hiver venu! C'est une planification des naissances.

Les enfants naissent selon le plan! Peut-être faudra-t-il un jour se poser la question en regard des garderies? Combien de jeunes ménages retardent la conception d'un enfant, attendant d'avoir leur place à la garderie! Nous en sommes rendus à planifier les naissances en fonction des services de garde. On ne fait des enfants que si on peut les faire garder, et ce, en très bas âge. Et le tout doit se faire à un tarif quotidien des plus bas avec des éducatrices bien payées ayant l'équité salariale reconnue par tous. Je trouve cela aberrant de planifier ainsi la vie. Avec Céline, nous avons eu cinq enfants et ils sont tous nés sans ce type de planification. Jadis, il n'était pas question de planifier ainsi les naissances. Peut-être était-ce là une importante recette de bonheur: les enfants étaient des surprises, des cadeaux. Mais cette planification nous a permis de contrôler et, en même temps, elle a tué le goût de la surprise, de la folie. On ne semble plus croire à la famille. J'espère me tromper!

HISTOIRE DE **PROTÉINES**

Les enfants viennent au monde et déjà leurs parents aspirent à les voir comme des génies. Pour cela, il faut développer l'intelligence au maximum. On a donc étudié la recette permettant de développer le cerveau le plus possible. Ces découvertes ont alors permis d'apprendre qu'un apport important de protéines durant la première année de vie du bébé permettait au cerveau d'atteindre sa taille maximale, et, pour l'enfant, de se développer beaucoup plus rapidement. De là est venue la «théorie des protéines» qu'on a rapidement maîtrisée. Je ne blâme aucunement les parents de vouloir maximiser le potentiel de leur enfant. Cependant, je crains la comparaison possible de cette démarche – qui vient d'un bon cœur! – avec l'élevage des animaux. Ne planifie-t-on pas le développement d'un animal de la même façon, avec des moulées particulières, des vitamines et des minéraux très spéciaux, etc.? Il est certes connu qu'à la naissance un enfant a une toute petite tête pour permettre plus facilement son expulsion du ventre de la mère. Par la suite, durant les mois qui suivent, la tête grossit beaucoup et le cerveau devrait en conséquence grossir lui aussi de manière à prendre toute la place au plus tôt. Selon la théorie, il est donc capital de donner le maximum de protéines durant cette première année afin d'occuper toute la place à l'intérieur du crâne.

C'est ainsi qu'avec cette théorie bien en tête, la mère d'une de mes petites-filles âgée de neuf mois lui donnait un souper bourré de protéines sous forme de foie de veau pur.

La maman essayait d'insérer dans la bouche de la petite une cuillerée de foie de veau, mais l'enfant n'était pas d'accord et crachait partout cette purée brune, tout en faisant des bruits incroyables. Après quelques cuillerées qui s'étaient étalées dans la cuisine, je dis à la mère, en tenant l'enfant dans mes bras :

«Elle n'aime sûrement pas ça.

— Comment ça, elle n'aime pas ça? me demande la mère. Elle ne parle pas encore! Comment fais-tu pour le savoir?

— C'est facile à voir : elle crache sa purée partout. J'ai du foie de veau dans la cravate; il y en a sur le plancher, le plafond, les murs!»

Cependant, selon la théorie, le foie de veau, qui regorge de protéines, est très important pour l'enfant. Les mères ont trouvé différentes façons de faire ingurgiter aux enfants un aliment dont le goût ne leur plaît pas. On prend un petit peu de purée de poires dans la cuillère mêlée à une petite portion de foie et on insère le tout dans la bouche du bébé!

Avez-vous déjà mangé des poires mêlées à du foie de veau? Ouache! Pas très ragoûtant, je vous le jure! Cela ne semble pas avoir de bon sens! Un enfant n'a pas de préférences, il n'a pas de goût... Comment va-t-il alors développer son goût si on le gave de tels «plats»? Il est quelque peu aberrant de percevoir un enfant comme un petit animal que l'on gave pour qu'il devienne grand et intelligent. Car après tout, il s'agit d'un être humain à part entière que l'on accompagne dans sa vie et que l'on respecte même dans ses goûts. Toujours cette planification...

L'HORAIRE À LA MAISON

Parce que l'on planifie la vie, on voudrait qu'elle soit bien ordonnée. D'où la notion de discipline un peu exagérée à la maison. Il faut tout faire selon un horaire bien établi par l'autorité parentale. Je sais qu'il faut une certaine discipline à la maison pour éviter le fouillis, mais on exagère trop souvent. Je l'ai probablement poussée un peu trop loin moi-même à la maison. Plus qu'il n'était nécessaire sûrement!

Voici une anecdote d'un grand-père qui l'a réalisé un peu tard dans sa vie: J'étais à jouer avec mon petit-fils de deux ans et demi sur le plancher de la cuisine. L'enfant avait déjà pris son bain et il était prêt pour son dodo. Ma fille, du genre «général d'armée», arrive tout à coup et nous annonce d'une voix autoritaire: «Nicolas, il est 8 heures. Il faut que tu te couches!»

Plus que contrarié par cet ordre de ma fille au petit, je lui réponds : « Pas de problème. Nous en avons encore pour une vingtaine de minutes, le temps de terminer cette magnifique construction. »

Elle n'en démord pas : « Nicolas, il faut que tu te couches. C'est l'heure ! Il est déjà 8 heures. » Je lève la tête vers ma fille et avec une voix à mon tour autoritaire, je lui demande : « Voyons ! Est-ce que Nicolas a une grosse journée au programme demain ? Il n'a que deux ans et demi ! Qu'est-ce que ça peut bien changer dans sa vie qu'il se couche à 8 h 20 plutôt qu'à 8 heures ce soir ? ! » Et je poursuis résolument notre projet qui prend forme.

La discipline, c'est incroyable ! À cet âge, il a déjà son agenda tout tracé et il ne faut surtout pas en dévier !

L'HORAIRE À L'ÉCOLE

Puis, les enfants entrent à l'école et dès l'âge de six ans, ils sont en première année. On poursuit avec cette idée d'horaire serré, d'agenda avec des heures de tombée très précises. Une école de la Rive-Sud de Montréal où je me trouvais avait quelque 28 cloches par demi-journée pour avertir les enfants de ce qu'ils devaient faire à ce moment-là. Ils étaient réduits à devenir des chiens de Pavlov, réagissant au son de la cloche.

C'est là que je fais la rencontre de petits bonshommes et de petites bonnes femmes de première année. Il était environ 9 h 30 ce matin-là quand un enfant assis à son pupitre lève la main et insiste à la garder levée tout en l'agitant.

L'institutrice, quelque peu exacerbée, lui demande :

« Enfin, Paul, que veux-tu ?

— Je voudrais faire pipi !

— Très bien, Paul. À 10 h 05, une cloche se fera entendre et tous ensemble nous irons faire un beau pipi aux toilettes. »

En entendant sa réponse, j'ai cru qu'elle blaguait. Mais non ! Elle était très sérieuse. Je n'ai alors rien dit et le petit Paul resta bien enfoncé sur sa chaise. Mais le besoin se faisant pressant de plus en plus, il décida quelque 20 minutes plus tard à se lever et, les deux genoux serrés l'un sur l'autre, dit : « Moi je veux faire pipi ! »

Je me tourne vers l'enseignante et je lui dis tout bas :

« Vous êtes mieux de l'envoyer faire pipi, sinon il va mouiller ses culottes !

— Mais je ne peux pas, répond l'institutrice.

— Comment, vous ne pouvez pas ? Ouvrez-lui la porte et vous serez surprise de la vitesse avec laquelle il se précipitera aux toilettes. Il les trouvera, soyez sans crainte !

— Oui ! Mais si je l'envoie aux toilettes, Paul ne reviendra plus en classe.

— Il faudrait dans ce cas vous poser les bonnes questions. Le cours doit être ennuyant au possible… ! Ces enfants ont tous des toilettes à la maison ; aucun d'eux n'y passe la matinée du samedi ! Ils ont trouvé des choses plus intéressantes à faire. Pourquoi le même principe ne s'appliquerait pas à l'école ? »

D'ailleurs, j'ai toujours été intrigué par cette volonté de vouloir progresser le plus vite possible à l'école comme s'il fallait terminer sa scolarité au plus tôt ! Pourquoi cette impatience qui nous pousse à vouloir que nos jeunes soient aptes au travail – un travail payant ! – au plus vite ?

Dans une belle lettre adressée aux éditeurs de *La Presse* du 5 septembre 2004, le docteur Louis Simard, de Chicoutimi, se pose cette même question. Le titre ? *Le prêt-à-jeter !* Pourquoi s'évertue-t-on à rendre les étudiants «opérationnels» le plus rapidement possible?

Il y dénonce cette volonté de vouloir que la génération montante commence à produire au plus tôt. On dirait que notre société n'a pas le temps d'attendre.

> «Pourquoi s'évertuer à rendre le plus rapidement possible les étudiants opérationnels? N'ayez crainte, la vie s'en chargera trop bien, trop tôt. Afin de faire contrepoids à l'instrumentalisme ambiant, il faut maintenir l'enseignement de matières scolaires, la philosophie en premier chef, qui assurent de par leur nature réflexive de fournir les rudiments nécessaires qui permettent de relativiser, de mettre en perspective.»

Beau témoignage pour revenir à l'enseignement des pourquoi, c'est-à-dire la philosophie, au lieu d'apprendre les comment. Et parce qu'on ne pense qu'aux comment, on apprend à établir des plans pour savoir à l'avance comment on s'y prendra dans les années à venir.

J'AVAIS **PLANIFIÉ** LA VIE

Je le sais par expérience, car j'ai été très influencé par cette idée de tout vouloir planifier, par cette volonté de vouloir tout faire avec la tête, avec logique. Toutes mes études universitaires, tant au Canada qu'aux États-Unis, m'ont parfaitement conformé à ce moule de la planification, qu'elle soit financière ou stratégique, au marketing de créneau, comme je le disais précédemment. Je ne l'ai jamais autant réalisé dans ma vie qu'un soir de mai 1985!

C'était le 6 mai 1985, à l'Hôtel-Dieu de Montréal. Ma femme y avait été hospitalisée à l'urgence le matin même, après des semaines d'attente. Après des examens qui lui avaient semblé interminables, on lui a annoncé qu'elle souffrait d'un cancer du côlon, extrêmement grave. Ce cancer avait la grosseur d'une balle molle. De plus, on semblait déceler des métastases ou, du moins, des taches inquiétantes au niveau du foie. Les médecins nous ont dit que ce cancer progressait depuis plusieurs années et que c'était à ce point grave qu'elle serait opérée d'urgence, très tôt le lendemain matin. Mais le plus difficile – et ce qui nous a assommés tous les deux –, c'est cette petite phrase : «Vous avez de 20 à 25 % de chances de vivre l'année 1985...»

Je vous avoue qu'à ce moment-là, le tapis a été tiré sous mes pieds. Jusqu à ce jour, jamais je n'avais pensé que ma femme mourrait. Cette idée noire ne m'avait jamais effleuré l'esprit : nous étions éternels, Céline et moi. N'est-il pas surprenant que cette idée que personne n'était éternel n'ait jamais – du moins jusqu'à ce soir-là dans cette petite chambre au quatrième étage d'un hôpital – effleuré ma conscience ? Oh! avec la tête, je le savais, mais je venais de l'apprendre avec le cœur !

Heureusement, Céline vit toujours et elle m'accompagne la plupart du temps lors de mes tournées de conférences. Mais à ce moment-là, rien ne laissait supposer qu'elle allait survivre à ce cancer. Il semblait que les dés étaient jetés : on avait tiré le mauvais ticket, comme le disait le docteur Jacques Voyer !

Ce soir-là, je suis sorti de l'hôpital vers minuit et demi. Arrivé au stationnement de l'hôpital, les larmes coulaient sur mes joues. J'étais complètement abasourdi. Installé au volant de ma voiture, sans même y penser, plutôt que de me rendre à l'appartement que nous avions à Montréal, j'ai pris la direction de Fassett, près de Montebello. Il était environ 1 h 30 dans la nuit quand je me suis arrêté sur le bord de la route 148, tout près de la municipalité de Pointe-au-Chêne. Il y avait là de grands chênes le long du chemin. Le vent soufflait! Il faisait très noir. Cette route, je la connaissais bien, puisque Céline et moi avions vécu un certain temps à Fassett. Je me souviendrai toujours de cette scène. Ma voiture immobilisée sur le bord de la route, mes mains toujours accrochées au volant, je pleure sans retenue, parlant à haute voix : « Je suis complètement perdu. Je ne sais plus quoi faire. » Et, tout à coup, je m'entends dire : « Non ! Il y a certainement une erreur. C'est impossible et c'est illogique parce que Céline n'a que 52 ans et elle n'a jamais été malade de sa vie. Les seules fois où elle a dû être hospitalisée, c'était à l'occasion de la naissance de nos cinq enfants. Et moi, je n'ai que 54 ans. Cela ne se peut pas que, bêtement, toute cette vie ensemble finisse de cette façon ! Non. Je refuse d'y croire. (Les savants appellent cela le rejet ; c'est la première phase avant l'acceptation.) Il doit certainement y avoir une erreur. Le médecin s'est probablement trompé de dossier médical. Ces choses-là arrivent, je l'ai déjà vu dans un téléroman. Demain matin, avant l'opération, il faut absolument qu'un autre médecin examine Céline... Elle ne peut pas être aussi malade parce que, voyez-vous, ce n'est pas dans le plan ! »

Je me suis surpris à dire le mot « plan ».

J'ai réalisé cette nuit-là que j'avais planifié toute ma vie avec ma femme, mais que j'avais oublié de la vivre. Cette nuit du 5 au 6 mai 1985, j'ai pris une énorme résolution : « On va vivre la vie tous les jours, et cela à partir d'aujourd'hui ! »

Vous n'avez pas idée du plaisir qu'on ressent quand on dépense son REER. Le gérant de banque vous explique que l'impôt vous prendra une importante partie de ce fonds de pension qui vous a pris des années à accumuler : « Oui, mais Jean-Marc, ça va te coûter 5 000 $ d'impôts ! » me lance-t-il avec vigueur. Je me surprends à dire au gérant : « Paie-les, ces impôts ! Oublie le reste. Pour le moment, c'est vivre qui compte ! Seulement le fait d'être là avec Céline, c'est tout ce qui compte. »

C'était toute une découverte ! Mais rappelez-vous que ce livre contient mes réponses aux pourquoi importants de la vie. C'est à vous, cher lecteur, de vous poser les mêmes questions : est-ce important de tout planifier et de consacrer des heures à chercher ce qui va se produire ? Pour moi, j'ai plutôt tendance à dire : « Au diable toute cette planification élaborée à partir de la tête et vivons avec les *feelings* », comme le chantaient mes adolescents il y a une trentaine d'années.

Un tout petit ouvrage de Pierre Monette, *Dernier automne*[29], m'a permis de mettre des mots sur ce que je ressentais durant ce mois de mai alors que la peur de l'irrémédiable me tenaillait les entrailles.

Dans ce livre, il nous raconte les derniers mois de sa femme mourant d'un cancer. Il y avait d'abord la crainte de vivre seul. « Je pense de plus en plus à ce que je ne peux pas appeler l'avenir : à l'après. À ma vie qui va continuer, à cette vie qu'il va falloir refaire. C'est une chance que de pouvoir recommencer sa vie à zéro, sauf que c'est terrible d'avoir à le faire quand la moitié de cette vie est derrière soi. Le plus dur n'est pas de partir à zéro, mais de recommencer à un après tant d'années à deux. L'un ne devrait pas mourir au beau milieu d'une vie à deux. Surtout que ce n'est pas au milieu : on en avait pour pas mal plus que quinze autres années devant nous. »

Écrivant ces lignes, j'ai encore mal ! Pourquoi ne pas avoir profité davantage de ces 35 années passées ensemble, Céline et moi ? Pourquoi ne pas avoir profité davantage des petits bonheurs qui sont, en fait, le bonheur tout court ? Il le dit si bien à la page 190 : « Je n'ai jamais autant senti la présence du présent, de ce passage entre l'avant et l'après. Mon esprit se laissait remplir de souvenirs, de tant d'agréables souvenirs que je conserverai de nous. Nous avons réussi à ne pas nous faire de mal, ce qui est bien plus que peuvent en dire la plupart des humains. Le bonheur est une chose simple : c'est pourquoi tant de gens le laissent passer, s'échapper. Ils ne s'imaginent pas que le bonheur, c'est déjeuner avec ma blonde ; c'est ma deuxième tasse de café, la meilleure de la journée, parce que c'était elle qui me la préparait ; c'est le grognement de conten-

---

29. Pierre Monette, *Dernier automne*, Montréal, Boréal, 2004, 212 p.

tement qu'elle émettait depuis quelques jours chaque fois que je l'enlaçais pour l'aider à se lever, et sa façon de se serrer contre moi pendant un instant. Le bonheur n'est pas un feu d'artifice : c'est un feu de bois ; ce n'est pas seulement beau, c'est chaud et ça fait du bien. »

Mais un autre livre de Pierre Gagnon, paru en 2004 lui aussi, et dont le titre, *5-FU*, s'inspire du nom d'un médicament utilisé pour lutter contre le cancer, décrit très bien où nous en sommes, Céline et moi, en 2005, face à ce qui nous est arrivé à l'été 1985. « Je me doute bien que les gens qui traversent cette épreuve et qui s'en sortent vivants ne seront plus jamais les mêmes. J'en ai déjà rencontré. On le voit dans les yeux, dans la façon dont ils tendent leur visage vers le soleil dès les premiers jours du printemps, dans l'intensité de leur conversation. Quand on a failli mourir, le *small talk*, c'est fini. »

C'est exactement ce que l'on ressent, Céline et moi ! Il n'y a plus de parler pour parler. Il y a le miracle quotidien d'être là tous les deux, vivants et prêts à en profiter au maximum. Et surtout, ne jamais rater une occasion de profiter de ce qui passe : il ne reviendra jamais !

LES OCCASIONS **MANQUÉES**

C'est ce que Jean-Dominique Bauby écrivait à la page 100 de son livre *Le scaphandre et le papillon* dont je vous parlais au chapitre 1. Il y raconte qu'un jour, il a décidé d'aller passer l'après-midi avec un groupe d'amis à la piste de course. Il a donc averti ses employés qu'il partirait vers midi et de bien vouloir prendre ses messages. Il ne serait de retour que le lendemain matin. Les employés lui souhaitent alors bonne chance et lui demandent s'il ne parierait pas pour eux quelques francs qu'ils étaient prêts à lui remettre. Il accepta de bonne grâce et quitta le bureau pour rejoindre ses amis aux courses pour le lunch.

En y arrivant, il s'informe du choix des experts pour la troisième course, car il ne serait pas disponible pour placer ses gageures durant le repas. On lui dit que le cheval qui devrait gagner s'appelle Mithra-Grand-Champ; il est loin d'être un favori, mais que, malgré les experts, on le place en première place. Mais au beau milieu de ce qui a été un repas copieusement arrosé, il oublie presque les courses et part à la dernière minute placer sa gageure et celle de ses employés pour la troisième course. Il est trop tard : le guichet est fermé. L'air piteux, il revient à la table et regarde la course se dérouler sur la piste. Qui gagne ? Mithra-Grand-Champ, évidemment ! Un coup du sort ! Voici ce qu'il écrit à ce sujet : « Le souvenir de cette histoire vient juste de me revenir en mémoire, y laissant une trace doublement douloureuse. La nostalgie d'un passé révolu, mais surtout les remords des occasions manquées. Mithra-Grand-Champ, ce sont les femmes qu'on n'a pas su aimer, les chances qu'on n'a pas voulu saisir, les instants de bonheur qu'on a laissé s'envoler. Aujourd'hui, il me semble que toute mon existence n'aura été qu'un enchaînement de ces menus ratages. Une course dont on connaît le résultat, mais où on est incapable de toucher le gagnant. »

Combien une vie contient-elle de menus ratages, d'occasions qu'on a laissé filer, de petits bonheurs dont on n'a pas profité parce qu'on est toujours trop occupé à bâtir son avenir, à planifier « ses vieux jours » ?

JE NE SERAI PAS **LÀ** !

Pourquoi faut-il absolument attendre l'épreuve pour réaliser que la vie est là, aujourd'hui, avec ses joies et ses peines ? Voici l'histoire d'une petite fille appelée Louise. Elle fait partie de ce groupe d'enfants qui, le matin, *n'allument pas* et le soir, *ne s'arrêtent pas* ! Des petits extrêmement difficiles à manœuvrer ou, du moins, qui ont tendance à déranger la société qui les entoure.

Il est 7 h 30 ce matin-là et elle est assise sur un petit banc au comptoir de la cuisine; elle n'a pas encore pris sa douche; elle est toujours en pyjama, les cheveux dans le visage, des traces de confiture dégoulinent aux commissures de sa bouche. Tout endormie, elle grignote sa rôtie, les yeux mi-clos. Sa mère s'approche et lui dit: «Louise, dépêche-toi. Il est 7 h 30. Je vais être en retard au bureau et toi aussi pour ton autobus!»

Dix minutes passent, la mère revient et lance à nouveau: «Louise, il est 7 h 40. Fais vite, Louise, il est presque 8 heures. Bouge, on va être en retard à cause de toi!»

Louise relève alors la tête tranquillement, regarde sa mère et lui demande: «Mais pourquoi vas-tu au bureau?

— Quelle question! Cela fait vingt ans que je vais au bureau. J'y vais tous les jours. Je le fais pour aider papa.

— Pour aider papa à quoi?

— Aider papa à gagner suffisamment d'argent pour payer pour tout: pour la maison, par exemple!

— Pour payer la maison? Mais alors, tu veux dire que la maison n'est pas à nous?

— Bien oui... Elle est à nous; mais elle sera encore plus à nous dans 22 ans et huit mois...»

Affichant alors un petit sourire narquois, elle rétorque: «Mais maman, je ne serai pas là dans 22 ans et huit mois.»

Nous avions, Céline et moi, une très grosse maison où nous avons vécu très heureux pendant près de 20 ans avec nos cinq enfants. Une énorme maison, avec piscine intérieure, sauna et tout. L'année où Céline et moi avons fini de payer l'hypothèque, tous nos enfants avaient déjà quitté le toit familial depuis un bon moment! Nous avons vendu cette maison de rêve devenue beaucoup trop grande pour deux personnes et nous sommes allés vivre en appartement. Cette vente m'a fait réaliser une chose : j'avais passé une partie de ma vie à payer pour cette maison. Oh ! j'avais fait des économies, mais j'avais été peut-être trop absent, occupé que j'étais à gagner suffisamment pour tout payer.

Quand les gens me disent qu'ils veulent agrandir leur résidence, je leur conseille toujours : « Creusez le sous-sol ! Ne mettez pas trop d'argent dans la brique et le mortier. La vie passe et on ne la voit pas filer. »

86 400 BEAUX DOLLARS TOUT NEUFS

Combien de gens ont parlé du temps qui passe ? Dans *Le Devoir* du 19 mars 2001, le toujours prolifique Serge Bouchard parle justement de la « Société du temps perdu ». Il nous exhorte à profiter de tous les instants qui passent. Voici ce qu'il écrit : « Le temps, c'est bien plus grave que de l'argent. Le temps se joue bien des comptables, il n'est pas intérêt comme il n'est pas rendement. Je ne suis pas une ressource et tu n'es pas un capital. »

(Voici ce que bien des enfants pourraient dire à leur mère : « Pourtant, maman, cela fait déjà 20 ans que tu vas au bureau tous les jours, et cela depuis que je suis tout petit. Tu me faisais garder car il fallait que tu gagnes des sous pour aider papa à payer pour la maison ! »)

Serge Bouchard continue : « Comme nous, le temps a besoin d'air, il cherche à respirer. Le temps est aussi fou que nous. Il n'est rien de plus beau que tout le temps voulu. Pourquoi le temps le plus précieux est-il celui que l'on appelle si bellement le temps libre ? Plus grave encore : il n'est pas une gestion qui nous fera gagner une minute au-delà de notre dernière heure. »

Il nous rappelle que le temps ne peut se rattraper exactement, comme Marc Lévy, dans son livre *Et si c'était vrai*[30], nous le fait réaliser par cette petite histoire.

«[...] Imaginez que chaque matin, une banque vous ouvre un compte de 86 400 dollars. Il y a seulement deux règles à respecter. La première règle : Tout ce que vous n'avez pas dépensé dans la journée vous est enlevé le soir. Vous ne pouvez pas tricher ni virer cet argent sur un autre compte : vous ne pouvez que le dépenser entièrement tous les jours. Et chaque matin, au réveil, la banque vous verse dans votre compte de nouveau 86 400 beaux dollars tout neufs pour les prochaines 24 heures.

«La deuxième règle : La banque peut interrompre ce "jeu" sans préavis. À n'importe quel moment, elle peut vous dire que c'est fini, qu'elle ferme le compte et qu'il n'y en aura alors plus d'autres versements. Que feriez-vous ? Probablement, vous dépenseriez chaque dollar pour vous faire plaisir, pour vous offrir quantité de cadeaux à vous et aux personnes que vous aimez. Vous feriez en sorte d'utiliser chaque dollar afin d'apporter du bonheur dans votre vie et dans celle de ceux qui vous entourent. Cette banque magique, eh bien, elle existe vraiment. Nous l'avons tous... C'est le temps.

«Chaque matin, au réveil, nous sommes crédités de 86 400 secondes de vie pour la journée. Et lorsque nous nous endormons, le soir, il n'y a pas de report. Ce qui n'a pas été vécu dans la journée est perdu. Hier vient de passer. Chaque matin, cette magie recommence. Nous jouons avec cette règle incontournable : la banque peut fermer notre compte à n'importe quel moment, sans aucun préavis. À tout moment, la vie peut s'arrêter. Alors, que faisons-nous de nos 86 400 secondes quotidiennes ? La vie est courte, même pour ceux qui passent leur temps à la trouver longue... Alors, profitez-en ! »

30. Marc Lévy, *Et si c'était vrai*, Paris, Éditions Pocket, 2005, 299 p.

UN **MESSAGE** À SE RAPPELER

J'ai tenté de porter ce message partout au Québec et ailleurs : la vie est belle, aujourd'hui, tout de suite. Heureusement, je ne suis pas tout seul à le dire.

Voici un des plus beaux souvenirs et sans doute une des plus belles récompenses que j'ai reçues. Je chérirai longtemps ce courriel que m'a envoyé un homme de Québec, Gilles Pelletier. Je vous le cite au complet !

« Bonjour, monsieur Chaput,

« Un petit mot pour vous dire simplement merci pour le beau travail que vous faites afin de faire comprendre aux gens que la vie est simple et belle.

« La vie m'a dernièrement joué un mauvais tour. En effet, j'ai un cancer qui malheureusement est sans guérison possible. Le diagnostic est tombé officiellement le 29 juillet 2004 après une interminable attente d'un mois. Je n'avais pas vraiment besoin de ça pour comprendre l'importance de vivre sa vie pleinement, et ce, chaque jour.

« Comme j'ai toujours aimé gratter la guitare et quelquefois commettre certains textes, je vous transmets très humblement ce que j'ai écrit pour les gens qui trop souvent passent à côté de ce qu'il y a de plus beau, la vie, tout simplement.

« Mélodie simple, mots simples, mais j'ai pris le temps
As-tu vu le soleil qui s'est levé pour toi ce matin ?
As-tu vu la pluie qui travaille pour toi ce matin ?
As-tu vu l'enfant qui te tend sa main ce matin ?
As-tu vu ?... Non, t'as rien vu. T'as pas le temps !

As-tu vu les beaux yeux qui te regardent dans la glace ?
As-tu vu le regard si doux de ton amoureuse ?
As-tu vu l'espoir du vieux qui attend seulement ta main ?
As-tu vu ?... Non, t'as rien vu. T'as pas le temps !

As-tu pris le temps de te dire "Je t'aime" ce matin ?
As-tu pris le temps de te dire "Eh que la vie est belle !"
As-tu pris le temps de prendre ton temps ?
Mais j'avais oublié. T'as pas le temps !

Quand le *deadline* de ta vie sera coulé dans le ciment,
Que tout ce qu'il te restera, c'est du temps,
J'espère juste pour toi que tu auras compris à temps
Que la vie est belle quand on prend le temps,
Que le reste de ta vie, vis-la à plein temps!»

Ce courriel a été écrit le 11 septembre 2004; son auteur est décédé au printemps 2005. Il avait tout juste 50 ans. Gilles avait compris une grande chose: il faut profiter de la vie.

LA **PLANIFICATION** À OUTRANCE

Pourquoi les gens cherchent-ils tant à toujours vouloir planifier et ne vivre que pour demain? Pourquoi toute cette planification dans les entreprises? On passe des mois à tenter de deviner ce que nous réservent la prochaine année et celles qui suivront. On cherche à prévoir ce que sera le marché en 2008 et pendant ce temps, on néglige le marché de l'année en cours.

Je comprends l'importance en affaires de «voir venir» ou de prévoir. Cependant, il y a tant de circonstances qui peuvent entre-temps changer le cours des choses et bouleverser des vies! Pensons seulement aux gens qui, en mars 2005, travaillaient pour une compagnie aérienne[31] au Québec et qui se sont rendus au travail à 6 heures ce matin-là pour piloter un avion. Ils ont plutôt appris par des pancartes affichées aux murs que l'entreprise était sous la protection de la Loi de la faillite. Ces gens-là apprenaient du même coup qu'ils avaient perdu leur emploi, que leur dernier chèque de paie leur serait remis le lundi suivant s'ils passaient le prendre au bureau de la compagnie. Pouvaient-ils prévoir cette catastrophe? Non! Il ne leur restait alors qu'une chose à faire: se cracher dans les mains et recommencer. Car la vie continuait avec de nouveaux instants de bonheur. Difficile? Oui! Faisable? Eh oui, ils l'ont fait car, comme disent les jeunes aujourd'hui: «Pas le choix!»

---

31. Jetsgo.

Est-il pertinent d'insister à ce point sur le plan d'affaires dans le cas d'un jeune qui commence sa PME? N'est-il pas préférable de lui laisser comprendre que la sécurité n'est pas dans ces belles projections de profits sur les cinq prochaines années, mais plutôt dans l'acharnement qu'il mettra tous les jours à vendre ses produits, son service? Et si cela vaut pour la PME, comment se fait-il que lorsque cette petite et moyenne entreprise devient grande, on insiste tant sur demain, le prochain trimestre, la prochaine année et même le plan quinquennal?

On veut planifier pour gagner du temps. On tente de récupérer du temps comme si bien gérer son temps était un objectif de vie, plutôt que d'avoir comme objectif le bonheur de vivre! Il est toujours étonnant de voir que pendant que les entreprises proposent des ateliers sur la gestion du temps, pour apprendre aux gens à gagner quelques minutes, on organise aussi durant le même congrès des ateliers sur la gestion du stress, cette maladie de l'ère moderne qui est la rançon de la course contre le temps! N'y a-t-il pas là une contradiction qui reflète bien notre gestion toute *rationnelle*?

Que les choses doivent être accomplies le plus rapidement possible et que la valeur d'un travail est fonction de ce qu'il produit, nul ne peut le contester. Certainement pas moi! Mais que vaut le temps gagné si on ne peut pas en profiter? Et si en voulant économiser une heure, on perdait toute une journée? On perd combien de temps, sous prétexte d'économie, à prévoir les années à venir?

Pour peu qu'on prenne le temps de réfléchir, on se rend compte que les choses de la vie qui ont une valeur et qui procurent du bonheur n'ont rien à voir avec les heures et les minutes que l'on économise ici et là.

LA **HANTISE** DES ISO

Le problème avec la tendance à vouloir tout planifier, c'est qu'elle engendre l'idée qu'une fois que tout est bien ordonné selon un plan, on pourra alors créer la permanence. L'idée du *statu quo* s'installe! Quand on passe tellement de temps à établir des modes d'opération, on veut absolument qu'ils deviennent permanents. Mais surtout, il faut éviter de faire autrement!

C'est ainsi qu'on établit des programmes de qualité qui me semblent «pétrifier» les entreprises, car elles voudraient que tout soit fait selon des procédés très rigides qu'on a préétablis. On scrute minutieusement chaque opération et dans de gros cahiers à anneaux, on agence tous les gestes à faire avec une numérotation et dans une langue à faire pâlir d'envie un avocat. Tout y est inscrit et, surtout, il ne faut pas laisser passer le moindre geste.

Une fois tous ces cahiers bien remplis, on donne alors à tous les employés des sessions de formation, les enjoignant de suivre à la lettre ce qui y est indiqué. Jamais, sous aucun prétexte, il ne faudra y déroger. Car tous ces gestes vérifiés et revérifiés assurent une qualité supérieure permettant d'afficher fièrement le sigle ISO 20... Et cela aide à la vente!

On ira même plus loin. Pour s'assurer que personne ne déroge aux modes opératoires établis, on aura annuellement des inspections pour renouveler cette certification, affirmant que tout est fait selon les instructions données.

Personne n'oserait être contre ce genre de diplôme de haut niveau garantissant les standards de perfection les plus élevés. Mais où tout cela me paraît préoccupant, c'est que cette standardisation tend à maintenir une telle rigidité dans les opérations qu'il n'y a plus de place pour l'innovation, la créativité. Ce standard devient le symbole de la permanence! C'est quasiment une certification à la permanence, au *statu quo*. On a une ou même plusieurs personnes assignées à surveiller le tout, veillant à ce qu'aucun employé ne sorte du chemin tracé. Il devient alors presque impossible d'évoluer selon les désirs des clients ou du personnel.

Il y a à partir de ce point un principe qui s'impose dans l'entreprise : «Écris ce que tu fais avec le plus de détails possible. Puis, fais exactement tout ce que tu as écrit !» N'est-ce pas là la plus belle règle pour installer à jamais la permanence ?

À mon avis, cela est très dangereux. Parce que ces programmes de qualité engendrent un mode de pensée presque immuable. On en vient aux «vaches sacrées». Je dis d'ailleurs souvent que les «vaches sacrées», cela fait de très bons hamburgers, mais rien de plus ! Malheureusement, dans notre société, les «vaches sacrées», on en a des tonnes ! On veut toujours revenir à ce qui s'est fait l'an dernier ou l'année d'avant, sans réaliser que ce sont les coups de pied qui nous font avancer.

UN **COUP DE PIED** BÉNI

J'ai souvent raconté ce matin du mois d'octobre où je suis entré dans mon bureau pour me rendre compte qu'on avait saisi physiquement tout le mobilier durant la nuit. Il n'y avait plus de classeur, ni de pupitre, ni de chaise. Il ne restait rien ! Tous les dossiers étaient éparpillés sur le tapis. J'étais abasourdi. Je n'avais jamais imaginé qu'on pouvait procéder de cette façon : c'était sauvage.

J'ai appelé Céline pour lui annoncer que je revenais à la maison. Elle m'a répondu «*Wow !* Il n'est que 10 heures. Tu entres tôt, c'est bien !» Je lui ai dit : «Oui, c'est parfait et je crois y être pour un bon bout de temps !»

J'ai pris des boîtes de carton et j'y ai cordé les dossiers qui traînaient sur le plancher. J'ai chargé le tout dans le coffre arrière et sur les banquettes de ma voiture et je suis rentré à la maison. À peine 30 ou 45 minutes plus tard, les huissiers sonnaient à notre porte. Ils tentaient de saisir la maison. Ceux qui ont vécu une telle expérience comprennent les sentiments d'incapacité totale qui nous assaillent à cet instant, devant un monsieur poli mais froid qui nous tend une liasse de documents juridiques. Une maison familiale qui abrite cinq enfants, un couple qui y vit depuis des années, ce n'est pas saisissable parce que c'est plus qu'un cadre physique ou économique. Il me semble que le seul fait de saisir cette maison était comme si on me coupait les deux jambes C'était une violation de l'intimité d'une famille aux prises avec d'énormes difficultés.

Durant l'après-midi, d'autres huissiers sont venus pour y numéroter tous les biens meubles, car cela aussi était saisissable. Comment expliquer à un jeune garçon de 9 ans pourquoi ces inconnus collaient des étiquettes chiffrées sur le piano du salon ? Je lui ai dit que le monsieur ne voulait pas qu'on perde le piano.

J'étais complètement perdu. Un des reproches – ou plutôt une des remarques – que je serais porté à faire à toutes les universités que j'ai fréquentées dans ma vie, c'est avoir expliqué en classe quoi faire quand tout fonctionne bien, mais n'avoir jamais mentionné ce qu'il fallait faire quand tout allait mal. Que faut-il faire lorsque tu es rendu au fond du baril ? Comment se tirer d'affaire quand une société te pousse plus loin au fond du précipice ?

Ce matin-là, je suis à boire un café. Ma femme passe à côté de moi et je lui demande : « Céline, qu'est-ce qu'on fait maintenant ? » Ma voix devait traduire mon désarroi.

Sans hésiter, elle me répond :

« On recommence.

— Par où doit-on recommencer ? Il n'y a plus rien à vendre ! Tout a été numéroté et saisi par les huissiers, même le banc de piano porte son propre numéro !

— C'est vrai, mais ils ont oublié le principal : toi, tu n'es pas numéroté ! Ton intelligence, ton enthousiasme, ta sensibilité, ton jugement, tout ça n'a pas été étiqueté par le huissier. C'est ça que tu dois vendre maintenant : toi ! »

Je vous jure, elle a quasiment dit : « Vas-y, t'es capable ! »

Quinze minutes plus tard, je tiens dans mes mains l'annuaire téléphonique des diplômés de l'École des hautes études commerciales. Le livre est ouvert à la section « Finissants de l'année 1954 », l'année où j'ai achevé mes études universitaires au Québec. Je pige certains noms de mes anciens confrères de classe et je compose leur numéro de téléphone. Je leur dis :

« J'ai quelque chose d'extraordinaire pour votre organisation, quelque chose qui va révolutionner votre entreprise. Est-ce que je peux vous rencontrer cet après-midi ?

— Non, pas cet après-midi. Je suis occupé. Demain, vers 3 heures, ça irait. »

À vrai dire, le type ne saisit pas pourquoi je suis si pressé de le rencontrer. Mais moi je le sais ! J'ai cinq enfants à la maison. J'ai une femme qui m'encourage, mais qui s'inquiète aussi.

Le lendemain après-midi, j'arrive au rendez-vous et d'entrée de jeu, je dis au président qui me reçoit :

« La chose extraordinaire dont je vous parlais, hier matin, c'est moi ! Oui, monsieur ! Voici ce que j'ai à vous proposer : je vais tenter de découvrir avec vos employés la culture de l'entreprise, c'est-à-dire ce qui fait qu'elle réussit si bien. C'est là une très importante découverte pour votre entreprise. On pourra trouver ainsi les éléments de votre succès. Il sera possible de les transmettre à tous les nouveaux employés dès leur arrivée dans la compagnie et même à vos employés actuels qui ont certainement – du moins par moments – tendance à l'oublier. »

Mon vis-à-vis est devenu très enthousiaste en écoutant mon exposé. Je voyais des étoiles dans ses yeux. Il me dit : « C'est très intéressant comme projet, Jean-Marc ! J'y vois de nombreux avantages ! »

Je dois ici vous avouer que ce que je proposais à ce cadre supérieur ne provenait pas de mon côté rationnel, logique, raisonnable parce qu'à ce moment précis, je n'avais pas la moindre idée de quelle façon j'allais m'y prendre pour réaliser le tout. Je n'avais jamais appris cela auparavant. Cependant, ce dont je me rendais compte durant cette conversation, c'est que c'était certainement valable, car il semblait très excité par mon offre. Il fallait que j'explore ce secteur inconnu et que je trouve de quelle manière je ferais cette recherche.

C'est alors que le patron, plein d'enthousiasme, me demande : « Jean-Marc, c'est très emballant ce que tu me proposes. Combien demandes-tu pour tes services ? »

Là ! j'étais bouche bée ! Je ne savais absolument pas quoi répondre ! Je n'avais pas de liste de prix, comme la majorité des vendeurs ont dans leur porte-documents. Je ne pouvais pas répondre par des remarques telles que « Ça se vend en boîte de douze et on ne défait jamais les boîtes... » J'étais perdu. Je n'ai pu trouver meilleure réponse que : « Combien payez-vous d'habitude pour un tel service ? »

Ce n'était certainement pas la bonne question à lui poser ! Il ne faut jamais poser cette question-là !

Mais pourquoi vous raconter cette anecdote, cette histoire toute personnelle ? Parce que je crois qu'il est important de réaliser qu'on brise la routine, le *statu quo* avec un coup de pied. Dans ces occasions-là, il y a sans doute une grande porte qui se ferme, celle de tout le passé, de toute la sécurité de ce qu'on faisait jadis. Mais en face de soi s'ouvre une grande fenêtre avec une vue imprenable sur de nombreuses possibilités. Le problème, c'est que du côté de la fenêtre, il y a l'inconnu. Que va-t-il se passer? Suis-je capable de faire cela? C'est là le point difficile, le point «x» qu'il faudra franchir pour passer du passé révolu au futur à bâtir.

Mais c'est si effrayant qu'on en perd son courage et qu'on cherche de nouveau après le coup de pied quelque chose de permanent, de stable. Et c'est là que tout s'embourbe. Rien ne se bâtit sur de la *permanence*. Présentement, à la vitesse où les choses évoluent, il est impossible de penser que ce qu'on fait un jour sera toujours fait de la même manière dans un ou deux ans. Ce ne sont pas les gens qui le demandent, qui exigent de changer, c'est plutôt la société qui découvre de plus en plus des façons nouvelles de faire les choses et qui révolutionne tout. On est encore à bâtir un monde meilleur! Il est donc très loin d'être *permanent*!

LA **NAISSANCE** D'UN DRAGON

Les angles droits dans la vie font toujours très mal. Pourquoi faut-il que les points tournants d'une vie se fassent toujours dans la douleur? Combien d'exemples ne trouve-t-on pas autour de soi qui nous enseignent cette règle fondamentale: rien ne naît autrement que dans la douleur!

C'est le cas de Gilles Pothel. Dans *Le Devoir* du 16 avril 2005, on nous raconte son histoire.

«Il y a sept ans, Gilles Pothel était conducteur de machinerie lourde. Une vie de famille plutôt calme et le désir tout simple de vivre une vie... de conducteur de machinerie lourde. Certes, des curiosités et des aptitudes, comme chercher la panne, modifier une structure motorisée et souder tout ce qui est soudable. Et une propension à dessiner et à faire des recherches de formes, de moulages.

«Mais la vie bascule: un divorce et trois enfants en bas âge. Il fallait travailler encore plus fort. C'est alors que Gilles commence à bricoler l'acier dans son garage. La ferronnerie d'art devient le second emploi, la seconde manne financière. Car ce n'est pas par instinct qu'il travaille l'acier, c'est pour survivre. Il le dit tout simplement: "C'est parce que j'avais faim et que je devais tout à mes enfants."

«De petits en grands projets, Gilles se fait une réputation. Les heures s'accumulent, les bobos également. Tombe malade. Pendant la convalescence, la décision est prise: c'est la ferronnerie d'art qui prendra tout son temps.

«Il s'installe dans un grand hangar et donne au dragon les moyens de sa forge. Aujourd'hui, Gilles Pothel a une feuille de commandes qui s'étale sur six mois. Il est le propriétaire d'une petite entreprise à Rawdon qui s'appelle Aux Forges du Dragon.»

Voilà l'histoire d'un homme qui a quitté son petit train-train d'un bulldozer qu'il savait manier avec tellement d'aisance, pour créer de toutes pièces, dans cette petite ville des Laurentides, sa PME qui sait réaliser les rêves de ses nombreux clients. Mais le plus important: s'il n'y avait pas eu ce divorce, ce coup de pied difficile à prendre, il n'y aurait pas eu de Forges du Dragon. Quelquefois, un divorce, ça provoque un virage qui s'avère positif.

Le mot «permanent» qui vient de la tête et qui fait référence à l'idée de vouloir tout asseoir sur des fondations de béton de quatre pieds d'épaisseur n'a pas sa raison d'être de nos jours. Prenons le triste exemple de ces constructions qu'on croyait permanentes, les tours jumelles du World Trade Center à New York. Une seule de ces deux tours était assurée, tellement il était impensable que toutes les deux puissent s'écraser en même temps.

Incroyable, n'est-ce pas ? À New York, on avait pensé avoir érigé des tours éternelles, *permanentes*. Il n'a fallu que deux avions pour les détruire complètement, les deux en quelques heures seulement. La pire chose qu'on pourrait enseigner dans les écoles et partout ailleurs, c'est la *permanence*.

TROP DE **SÉCURITÉ** !

Lorsqu'on ajoute à la *planification* la *permanence*, on devient des humains qui recherchent la *sécurité*. Sécurité physique, sécurité d'emploi, sécurité intérieure, sécurité à toutes les sauces ! On cherche tellement la sécurité qu'on oublie que nos nombreuses règles de sécurité n'existaient pas il y a 30 ou 40 ans. Pourtant, on ne passait pas de tragédies en tragédies.

Un samedi soir, après une conférence, M. Guy Richard et son épouse échangeaient avec moi dans le hall d'entrée de la salle de spectacle. Il me parlait d'un texte qu'il avait reçu, quelques jours auparavant, et qui mentionnait ces semblants d'excès de sécurité qui se traduisent par de nouveaux règlements sur tout et sur rien. Ayant reçu le texte en anglais, en voici une traduction libre que j'ai préparée à votre intention.

> Selon ce que les bureaucrates de la sécurité nous enseignent, ceux qui ont vécu durant les années 60 et 70 devraient être déjà décédés. Pourquoi ?
>
> Parce que...
>
> Nos petits lits d'enfants étaient peints de couleurs brillantes avec des peintures à base de plomb. Nous les avons mâchouillés et léchés des heures durant...
>
> Il n'y avait pas de bouchons protecteurs pour les bouteilles de médicaments. Il n'y avait pas de loquet de sécurité aux portes des armoires et c'était permis de s'amuser avec les casseroles.
>
> On filait sur nos bicyclettes sans porter de casques non pas sur des pistes cyclables, mais dans les rues en face de la maison.

Comme enfant, on voyageait en voiture sans ceinture de sécurité ou de sac gonflable, très souvent assis sur le siège du conducteur.

On buvait l'eau du boyau d'arrosage et non de l'eau en bouteille. Cela semblait goûter la même chose.

On mangeait des croustilles, du pain, des gâteaux et on buvait de l'eau colorée pleine de sucre, mais nous n'avions pas d'excédent de poids : on était toujours dehors à jouer.

On partageait une boisson gazeuse avec nos amis, buvant tous à la même bouteille. Personne n'en est mort.

On passait des heures à construire des petites voitures et on filait en bas de la côte à toute vitesse pour se rendre compte qu'on avait oublié de fabriquer un système de freinage.

Après avoir couru dans les orties et souffert de nombreuses éraflures, on a trouvé moyen de solutionner le problème.

On partait de la maison tôt le matin et on jouait toute la journée, à condition d'y revenir avant la noirceur.

Personne ne pouvait nous joindre, mais personne ne s'en inquiétait.

Nous avions des amis et nous allions dehors pour les retrouver.

On jouait avec des élastiques puissants et parfois on se faisait vraiment mal.

On tombait des arbres, on se coupait et on se cassait des os, mais il n'y avait pas de poursuite.

On se battait à coups de poing, mais personne ne poursuivait nos parents.

On se rendait à pied jusqu'à la maison de nos amis.

On marchait aussi jusqu'à l'école ; on ne comptait pas sur papa ou maman ou sur un autobus scolaire pour nous y conduire.

Cette génération a produit les gens les plus aptes à courir des risques, à solutionner les problèmes, à former des inventeurs.

Nous avions la liberté, les déconfitures, le succès et la responsabilité, et nous avons appris à nous mesurer à tout cela.

Ce petit texte ne veut pas faire la leçon à notre jeune génération qui a ses batailles à mener. Mais il est utile pour se poser les bonnes questions : allons-nous trop loin dans la recherche de la sécurité à tout prix ?

La vie n'est pas permanente et on ne peut tout prévoir ! Bien au contraire. La vie est remplie de risques.

Avant de vous surprendre avec la déclaration qui suit, une mise en garde s'impose : rappelez-vous encore une fois que je partage avec vous «mes» réponses. Ne perdez pas de vue que tout ce livre ne contient que mes réponses à moi. L'important, c'est que vous vous posiez les questions et trouviez vos réponses à vous !

Je vais donc vous surprendre en vous demandant : la sécurité, est-ce vraiment une valeur? Y a-t-il quelque chose de vivant sur terre, autre que l'animal, qui a prêché à ce point la sécurité ? Toute la création nous apprend que les choses passent et disparaissent. La vie est un grand et long voyage.

Pourtant, chaque mois de février, on nous ramène la campagne des REER, avec «tout ce qu'il faut faire pour accéder à la sécurité pour nos vieux jours». Nos contrats de travail sont basés sur la permanence pour créer ce climat de sécurité. On voudrait que nos enfants soient en sécurité partout, même à bicyclette, grâce au port du casque, de protecteurs pour les coudes et les genoux, etc. Et le mercure à l'extérieur indique 32 °C certains jours d'été ! Pauvres petits qui cuisent sous leur équipement de protection ! Pas grave : ils sont en sécurité.

On est tous restés accros à l'idée de la sécurité. Nos autos sont pourvues de sacs gonflables tellement sécuritaires que le bébé doit être installé sur le siège arrière parce qu'il est risqué de placer son siège à côté du conducteur !

De nos jours, on ne parle que de bâtir un monde «sûr». Et pourtant, depuis cinq ans, a-t-on gagné en sécurité? Absolument pas. Grâce aux moyens de communication ultramodernes, jamais auparavant n'a-t-on dans l'actualité entendu parler autant de guerres, de cataclysmes, de persécution. En dépit de cela, les gens ont toujours une fixation sur la sécurité. Il faut prévoir et bâtir pour longtemps, comme si on était tous éternels.

Il faut revenir à ce qui constitue la base même de l'humain, c'est-à-dire son intuition, sa capacité à s'adapter aux changements qui ne cesseront de se multiplier. On devra revenir à ce temps béni où courir des risques n'était pas un geste de détraqué...

Chapitre 5

L'**INTUITION**

Celui qui craint la faillite limite
ses activités. La faillite n'est seulement
que l'opportunité de recommencer
plus intelligemment.

Henry Ford

O n a vu que vouloir trop planifier nous empêche de voir ce qui se passe aujourd'hui à l'intérieur de soi. Cela nous empêche d'entendre cette petite voix intérieure qui nous conseille. Oh! je sais, cela semble naïf de parler de la petite voix, mais on semble alors oublier le mot «instinct». Ce mot nous parle d'autre chose que de la tête, du mental qui nous coupe de tout ce que notre être nous enseigne de faire.

À force de toujours vouloir se servir de notre côté gauche du cerveau, il semble qu'on a quelque peu atrophié le côté droit qui, lui, nous parle des émotions, et non des raisonnements et de logique.

Comme je l'ai mentionné précédemment, à force de parler de planification, de permanence et de sécurité, nous sommes tous devenus des êtres *raisonnables*. On n'ose pas parler des émotions. Ou encore, on agit poussé par des émotions difficiles à gérer, telle la peur qui nous incite à toujours rechercher la sécurité. On a alors tendance à tout penser en fonction de la solidité des fondations, c'est-à-dire les raisonnements. On veut tout raisonner !

On oublie par le fait même un élément essentiel : l'intuition ! Cette intuition qui nous dira que cela est possible, faisable, ou que cela semble trop risqué et même louche. Elle nous dira que cette femme que l'on voit pour la première fois sera la compagne le restant de nos jours, que cet homme qui nous regarde à la dérobée depuis cinq minutes sera le compagnon de notre vie !

L'INTUITION, POURQUOI PAS !

Intuition, voilà un mot qui fait peur ! Il vient de deux mots latins, *in* qui veut dire « dans » et *tuitere* qui signifie « regarder ». L'intuition, c'est regarder à l'intérieur de soi. Et pour voir à l'intérieur, on utilise nos sens qui nous permettent de voir, d'entendre, c'est-à-dire sentir les choses et les autres humains autour. Mais il ne faut pas oublier le *in* qui veut dire au-dedans, non vers le monde extérieur. En fait, l'intuition n'est pas dans ceux que l'on rencontre, rencontres heureuses ou malheureuses, elle n'est pas dans les gens que l'on côtoie, elle est entièrement à l'intérieur de soi-même. Mais pour faire cette incursion en son for intérieur, il faut cesser de faire travailler sa tête ; l'intuition ne relève pas du mental.

Cette intuition, ce n'est pas un don que certaines personnes reçoivent à leur naissance, ce n'est pas une chose rare et ce n'est pas miraculeux. C'est une partie intégrante de l'être humain. Il s'agit de s'en servir ! Mais ce qui ne concorde pas avec notre esprit cartésien, c'est que l'intuition est tout à fait illogique et le plus souvent *irrationnelle*. Pourtant, plusieurs personnes s'en servent pour prendre des décisions importantes, notamment en affaires...

À la tête d'Enerchem, une entreprise établie aux Méchins, en Gaspésie, et spécialisée dans la réparation de navires, de dragage et de transport de liquides en vrac, Mme Denise Verreault confiait un jour au *Devoir* ce qui suit[32] :

> «La performance financière n'est ni un but ni un objectif, mais un moyen. Un moyen de survivre, bien sûr; un moyen de se développer, mais surtout un moyen de développer sa communauté. Ce n'est pas non plus un élément de motivation en soi. Faire de l'argent, ce n'est certainement pas ce qui nous aide à sortir du lit par un matin gris et pluvieux. C'est plutôt ce sentiment puissant de participer à quelque chose de plus grand, de particulier au bien-être collectif. Il n'y a que deux moteurs au changement: la survie ou la vision.»

Remarquez les mots «sentiments puissants» et vous venez de déceler l'intuition à l'œuvre. C'est ce qui les motive tous dans cette entreprise: changer la communauté et, donc, changer le monde. Son père, M. Borromée Verreault, avait lancé en 1942 son chantier naval aux Méchins, ce qui était contraire à la façon de faire car, à l'époque, toutes les entreprises du genre s'installaient dans les grandes villes. Lui, déjà, par intuition, trouvait que le meilleur endroit, là où il voulait vivre, était chez lui.

D'ailleurs, Mme Verreault le confirme:

> «Au tout début, nous avions peu de ressources humaines, matérielles ou financières. Mais nous étions déterminés. Ce qui alimentait toujours notre imagination et notre créativité. Les décisions qui ont façonné ce cheminement ont été essentiellement intuitives et pas du tout calculées. Savoir reconnaître et écouter cette voix intérieure est de plus en plus important. Et restera déterminant.»

Cette femme a su passer du raisonnable à l'émotion. Elle n'a pas été déformée par de longues études en affaires. En effet, elle est diplômée de l'Université du Québec à Rimouski... en

32. *Le Devoir*, 16 mars 1998.

éducation préscolaire et élémentaire! Un tel diplôme n'est certes pas courant en affaires. Pourtant, elle ajoute avec beaucoup d'aplomb: «Qui, aujourd'hui, a le courage de braver les savantes études de marché, les statistiques du travail et autres forces mystérieuses du genre? Qui ose suivre son intuition, son esprit d'aventure et sa créativité? Nous avons relégué aux oubliettes cette partie de nous-mêmes. Nous tentons de l'ignorer, nous la dénigrons pour la seule et unique raison que nous ne pouvons l'observer dans un laboratoire. Ça ne fait pas sérieux de parler de son intuition, alors que c'est ce qui nous guide tout au long de notre vie. Ça fait farfelu d'avoir l'esprit d'aventure.»

Cela fait, effectivement, farfelu de croire encore que la vie est une aventure et qu'il est impossible de tout prévoir avec la tête. Le cœur est essentiel à l'intuition, c'est-à-dire appréhender avec ses émotions ce qui est préférable d'entreprendre. Elle ajoute plus loin: «Se battre pour des parts de marché minuscules selon des règles élaborées par les gros, voilà une belle façon de perdre son temps! Concurrencer pour le futur en créant des marchés, des produits ou des services entièrement différents, voilà la clé du succès! Comprendre où se situe le vrai potentiel de son entreprise: cette vraie valeur ne se trouve pas dans les états financiers, les bilans et autres outils semblables qui ont malheureusement pris de plus en plus d'importance dans les entreprises. Au détriment de l'intangible qui représente pourtant la base de toute organisation.»

Qui ose parler de l'intangible à son gérant de banque, à son vérificateur comptable? Oh! On parle bien de ses employés comme l'élément le plus important de l'entreprise. Mais, à la première crise, on remercie allégrement des dizaines d'employés. On le fait pour sauver les emplois restants! Mon œil! On le fait parce qu'on n'a pas assez de cœur pour inventer une nouvelle organisation. On n'a pas l'intuition nécessaire pour nous guider à découvrir un futur pour tous. On n'a pas trouvé la recette dans un livre ou dans un rapport de conseiller en gestion. Ces gens n'ont pas l'intuition des événements à venir ; Mme Verreault, elle, possède cette intuition !

Voici d'ailleurs comment elle voit l'avenir : « Dans les années à venir, les entreprises seront appelées à jouer pleinement leur rôle social. Non pas en faisant des dons pour avoir bonne conscience, mais en assumant leur rôle de soutien et d'implication dans la communauté. Le calcul du rendement, tel que nous le connaissons, devra tenir compte de notions beaucoup plus larges. La notion actuelle de retour sur l'investissement est d'un simplisme qui n'est pas de mise. La notion de profit devra tenir compte des impacts sociaux. Ce qui sera difficile à faire avaler, c'est le changement, à court terme, sur les chèques de dividendes. Ça, ça va faire mal. »

Mme Verreault est *politiquement incorrecte*. Mais elle sait où elle s'en va !

L'INTUITION SCIENTIFIQUE, **POURQUOI PAS** !

Pour apprendre à se servir de son intuition, il faut s'aider. Comment ? Le docteur Daniel Dufour, dans son livre intitulé *Les barrages inutiles*[33], nous en parle :

> « Il faut s'autoriser à écouter, à voir, à toucher ou à sentir cette intuition. Chaque mot a son importance ; en effet, chacun peut entrer en contact avec son intuition en utilisant un de ses sens : l'audition, la vue, le toucher ou l'olfactif (au sens le plus large du terme, utiliser son pif !). Cela revient à dire qu'il nous faut être le plus souvent possible dans le moment présent (le mental étant *éteint*) et nous permettre de laisser cette partie de nous-mêmes nous parler à sa façon. Et l'écouter rime souvent, dans un premier temps, avec le retour immédiat du mental qui va nous faire douter de ce que nous avons entendu, vu, touché

---

33. Daniel Dufour, *Les barrages inutiles*, Montréal, Éditions de l'Homme, 2005, 144 p.

du doigt ou flairé. Il nous faut alors éteindre de nouveau le mental pour nous reconnecter avec notre intuition, et cela peut nécessiter un apprentissage long avec de multiples rechutes. Et ce n'est qu'en s'exerçant à cette écoute subtile que nous pouvons parvenir au stade ultime.»

Difficile à réaliser? Oui, mais absolument nécessaire! Et cela, dans toutes les sphères d'activité, même en recherche. C'est le cas de Rémi Quirion, de l'hôpital Douglas, qui a remporté le prix Wilder-Penfield en 2004. On pourrait croire qu'avec son bagage d'études scientifiques, cet homme est forcément un homme de tête, exclusivement consacré à la logique et au rationnel. Pourtant, on pouvait lire dans le journal[34], au lendemain de la remise de ce prix qui rend hommage à un chercheur du domaine biomédical pour son apport majeur à la neurologie: «[...] De toutes ses expériences à titre de chercheur, Rémi Quirion retire la satisfaction suivante: c'est de savoir suivre son pif. Les gens pensent parfois que, dans le domaine de la science, tout est cartésien et très carré. Je pense que, pour réussir, il faut être beaucoup plus intuitif. Quand on voit certains résultats qui nous intriguent et ne correspondent pas à ce qu'on avait prévu, on doit foncer dans cette direction-là.»

Bref, chaque fois que l'on bifurque, qu'un angle droit se présente, c'est sur le chemin d'à côté qu'il faut aller au lieu de suivre toujours le tracé original. Malheureusement, la planification avec la tête nous force à suivre une certaine *permanence* dans le cheminement, une ligne droite de continuité. On oublie tout à coup qu'au contraire, c'est dans les à-côtés que se produit la véritable révolution. C'est dans ce sens-là qu'intervient la notion d'innovation: l'intuition incite à innover, à chercher de nouvelles façons de faire et d'être!

---

34. *Le Devoir*, 13 et 14 novembre 2004.

ÉTUDES ET INNOVATIONS

Malheureusement – et peut-être heureusement à bien y penser! –, on ne peut pas enseigner l'intuition ni l'habitude de s'écouter, un art que possède naturellement un enfant. L'enfant a l'intuition des choses dans ses jeux. Il sait où il va s'amuser davantage. Son parcours est multidirectionnel. Seulement, quand il entre à l'école, on commence à lui inculquer l'idée de planifier, de tenter de tout prévoir. On lui explique alors la discipline comme je le mentionnais au chapitre précédent. Tout doit être ordonné!

Des études ont été menées sur l'innovation, notamment une réalisée par Daniel Champagne, directeur général adjoint du Centre international invention innovation (CIII), qui allègue que pour pouvoir vraiment innover, il faut si possible faire le moins d'enseignement et d'études possible. Il a d'ailleurs confié dans *La Presse* du 19 novembre 2001 que: «[...] Les entrepreneurs les plus innovateurs font confiance à leur intuition, ont constaté les chercheurs. Ainsi, 84 % des répondants prennent des décisions intuitivement et seulement 18 % s'appuient uniquement sur l'analyse rationnelle. Majoritairement, ils sont enclins à mieux accepter l'erreur ou l'échec, qu'ils considèrent comme un ingrédient indispensable dans le processus de création.»

Quand vous faites des plans, vous vous évitez de faire des erreurs, du moins c'est ce qu'on dit, car vous devez cheminer en fonction de balises préétablies. Mais il me semble que c'est la pire chose à faire dans sa vie: créer de telles balises qui ont pour effet pernicieux de nous empêcher de découvrir la vie autour de nous.

Les déclarations de M. Champagne visent des études auxquelles ont participé des chercheurs de la chaire en entrepreneurship de l'École des hautes études commerciales et qui en viennent à la conclusion suivante: les diplômes ne sont pas un préalable à la créativité. «La recherche du CIII indique qu'il n'y a pas de lien entre le niveau de formation et la créativité d'un entrepreneur. L'éducation classique en gestion peut même avoir pour effet de réprimer l'innovation.»

Ce n'est pas le plan qui est important, même s'il est parfois nécessaire d'en avoir un, c'est la capacité de se laisser aller et de jongler avec des idées. Tout cela vient de l'intuition!

D'ailleurs, Craig Barrett, de la compagnie Intel, disait dans la revue *Special: Fortune* qu'«entre 80 % et 90 % des revenus que nous avons au mois de décembre chaque année proviennent de produits que nous n'avions pas au début du mois de janvier précédent».

En d'autres mots, ce qui compte, ce n'est pas le passé mais l'innovation constante.

LES **BAS BLANCS**

Pour innover, il faut avoir le temps de penser! On a perdu la facilité qu'avaient nos ancêtres de s'asseoir pour penser, pour rêver. Nous vivons dans une société où le temps est toujours interrompu par le chronomètre, par l'urgence d'aller et de faire plus vite. On ne prend pas le temps.

Au chapitre précédent, je citais Serge Bouchard[35] qui écrivait: «Regarder quelqu'un dans les yeux prend une éternité. Écouter quelqu'un parler en prend une autre.» À cette phrase magnifique, j'ajouterais: «Cela prend une éternité pour seulement suivre et avoir le temps d'écouter son intuition.»

L'intuition vient spontanément! En voici un exemple personnel. J'avais une entreprise et, comme toutes les entreprises,

---

35. Serge Bouchard, «La société du temps perdu», *Le Devoir*, 19 mars 2001.

elle progressait. Un jour, débordé par le travail, je décide de me trouver un adjoint. Après plusieurs semaines de recherches, j'ai finalement trouvé mon homme. Il était à mes yeux le candidat idéal en raison de ses antécédents, de son expérience et de son tempérament avec lequel il m'était facile de m'entendre. J'ai donc dit à Céline : « Je pense que je vais le prendre à mon service. » Mais avant de mettre le point final à son contrat d'engagement, j'ai voulu que Céline puisse le rencontrer. Il fut donc décidé que nous irions dîner ensemble dans un grand restaurant, tous les quatre, c'est-à-dire lui et son épouse, Céline et moi. Le repas fut très agréable.

De retour à la maison, Céline et moi étions en train d'enfiler nos pyjamas, quand je lui ai dit : « Ce gars-là est vraiment très bien. Qu'en penses-tu ? Je crois qu'il fera vraiment bien l'affaire et saura me soulager grandement de tout le travail que j'ai sur les bras. »

L'air inquiet, elle me regarde et répond : « Non. Je pense au contraire que ça n'ira pas du tout. Ce n'est pas l'homme dont tu as besoin ! »

Étonné, je lui demande : « Qu'est-ce qui te fait dire ça ? A-t-il dit quelque chose de bizarre ce soir et qui te fait hésiter ? Qu'a-t-il dit ?

— Non, tout s'est bien passé à ce niveau-là, d'enchaîner Céline.

— Alors, pourquoi dis-tu que cela ne fera pas mon affaire ? Donne-moi au moins un indice ! »

— Tu veux savoir ce qui m'a frappée ? Il portait ce soir des bas blancs. »

J'éclate de rire. Est-ce possible que des bas blancs trahissent les capacités de gestion d'un humain ? Est-ce là une nouvelle théorie de management ou de leadership ? J'étais sceptique.

Mais comme cela m'arrive si souvent, j'ai fait à ma tête. Je l'ai embauché! Il a fait trois mois et il est parti. La fusion ne s'était pas faite. Par la suite, tout pouvait se comprendre raisonnablement. Des bas blancs dans un grand restaurant, ce n'est pas un vêtement approprié pour une telle sortie. Remarquez, je n'ai rien contre les bas blancs, mais reconnaissons quand même qu'ils sont davantage portés pour le sport ou le travail, pas pour une grande sortie, surtout avec son futur employeur. C'est l'intuition de Céline qui lui avait fait détecter ce manque de jugement chez cette personne, ce quelque chose qui n'allait pas. C'est là un point capital en affaires, à vrai dire non seulement en affaires, mais partout dans la vie. Et pourtant, nous n'avons jamais le temps d'y porter attention, d'écouter à l'intérieur de nous nos rêves. Nous sommes trop pris dans les balises que nous nous sommes imposées.

LES **HUMANITÉS**

Nous vivons dans une société dans laquelle il faut absolument s'évertuer à accomplir une tâche ou un objectif le plus rapidement possible pour gagner du temps et pouvoir ainsi passer à autre chose.

Au chapitre précédent, j'ai cité Louis Simard qui se demandait pourquoi on voulait tant que nos jeunes terminent leur scolarité pour devenir au plus tôt productifs dans notre société. Dans *La Presse* du 5 septembre 2004, il disait : « [...] Pourquoi s'évertuer à rendre le plus rapidement possible les étudiants "opérationnels" ? N'ayez crainte, la vie s'en chargera trop bien, trop tôt. Afin de faire contrepoids à l'instrumentalisme ambiant, il faut maintenir l'enseignement de matières scolaires, la philosophie au premier chef, qui assurent de par leur nature réflexive de fournir les rudiments nécessaires qui permettent de relativiser, de mettre en perspective. »

J'ai pris la liberté de le citer à nouveau parce que je crois que ces cours de philosophie dont il parle nous aident à «regarder à l'intérieur», donc à s'écouter au point de pouvoir développer son intuition et apprendre à l'utiliser.

On parle trop de faire de nos jeunes des hommes et des femmes mûrs au plus tôt! Comme la pomme mûrit sur l'arbre! Le malheur, c'est que lorsque la pomme est mûre, elle tombe de l'arbre; elle est alors déconnectée de ses sources et elle commence à pourrir.

Dans un article paru dans *La Presse* du 28 avril 2004, un candidat au doctorat en philosophie à l'Université de Montréal, M. Franz Emanuel Schüch, écrivait ce qui suit:

> «Avec l'éducation, on parle d'amener des jeunes gens à maturité. Toutefois, amener de jeunes êtres à maturité, c'est aussi ce qu'on fait lorsqu'on s'adonne à la culture des pommes ou à l'élevage des vaches. Amener quelque chose à maturité, c'est dans ce cas prendre les moyens pour le rendre prêt à l'usage. Lorsqu'on conçoit l'éducation en fonction de "l'acquisition de compétences", on croit devoir amener les hommes à maturité en les rendant aptes à s'insérer dans une pratique générale qui vise à produire des biens ou des services utiles à d'autres et ainsi, indirectement, à l'ensemble de la société. Éduquer de cette façon, c'est faire des jeunes gens des hommes en les rendant prêts à l'usage, exactement comme avec les pommes et les vaches...»

C'est un texte très dur! C'est *politiquement incorrect* comme opinion, mais combien cette façon de faire et de penser a nui à notre intuition, à notre capacité de nous connaître de l'intérieur!

> «Nous nous concevons en fait lorsque nous arrivons à l'âge adulte, comme "hommes réalisés" lorsque nous sommes prêts à "subvenir à nos propres besoins" et donc à acquérir, par un travail utile, le confort nécessaire au maintien de la vie pour un temps et la sécurité financière capable de nous assurer ultimement le service médical capable de faire en sorte que ce temps sera le plus long possible...»

Encore une fois, pas facile d'être un humain différent qui ose croire que la vie ne consiste pas à s'autoentretenir, mais au contraire, à s'écouter à l'intérieur et à se poser les vraies questions, les pourquoi.

> « La question est donc celle-ci : qu'est-ce que l'homme ? Se réduit-il à l'aspiration au maintien de soi et devient-il ainsi un instrument utile pour lui-même, ou son aspiration est-elle plus vaste ? Tout ce qui dépasse la stricte utilité et le maintien dans la vie n'est-il pas pure frivolité d'un animal devenu oisif par excès de la facilité justement au maintien de cette vie, ou l'homme ne vit-il que pour découvrir, sentir, savoir, non par frivolité, mais parce qu'il a cette chance infinie d'être vivant pour un temps et que cette vie ne lui paraît pas devoir s'annuler dans le raidissement d'une autoconservation vide, mais devoir s'intensifier et s'accomplir dans la préservation et la poursuite passionnée de ce regard qui s'ouvre sur le monde ? Ce regard et cette passion du regard, c'est ce que certains ont jadis compris comme l'étude des humanités. »

On avait jadis un cours classique dans nos collèges. On y suivait des cours sur des matières que la Révolution tranquille a semblé juger inutiles. On les a remplacés depuis 40 ans par des cours utiles, la sexologie par exemple, qui prévient les MTS. Mais pourquoi le sexe ? Y a-t-on répondu ? On sait qu'instinctivement et intuitivement cela doit être un symbole, un acte d'amour ! Mais parle-t-on d'aimer ? Non ! À quoi cela sert-il ?

L'ÉCOLE **RÉINVENTÉE**

C'est avec son intuition qu'en 1964 Célestin Freinet énonçait en France les principes d'un Code pédagogique qu'il intitulerait *Les invariants pédagogiques* et qui fait tourner la pédagogie autour des textes de création des élèves. Il y disait : « [...] l'enfant est de même nature que nous ; être plus grand ne signifie pas forcément être au-dessus des autres ; la mémoire, dont l'école fait tant de cas, n'est valable et précieuse que lorsqu'elle est vraiment au service de la vie ; les notes et les classements sont toujours une erreur. »

En fait, il leur disait à ces élèves de laisser libre cours à leur cœur, à leurs émotions d'écrire leurs propres histoires toutes remplies des choses qu'ils voient dans leur imagination. Cette approche qui consiste à laisser l'enfant trouver sa voie à l'intérieur de lui, Philippe Haeck, en 2004, l'a expliqué dans son livre *L'école des ponts jaunes*[36]. Dans *Le Devoir* du 3 avril 2004, la journaliste Caroline Montpetit raconte au sujet de M. Haeck : « Et depuis [qu'il a lu Freinet] il ne croit plus à l'école, avec son cortège de diplômes. Il a déserté cette école qui valorise ceux qui apprennent vite et oublient tout aussi vite, celle qui tue l'initiative, l'originalité, voire la curiosité. Il l'a depuis longtemps reléguée aux oubliettes. Depuis, il s'en est remis aux élèves qui lui sont confiés pour apprendre chaque jour un peu plus de la vie. »

Il a su laisser le temps aux élèves de découvrir à leur rythme le plaisir d'apprendre. Il a défait le plan de cours. La journaliste raconte : « En entrant en classe donc, personne, ni lui ni les élèves, ne savait vraiment de quoi ils allait parler. D'où la surprise toujours renouvelée, le contraire, en quelque sorte, de ce qui caractérise l'enseignement d'aujourd'hui. »

C'est très *politiquement incorrect* ! « D'ailleurs, dans le livre, il y a ce texte qu'un élève a écrit : "Lève-toi, esclave, délie tes mains, délie tes pieds, casse l'étau qui moule ton esprit, délivre-toi de ton masque de complaisance. »

M. Haeck est à bâtir des jeunes qui sauront faire appel à leur intuition pour trouver le bonheur eux-mêmes, sans une recette trouvée dans un bouquin.

---

36. Philippe Haeck, *L'école des ponts jaunes*, Montréal, L'Hexagone, 2004, 144 p.

LE **TEMPS** ET LE **STRESS**

Un jour, je participais à un séminaire dont je devais être un des conférenciers à la fin du congrès. Comme d'habitude, j'en ai profité pour assister aux différentes conférences qui se donnaient. Un des conférenciers invités particulièrement intéressant avait expliqué durant une heure et demie comment gérer son temps.

J'étais grandement impressionné car je réalisais combien j'étais brouillon et perdais de précieuses minutes à longueur de journée. Je pensais à toutes ces petites choses sans importance qu'on fait dans la vie, à partir de sa façon de se lever du lit le matin et de terminer sa journée, le soir venu. Quel gaspillage de temps! Il faudra que j'y mette de l'ordre, me suis-je dit!

Après le repas du midi, un psychologue chevronné nous a adressé la parole lors d'une conférence intitulée *Comment gérer son stress*. J'ai alors appris qu'il fallait jusqu'à un certain point éviter de trop gérer mon temps. Je créais un stress inutile qui sûrement me mènerait un jour tout droit chez le psychologue!

Après avoir entendu ces deux allocutions, j'étais pour le moins très mêlé. En fait, j'étais ambivalent; d'un côté, je devais me discipliner et de l'autre, je devais laisser le temps se dérouler naturellement sans trop vouloir le gérer efficacement. Bref, on gère son temps pour économiser du temps; malheureusement, on a peu d'utilité pour le temps ainsi économisé.

Pendant que des entreprises proposent des séminaires sur la gestion du temps pour apprendre à gagner quelques minutes, d'autres organisent des ateliers de gestion du stress, cette maladie de l'ère moderne qui est la rançon de la course pour gagner du temps.

Comment alors, dans un tel environnement, peut-on prendre le temps de penser, le temps d'apprendre à devenir plus intuitif? Je reviens à nouveau sur *La société du temps perdu*[37], ce magnifique article du chroniqueur Serge Bouchard:

> «Tout est à temps. Le plus beau moment de ta vie sera interrompu par le chronomètre. La plus belle pensée ne pourra s'exprimer faute de temps. L'amour sera mis entre parenthèses pour le caprice d'une simple horloge. La vertu de notre montre, c'est de tenir le temps. Le temps s'organise, se quantifie, se valorise. Il ne s'épuise plus. Chaque heure amène son heure de tombée. [...] Et l'on nous suggère quand même, sans rire, de suivre des cours de gestion du temps. Rapidité rime avec qualité. Où sont passés les mots "mûrir", "mourir" et "valeur des années"?

> «Le temps moderne n'est pas un temps ordinaire, c'est une tempête. (Et dans une tempête, n'est-il pas nécessaire d'avoir un plan de navigation?) Nous sommes décoiffés, emportés et nous allons parmi nos inventions comme des clowns tristes et épuisés. [...] Il faut émettre, transmettre, répondre, livrer la marchandise envers et contre tous les alibis. Je suis toujours quelque part en train de faire quelque chose. Je n'ai plus qu'un programme, celui de mon ordinateur. Je suis son système, je crains d'avoir bientôt son cœur.

> «Le temps nous échappe dans sa nature, ce n'est même pas une mesure. Il est instant précieux, il est seconde à saisir, espace à découvrir. [...] Gérer son temps revient à le perdre absolument. Puisque nous n'avons qu'une idée, qui est celle de nous éterniser, comment pourrions-nous prétendre à la gestion de l'éternel?»

Que dire de plus? D'ailleurs, on ne prend même plus le temps de prendre un repas.

LE **TEMPS** POUR MANGER

Dans *Le Devoir* du 6 juillet 2003, Gilles Courtemanche fait cette remarque au sujet du temps nécessaire pour développer

---

37. Serge Bouchard, «La société du temps perdu», *Le Devoir*, 19 mars 2001.

l'intuition : «Je lisais récemment dans un journal américain les résultats d'une enquête sur les habitudes alimentaires des Américains. Je ne parle pas de *fast food* ni du problème de l'obésité, mais bien seulement du temps consacré à l'alimentation. Il semblerait que l'on consacre moins de trente minutes au repas du midi et que le repas du soir se prépare et se consomme aussi rapidement. Pas de temps à perdre, le temps perdu est de l'argent perdu. Vite, il faut passer à une activité utile, comme gagner de l'argent, ou à une activité complètement inutile comme regarder la télé.

«Je soupçonne que dans ce refus de consacrer du temps et aussi du plaisir à l'activité alimentaire, il existe aussi un refus de la réflexion, de la conversation, une fuite vers l'activisme. Car le temps du repas, s'il est passé en solitaire, ne peut être qu'un moment de réflexion ou de plaisir. Partagé, le repas, s'il prend du temps, devient un moment d'échanges, de paroles et peut-être de confrontation. Il y a, dans cet exemple en apparence anodin, une forme de rapport au temps, le temps qui n'est pas vu comme un ennemi quand il passe.»

C'est vrai que pour plusieurs, le temps est un ennemi qui nous déjoue continuellement. Il faut apprendre à le mâter ! Alors qu'on devrait l'écouter et s'écouter pendant ce temps.

* * *

Cette *intuition* dont on parle depuis le début de ce chapitre nous amène à quelque chose de plus vaste encore : le *changement*. Tout le monde en parle comme l'ennemi numéro 1. Pourquoi ? Parce que l'on recherche la *permanence*, la stabilité. On a d'ailleurs beaucoup de difficulté avec le *changement* ; on y résiste toujours ! On voudrait que les choses soient immuables et permanentes, alors que tout change : rien n'est permanent. Malheureusement, le rythme s'accélère. Plus rien n'est exactement à la même vitesse. Pourtant, chaque changement, chaque angle droit est porteur d'une chance d'aller plus loin, de découvrir quelque chose qu'on ne soupçonnait même pas.

LA **SOUFFRANCE**

Changer, cela fait mal, même si c'est pour le mieux! C'est ce qui explique qu'on a peur du changement et qu'on y résiste de toutes ses forces. Il fait souffrir. Qui veut souffrir?

Pourtant, dans le magnifique livre de Chantal Thomas, écrit durant la canicule en France en 2003, et qui s'intitule justement *Souffrir*[38], elle nous explique comment la souffrance peut nous faire grandir. Elle y raconte: «Je pense que quelqu'un qui va au bout de sa souffrance en sort renforcé. En face de douleurs immenses qui sont liées à des choix qu'on a faits, quand on les assume, on en sort grandi. Qui sait si, lors d'un chagrin d'amour, nous n'avons pas plus vécu que la personne qui nous a quitté! J'ai écrit cet essai contre l'indifférence et la sécheresse, et la peur de pleurer aussi, qui est tellement ancrée dans notre culture. Souffrir n'est pas une faiblesse, c'est une manifestation de notre être parmi d'autres, et peut-être des plus précieuses.»

On a peur de souffrir, et pourtant on voudrait aller plus loin! Tout le monde veut aller au ciel, mais personne ne veut mourir, comme le chantait si bien Petula Clark. Je l'ai moi-même expérimentée, cette souffrance du grand vide, du grand tunnel sans lumière au bout, mais j'ai aussi été forcé de comprendre que moins on découvre, moins on grandit.

---

38. Chantal Thomas, *Souffrir*, Paris, Payot, 2004, 224 p.

SAUTER

Comme je le racontais dans le chapitre précédent, ce matin d'octobre 1970, je suis entré au bureau et une surprise m'attendait : on avait tout saisi. Mon entreprise était terminée. On m'a souvent demandé la nature de l'entreprise qui devait mener à ma déconfiture. Je résume un parcours quelque peu compliqué : après ma démission comme directeur de Comtech, une compagnie de traitement de données informatiques déjà inscrite à la Bourse de Toronto, j'ai fondé une petite entreprise spécialisée dans le personnel, Permanse (pour Per*sonnel* Man*agement* Se*rvices*), dont une des divisions s'occupait de l'embauche du personnel, permanent et temporaire, et une autre d'organisation et de formation du personnel. C'est ce bureau qui a été vidé de son contenu. Mais j'ai su éviter la faillite, tant de la compagnie que personnelle.

Céline et moi avons remboursé toutes les dettes et tous les emprunts. Cependant, j'ai mangé ce matin-là tout un coup de pied ! Or, je n'ai jamais vu quelqu'un reculer après avoir encaissé un bon coup de pied – et celui-là était extrêmement bien appliqué parce que j'ai certainement avancé d'au moins deux pieds ! Pour moi, dans ma tête, c'était un vrai fiasco. Il a fallu que ma femme me parle dans le blanc des yeux et me dise que j'avais encore tout un potentiel en moi pour qu'enfin je puisse reprendre un peu confiance en moi et recommencer à offrir mes services, c'est-à-dire à me rendre utile à quelqu'un, à un client, ce qui me permettrait de gagner l'argent nécessaire pour faire vivre ma famille.

Les trois mois qui ont suivi cette déconfiture ont eu un impact comparable à celui d'un tsunami ! Tout était changé : je n'avais plus de bureau, plus d'employés. Je travaillais depuis la maison, avec Céline, c'est tout ! Mais surtout, je n'avais aucune idée précise et je n'avais jamais expérimenté ce que je vendais ou essayais d'offrir à mes clients. Est-ce que c'était valable ?

Je n'avais jamais essayé une telle façon de faire auparavant et je ne l'avais jamais vue en opération ailleurs. Je savais que chaque entreprise avait une culture de base, une âme, mais de là à trouver un moyen de la mettre en forme, de lui donner un cadre tel qu'on pourrait l'enseigner et la transmettre à tout le personnel, il y avait toute une côte à monter! C'était vraiment pour moi une nouvelle orientation. Je nageais dans l'inconnu; je changeais et cela faisait mal, très mal!

N'eût été de ce matin d'octobre 1970, quand je suis entré dans ce bureau vide, je ne serais pas à vous raconter cela dans un livre. Il a fallu ce coup de pied pour fermer la porte de tout ce que j'avais fait auparavant pour qu'éventuellement une nouvelle fenêtre s'ouvre. Évidemment, il fallait regarder par cette fenêtre pour oser sauter, pour faire le premier pas.

Il y a ici une grande leçon à apprendre: des coups de pied, même s'ils sont très douloureux, sont une chance inouïe d'avancer et d'aller plus loin. Pourquoi faut-il, la plupart du temps, une grande souffrance pour vraiment changer? Je ne le sais pas! Mais ce que je sais, c'est qu'il faut rebondir! Or, j'ai réalisé que plus on mange des coups lorsqu'on est jeune, plus le ressort est tendu et plus on a de chances de rebondir plus rapidement, c'est-à-dire d'avoir cette acuité, cette force de se reprendre, d'être capable de sauter à pieds joints par la fenêtre qui s'ouvre. Car, plus on est jeune, moins on a d'expérience. Si, au contraire, on mange des coups de pied à un âge plus avancé, à un moment où les responsabilités sont lourdes à porter, à un moment où la mémoire a déjà encaissé de nombreux coups de pied avec cette douleur aiguë qui les accompagne, le ressort est distendu, de sorte qu'il est plus difficile de rebondir. Chaque fois que je vois des gens vivre des déconfitures ou des communautés subir des revers tels que des fermetures d'usine ou des revendications territoriales, j'espère toujours qu'on ne cherchera pas à se tourner vers le passé, à revenir en arrière, mais qu'on cherchera plutôt à regarder en avant et à foncer, c'est-à-dire à rebondir !

HISTOIRE **À SUCCÈS**

Cette belle histoire est pleine de souffrances. Mais combien le succès a été grand et quelle leçon ces pères et mères de famille ont pu donner à la génération suivante : on ne se laisse pas abattre, on rebondit de toutes ses forces !

Cette réussite du Témiscamingue s'appelle Tembec. Toute l'histoire de cette entreprise du nord-ouest du Québec se résume à un coup de pied, celui qu'une grande compagnie internationale de papier a appliqué en prenant, un jour, la décision de fermer son moulin. Plus de 600 employés ont alors perdu leur travail, des pères de famille avec des responsabilités plein les bras.

Quelques semaines après la fermeture du moulin, la compagnie a décidé de récupérer à l'usine la machinerie qui pouvait être installée ailleurs. Quand les dix roues sont arrivés au Témiscamingue et que des gens ont voulu commencer à démanteler la machinerie, 600 employés ont bloqué le pont, une fois les camions passés, disant aux chauffeurs : « Vous n'avez pas le droit de charger ces machines. Elles appartiennent à la communauté. C'est à nous ! Nous ne laisserons passer que les camions vides ! »

Entre-temps, quelques représentants des employés ont pris rendez-vous avec les dirigeants, au siège social de la compagnie, afin de fixer un prix pour l'usine. Ils s'entendirent sur un montant. Les 600 employés ont ensuite eu un entretien avec la caisse populaire pour emprunter chacun entre 5 000 $ et 25 000 $, laissant en garantie tout ce qu'ils possédaient afin de fournir les sommes nécessaires. L'usine est alors devenue la propriété des ouvriers.

La caisse populaire courait un risque, mais à l'assemblée spéciale tenue à l'époque, les membres avaient approuvé la prise d'un tel risque. Rien ne disait que la prise de possession de cette usine par les employés serait un succès ; les 600 employés n'étaient pas certains de pouvoir fabriquer du papier de bonne qualité avec cette machinerie qui n'était pas de tout premier ordre. Malgré tout, la transaction a été complétée et on a foncé. À leur grande surprise, quelques années plus tard, la compagnie s'est inscrite en Bourse et les actions de Tembec sont devenues négociables. Et tous les 600 employés ont réalisé des profits substantiels, multipliant leur mise de fonds par 3, 4 et même 5 !

À l'heure actuelle, cette compagnie a des ventes annuelles se chiffrant autour des 3 à 4 milliards de dollars ! Elle recrute ses clients dans plusieurs pays du monde et ses prix sont concurrentiels. Cependant, elle appartient à cette communauté, car le siège social de Tembec est au Témiscamingue. Son président demeure au Témiscamingue. Trois fois par semaine, un avion fait la navette entre le Témiscamingue et l'aéroport Pierre-Elliott-Trudeau (à Montréal). S'il n'y avait pas eu le coup de pied de cette multinationale qui, un jour, a décidé de fermer son usine, probablement que celle-ci en serait encore une parmi tant d'autres, qu'elle ferait partie d'un réseau international avec un siège social à l'étranger et qui tiendrait l'avenir de cette communauté à sa merci ! Cette communauté au Témiscamingue est totalement responsable de la réussite de Tembec.

Je ne peux m'empêcher de faire ici un parallèle avec le coup de pied qu'a subi l'usine de papier Gaspésia, à Chandler (en Gaspésie). Je sais que les circonstances sont bien différentes. Mais il s'agit d'un changement brusque qui fait mal, et même très mal ! Malgré la souffrance, les gens de Chandler doivent se prendre en main comme l'ont fait jadis ceux du Témiscamingue. Il faut qu'ils regardent en avant. Hier est fini ! Pourtant, on tente de régler une faillite, et ce, à temps plein ! Mais on démarre quoi à la place ? Les employés vont faire quoi pour dire que ce moulin leur appartient, qu'il fait partie de Chandler ?

C'est vrai, le changement vient de plus en plus vite. Il y a ce petit dicton qui m'a toujours sauvé dans les périodes difficiles : « Quand tu fais face à un train, la meilleure chose à faire, c'est de changer de voie ! » Malheureusement, je crois que dans le cas de la Gaspésia, le train est là bien en face et on oublie de changer de voie !

PRENDRE UN **RISQUE**

Il est toutefois évident que le changement nous force à laisser tomber notre sécurité, car changer veut dire explorer des territoires inconnus, ce qui implique prendre des risques. « Risque » est un mot dangereux ! Lors de son premier voyage en Pologne comme pape, Jean Paul II prenait un grand risque parce qu'il était un pape catholique dans une ville communiste. Bref, il n'était certainement pas le bienvenu ! Et, malgré tout, il a dit aux catholiques polonais : « N'ayez pas peur. Changez la face du monde. » Pourquoi ? Parce que les gens qui l'écoutaient savaient que sa visite représentait un tournant majeur. En général, les gens ont peur des risques. On a peur d'embarquer et de sauter dans l'inconnu.

Voici la réflexion d'un romancier anglais, Charles Dickens, qui raconte exactement comment de tout petits risques dans la vie courante nous aident à en prendre de plus grands le moment venu.

Sourire, c'est prendre le risque de paraître ridicule.

Je me demande toujours pourquoi les gens ont si peur de sourire. Par exemple, pourquoi la caissière à la banque ou à la caisse populaire ne pourrait pas sourire en voyant le dépôt que vous lui présentez en disant : « C'est un beau gros dépôt, cela ! », au lieu d'avoir un air indifférent ? J'ai dit caissière à la banque, mais cela vaut pour toutes les transactions effectuées dans le commerce de détail, pour toutes les communications avec les organismes publics, etc.

Pleurer, c'est prendre le risque de paraître sentimental.

Encore là, pourquoi ne pas prendre le risque de montrer sa tristesse ? Un soir, après une conférence, une dame d'un certain âge s'approche de moi. Elle me prend les deux mains dans les siennes, pendant que deux grosses larmes coulent de ses yeux qui me fixent avec joie ! Elle repart sans avoir dit un mot. Elle a pleuré, c'est tout ! Je ne saurai jamais ce que ces larmes voulaient dire. Mais pour moi, elles étaient un magnifique cadeau qui me disait merci !

Tendre la main vers l'autre, c'est prendre le risque de s'impliquer.

Combien de fois on nous enjoint d'être absolument objectif avec les employés, surtout de ne pas laisser les sentiments prendre le dessus. D'ailleurs, il est préférable de laisser ses problèmes personnels à la maison. On dit aux employés de l'entreprise : « Quand tu arrives au bureau à 9 heures, tu oublies tous tes problèmes de divorce ; tu les reprends à 17 heures quand tu quittes. » Voyons donc ! La vie, c'est un tout. On ne peut pas oublier un enfant malade même si on travaille en comptabilité dans une grande institution. Il est là, au centre de toutes nos pensées !

Faire voir ses sentiments, c'est prendre le risque de montrer son véritable soi.

J'ai toujours l'impression que la majorité des Québécois, et peut-être bien la majorité des humains, doivent exceller au poker parce qu'ils ne laissent pas paraître leurs sentiments facilement. On a tous des jardins secrets, d'accord ! Mais certains me semblent exagérément grands ! Un jour, le premier ministre du Québec s'est présenté devant les caméras de la télévision pour livrer un discours à la nation. Pendant toute son intervention, aucun sentiment n'a paru sur les traits de son visage ! C'était d'une tristesse… à faire pleurer ! Seul un ordinateur peut reproduire une telle absence d'émotion humaine ! Pourquoi ne pas prendre le risque de dire : « Bon Dieu que la situation est difficile. Il faut s'armer de patience, mais on va y arriver, c'est assuré ! Croyez-moi ! »

Étaler ses idées et ses rêves devant la foule, c'est risquer de les perdre.

À la dernière réunion au bureau, avez-vous osé dire ce que vous pensez ? Vous n'avez rien dit ! Parce qu'il y a deux ans vous aviez livré le fond de votre pensée au sujet de l'organisation de votre service. L'expérience avait été terrible. Vous aviez mangé tout un plat de reproches ! Depuis ce temps-là, vous ne dites plus un mot à ces réunions. Et on se la ferme et on attend que cela finisse ! Mais on oublie alors que si on se tait, à quoi ressemblera la démocratie de demain ? Où aboutirons-nous ? Comment nos jeunes apprendront-ils à dire clairement ce qu'ils pensent si nous nous n'osons pas le dire nous-mêmes ?

Aimer, c'est risquer de ne pas être aimé en retour.

Dieu sait qu'il y a un risque à aimer… Il y a 52 ans, Céline et moi unissions nos vies dans une église. C'était un contrat, c'était un engagement. Prend-on maintenant des engagements comme ceux-là de nos jours ? On a, au contraire, une peur bleue de l'engagement ! On se défend en disant : « Qu'est-ce que cela change, engagé ou pas ? » Il y avait autrefois une expression populaire de trois mots, « tomber en amour ». Est-ce qu'aujourd'hui on « tombe en amour » ? On ne peut pas « tomber en amour » avec des plans, comme je l'expliquais dans le chapitre précédent. D'abord, on « tombe en amour », ensuite on s'accroche, puis on s'organise pour que cela fonctionne. Remarquez que je ne voudrais pas paraître intransigeant. Je comprends qu'il y a des mariages qui ne réussissent pas et qui doivent être défaits et refaits. Mais n'est-il pas trop facile d'abdiquer au premier vent contraire, à la première difficulté, à la première divergence d'opinion ?

Vivre, c'est risquer de mourir.

Je ne le sais que trop bien depuis la maladie de Céline, en 1985. Mais la vie se fait un jour à la fois, et vivre à 300 % n'empêche pas d'ignorer qu'un jour il y aura une fin.

Espérer, c'est risquer le désespoir.

Pourquoi rêve-t-on si petit ? Vous vous rappelez le bateau que vous auriez un jour ? Il y a quatre ans, vous avez hésité ! Puis, vous avez opté pour une chaloupe ?! Une *verchère* ! Pourquoi ? Parce que c'est beaucoup plus pratique ; cela se range plus facilement dans le garage ; cela ne coûte pas cher d'assurances ! Tandis qu'un gros bateau, c'est tellement de problèmes ! Et surtout que la saison pour en faire est si courte au Québec ! Bref, on trouve mille excuses pour rapetisser nos rêves comme peau de chagrin...

Essayer, c'est risquer la faillite.

Quand tout s'est écroulé dans ma vie d'affaires, quand je suis entré à la maison avec mes boîtes, mon cœur en morceaux, quelqu'un avait dit à ma femme : « Mon mari n'aurait jamais fait une telle bêtise et n'aurait jamais perdu des millions de dollars ainsi ! » Ce à quoi ma femme avait répondu : « Vous avez parfaitement raison. Votre mari ne perdra jamais des millions de dollars pour la simple et unique raison qu'il ne fera jamais des millions ! »

Mais les risques doivent être courus parce que le plus grand hasard dans la vie, c'est de ne rien risquer.
La personne qui ne risque rien ne fait rien, n'a rien, n'est rien.

La question à se poser, à ce moment : au cours de l'année, combien de risques ai-je courus ? Si vous n'avez rien risqué et si, au contraire, vous avez misé uniquement sur ce qui est certain dans votre vie, rappelez-vous que la personne qui ne risque rien ne fait rien, n'a rien et n'est rien. La conséquence très grave de cette absence de risque, c'est qu'on entraîne nos enfants à agir de la même façon. On les prive de la chance de se mettre les pieds dans les plats et, du même coup, on les prive de pouvoir courir des risques. Quelqu'un peut éviter la souffrance et le chagrin, mais il ne peut alors apprendre à ressentir, à changer, à grandir, à aimer, à vivre. Nous sommes les premiers à ne pas vouloir souffrir et nous oublions que les coups de pied dans la vie, ce sont eux qui nous font avancer, que les taloches nous font réaliser qu'on vient de commettre une erreur, que tout cela nous permet de changer, de grandir, d'aimer et de vivre. Combien de fois a-t-on voulu éviter à nos enfants les coups de pied ? Mais alors, est-ce que l'on ne les a pas empêchés de vivre ?

Enchaînés par les certitudes, l'humain est un esclave qui a renoncé à la liberté.

Nous, les parents, les adultes, qui sommes enchaînés par nos certitudes, nous prétendons encore tout savoir. Pire encore, lorsqu'on arrive à un certain âge, pour ne pas dire à un âge certain, on a la certitude que ce n'était pas vrai qu'on savait tout, qu'on avait toutes les réponses. Car, comme se termine la réflexion :

Seul l'humain qui risque est vraiment libre.

Est-ce qu'on le dit souvent aux humains que la liberté, c'est le risque, c'est essayer, que la liberté n'est pas de suivre le règlement, mais d'aller plus loin que le règlement ?

Quel beau poème qui nous parle de l'avenir, de chercher le nouveau, de ne pas craindre le risque, d'oser faire encore mieux ! C'est le risque d'être *politiquement incorrect*.

* * *

Michel Viens, en parlant de nos résolutions du Nouvel An, écrivait dans *Le Devoir* du 12 janvier 2004 un article joliment intitulé «Le goût de l'avenir». En voici quelques lignes:

> «Il est encore temps de prendre des résolutions pour 2004, et je vous en soumets une qui change des promesses de faire plus d'exercice et de cesser de fumer. Elle m'est inspirée par l'écrivain français Jean-Claude Guillebaud qui nous propose de retrouver, comme l'indique le titre de son dernier ouvrage, le goût de l'avenir.

> «Avoir le goût de l'avenir, c'est vouloir gouverner celui-ci, écrit-il. C'est refuser qu'il soit livré aux lois du hasard, abandonné à la fatalité ou, pire encore, à la domination des puissants, aux logiques mécaniques, au déterminisme technologique ou aux lois du marché. C'est être habité par l'idée du lendemain à construire et renoncer au renoncement contemporain. C'est rejeter la dictature du présent. C'est réapprendre à dire non et mettre en pratique le beau slogan des altermondialistes: "Un autre monde est possible."

> «Une certaine gaieté nous fait défaut, selon Guillebaud. La joie véritable que nous avons perdue, c'est celle de l'aube, des printemps, du lilas, des projets. Il nous presse également de redécouvrir les colères véritables, celles qui engagent.»

Avoir le goût de l'avenir, oui! Mais j'ajouterais avoir le goût de son avenir qui est forcément différent de celui de l'autre, avoir le goût de faire – en prenant un grand risque – *sa* différence.

HOMMAGE AUX **GENS FOUS**

Si j'avais à laisser à mes enfants et petits-enfants un texte pour les exhorter à créer leur avenir et ainsi refaire le monde, ce serait celui qui suit. Il s'agit d'une annonce publicitaire que j'ai vue sur un écran en Floride, aux États-Unis, il y a quelque cinq ans. Sur l'écran, on voyait les photos de grands hommes et de grandes femmes, tels Nelson Mandela, Albert Einstein, Pablo Picasso, mère Teresa, et on entendait une voix réciter, en anglais, évidemment : *To the crazy ones.* J'ai traduit le poème sous le titre *Hommage aux gens fous* :

> *Hommage aux gens fous !*
> *Aux illuminés !*
> *Aux rebelles !*
> *Aux agitateurs !*
> *Aux originaux !*
> *Hommage à ceux qui pensent différemment !*
> *Ils ne sont pas friands de règles et n'ont aucun respect pour le statu quo !*
> *On peut les vanter ou ne pas être d'accord.*
> *On peut les citer ou ne pas les croire.*
> *On peut chanter leurs louanges ou les dénigrer.*
> *Jamais on ne pourra les ignorer !*
> *Parce qu'ils changent les choses !*

Pensons, ici, à ces gens qu'on a côtoyés, avec qui on a discuté, avec lesquels on n'était pas toujours d'accord. Pensons à ces gens avec qui on a dû parfois lever la voix tellement nos opinions divergeaient. Ils étaient tellement différents de nous. Pourtant, on ne pouvait les ignorer. Quelques noms me viennent à l'esprit comme le sympathique Michel Chartrand. On ne pouvait pas toujours être d'accord avec tout ce qu'il disait et pensait, mais chose certaine, on ne pouvait pas l'ignorer. Je pense aussi à des gens aussi vrais et authentiques que Gilles Kègle, cet infirmier de Québec dont j'ai parlé au chapitre 2, qui, avec ses associés, visite les malades et totalise au-delà d'un million de visites par année ! On peut ne pas être d'accord avec leur façon de faire, mais on ne peut pas ignorer des gens comme eux. Pourquoi ? Parce qu'ils changent les choses. Ils ont le goût de l'avenir ! Et comment le font-ils ?

Ils inventent. Ils imaginent. Ils guérissent.
Ils explorent. Ils créent. Ils inspirent.
Ils poussent le genre humain à aller plus loin, à se dépasser!

Ils nous disent d'embarquer! Ils nous disent de prendre un risque, d'essayer!

Peut-être faut-il qu'ils soient fous!
Car comment peut-on fixer une toile vierge et y voir une œuvre d'art?

Visitez un musée uniquement pour apprécier le génie qu'il faut pour être en mesure d'imaginer sur une toile vierge le vol des oies blanches du peintre Riopelle.

Comment, assis en silence, entendre un air qui n'a jamais été écrit?

Pensez à Jean-Pierre Ferland qui est dans une petite chambre à Paris en 1968. Il fait froid, c'est l'hiver. Et dans sa tête, lui vient tout à coup l'air d'une chanson: *Fais du feu dans la cheminée, je reviens chez nous!*

Ou encore fixer dans l'espace une planète rouge et y voir un laboratoire sur roues?

Pensez à Mme Julie Payette, devenue astronaute, qui, tandis qu'elle étudiait à la polyvalente, rêvait de partir pour un long voyage dans l'espace! Des gens ordinaires faisant des choses extraordinaires!

Nous faisons des outils pour ce genre de personnes!
Pendant que certains les prennent pour des fous,
Nous voyons là du génie!
Parce que ceux qui sont assez fous pour penser qu'ils peuvent changer le monde sont ceux qui le changent!

Certainement la phrase la plus importante de tout le texte, celle qui nous dit que si on veut changer le monde, on peut le faire, mais cela commence par nous. Nous devons prendre le risque de ne pas être comme tout le monde !

Pensez différemment !

Ce texte résume bien le fait d'être *politiquement incorrect*. Et tous, nous avons tous les jours 86 400 secondes pour faire cette différence. Aucune de ces secondes ne peut être mise à la banque. Une fois passées, elles sont disparues. Est-ce qu'on capitalise sur ces 86 400 secondes pour changer le monde, pour le mettre à notre main ?

C'est probablement le point de départ de toute ma réflexion.

Un soir, j'étais dans cette belle petite ville d'Alexandria, en Ontario. Je donnais ma conférence dans une école bilingue, comme il en existe plusieurs dans cette province. Dans la classe où je me détendais en attendant le début de cette soirée, j'ai remarqué une grande banderole attachée au-dessus du tableau, à l'avant. On pouvait y lire ce qui suit : « *Success in life is not measured by how much you make, but rather by how much of a difference you make.* » (Le succès dans la vie n'est pas fonction de combien tu as fait ou gagné, mais plutôt de combien grande est la différence que tu as faite.)

Voici ce que je voudrais laisser à ces jeunes qui me suivent. Je voudrais leur laisser la liberté d'être des humains à part entière et différents qui savent éviter la trop grande rigidité des plans pour laisser place à leur intuition propre, qui savent ne pas chercher inutilement la permanence, mais embrasser le changement comme une chance inespérée de refaire leur monde, qui savent cesser de courir après la sécurité et prendre le risque d'être eux-mêmes.

Pour cela, il faut risquer, même sur le plan des valeurs, car il y a des valeurs « à risque » et des valeurs « sûres » ! C'est là le propos du prochain chapitre.

Chapitre 6

LES **VALEURS**

*La main qui donne est toujours au-dessus
de la main qui reçoit.*

Proverbe africain

Le verbe aimer ne souffre pas l'impératif.

Daniel Pennac

Trois éléments sont nécessaires à celui qui voudrait laisser la trace de son passage sur cette terre. Et ces éléments doivent être présents simultanément, faute de quoi on n'aura jamais le bonheur de s'être senti utile et apprécié durant sa vie. Très souvent, on n'en retrouve qu'un ou deux, mais plus rarement trouve-t-on les trois réunis.

L'un des éléments, c'est la *compétence*, le deuxième, le *rêve* ou la *vision* et le troisième, les *valeurs*. Quand ces trois éléments sont réunis, alors l'œuvre réalisée est durable et valable. Mais le plus important de cette démarche, c'est qu'elle est le fruit d'un homme heureux parce que ces trois éléments sont source de bonheur et de sérénité.

Quand vous n'avez que la *compétence* – malheureusement, l'école semble valoriser seulement cela –, la conséquence est qu'on forme beaucoup de technocrates qui ne pensent qu'en fonction de leur science sans avoir une *vision* ni les *valeurs* nécessaires pour y arriver. On rencontre souvent des gens très compétents, mais qui, comme on l'a constaté dans le scandaleux dossier des commandites, n'ont pas de *vision* ni, surtout, de *valeurs*!

Le deuxième élément, c'est le *rêve*, la *vision*. Il faut évidemment des rêves à l'adolescence parce qu'à cet âge, on est à refaire l'Univers. Mais le danger, c'est de devenir démagogue, c'est-à-dire vivre enfermé dans son imaginaire. À cause de leurs rêves, beaucoup de jeunes voulant faire un monde différent qui éviterait les excès du capitalisme sauvage sont devenus marxistes-léninistes. Ce qui leur a manqué, c'est la *compétence*, les connaissances et la pratique qui leur viendront éventuellement grâce à leurs études et aussi aux *valeurs* qui ne sont pas encore parfaitement ancrées en eux. Un exemple parmi tant d'autres, le chef du Bloc québécois à Ottawa, M. Gilles Duceppe, était marxiste-léniniste pendant ses années d'études à l'université. Il avait le *rêve* d'aider les plus démunis de la société. Mais toute la *compétence* nécessaire pour comprendre et certaines *valeurs* pour le guider – dont celle de la démocratie – étaient absentes. Il a acquis par la suite ces deux éléments qui lui manquaient.

Le troisième élément pour qu'une société soit harmonieuse, pour qu'un homme ou une femme puisse laisser une trace de son passage ici-bas, ce sont les *valeurs*. Ces dernières nous sont transmises par l'éducation, par l'exemple de nos parents, de certains mentors, de grands hommes ou de grandes femmes. Ils sont la base des deux premiers éléments. Sans ces *valeurs*, un homme *compétent* avec un *rêve* grand comme le monde devient un idéologue. N'ayant pas de valeurs, tout ce qui est important à ses yeux, ce sont les idées. C'est de là que vient le proverbe «La fin justifie les moyens», la fin étant le rêve qu'on veut réaliser à tout prix et on prend les moyens pour y parvenir, car on possède toutes les compétences nécessaires. Mais ce qui nous empêche d'aller trop loin, ce sont les valeurs qui nous disent, par exemple : «Tu n'as pas le droit de prendre indûment ce qui ne t'appartient pas ! Tu n'as pas le droit, sous prétexte de faire des affaires, de surcharger, de créer de fausses factures ! Tu n'as pas le droit de faire des sous en rendant des jeunes gens esclaves.»

La guerre en Irak en est un bon exemple. Dans cette guerre, il y avait certes le rêve : la démocratie ! Il y avait aussi la compétence, mais les valeurs ont manqué. D'où les mensonges, les fausses alertes générales véhiculées dans les médias, les niveaux d'alerte jaune et orange sans justification valable, les insinuations qui sapent la crédibilité, etc.

Il faut, ici, mettre tout cela en perspective au début de ce chapitre consacré aux valeurs véritables, le troisième élément ! Il y en a qui sont essentielles. Elles comportent le risque d'être *politiquement incorrectes*, mais elles sont sûres ! Puis, il y a celles qui n'impliquent aucun risque, mais qui pourraient parfois correspondre à des comportements purement égocentriques.

Nous traiterons de ces types de valeurs en les opposant les unes aux autres. On se rappellera cependant que ces valeurs à risque sont celles qui exigent le plus d'efforts et de courage. Il faut agir malgré l'incertitude : c'est là le risque dont je parlais au chapitre précédent. Il faut toujours oser pour faire sa place au soleil ; cela exige le courage de foncer et de faire différemment.

Je suis tombé, un jour, sur un extrait d'un discours prononcé par un homme d'État américain qui a livré sa pensée sur le risque.

«Certains prétendent que notre présence en ce monde n'est due qu'au hasard et que nous ne sommes qu'un jalon dans l'évolution des espèces. D'autres clament que nos vies sont prédestinées par une volonté divine. Je ne peux me résoudre à accepter l'une ou l'autre de ces théories parce qu'elles s'appuient sur la fausse prémisse que nous n'avons aucun contrôle sur notre destin. À moins d'avoir une raison de vivre, une personne meurt – d'abord mentalement, puis physiquement. La satisfaction personnelle ne suffit pas comme raison de vivre. Seule une vie tournée vers les autres mérite d'être vécue. Nous ne pouvons avoir une vie remplie à moins d'avoir un but ultime plus grand que nous-mêmes. Bien sûr, nous ne pouvons pas tous aspirer à devenir de grands philosophes, savants, hommes d'État ou personnalités du monde des affaires. Mais nous devons toujours chercher à nous élever et à sortir de nous-mêmes pour réaliser notre plein potentiel. Quelques-unes des vies parmi les plus héroïques sont vécues par ceux et celles qui font face au drame, à l'adversité et aux corvées du quotidien de la vie et qui les transcendent. C'est une erreur de croire qu'on peut un jour atteindre la perfection. Mais c'est une plus grande erreur encore de renoncer à y aspirer. Ni le succès ni l'échec ne sont possibles sans risque. Comme saint Thomas d'Aquin l'a fait remarquer un jour : "Si le but principal d'un capitaine était de préserver son navire, il le garderait toujours amarré au port[39]." »

Cela est tiré d'un discours présenté par le président des États-Unis, en 1974. Il s'agit de M. Richard Nixon qui, malgré tout le scandale du Watergate, son éventuel *impeachment* et sa démission forcée de la présidence, avait compris toute l'importance de prendre un risque, d'essayer quelque chose. Il lui manquait le troisième élément : les valeurs... particulièrement les valeurs à risque !

LA **CHANCE**

Certaines personnes me reprochent ma trop grande naïveté ! Elles me disent que le monde n'est pas comme je le vois à travers mes lunettes roses, que ce qui compte, c'est de prendre soin de soi d'abord et avant tout. Pourtant, que diriez-vous de ce publiciste qui prend le risque de prôner une des valeurs à

---

39. Richard Milhous Nixon, 37ᵉ président des États-Unis, 1913-1994.

risque dont on traitera plus loin dans ce chapitre. Cet homme a créé une nouvelle approche qu'il a expliquée dans son livre intitulé *Lovemarks: The Future Beyond Brands*[40]. En effet, selon lui, seul l'amour inconditionnel du consommateur peut sauver les marques mondiales. Et cet amour, les entreprises doivent s'en servir pour remplir leur devoir, à savoir travailler à édifier un monde meilleur.

Cet homme s'appelle Kevin Roberts, l'homme à la tête d'une compagnie extraordinaire, Saatchi & Saatchi. En effet, il dirige cette agence de publicité fondée à Londres en 1970 et qui compte à l'heure actuelle 7000 employés répartis dans 138 bureaux dans 82 pays. Son chiffre d'affaires dépasse les milliards de dollars et son entreprise est considérée comme l'agence de publicité numéro un dans 11 pays, dont la Chine, l'Angleterre et la Nouvelle-Zélande. Elle compte parmi ses clients 50 des 100 premières marques mondiales. Il a donc raison de vouloir sauver les plus grandes marques de commerce. Cette entreprise tentaculaire détient, entre autres, l'agence BCP, à Montréal.

Dans une entrevue qu'il accordait à *La Presse* du 29 janvier 2005, Kevin Roberts révélait que sa vie était jalonnée d'une suite de points tournants, d'angles droits et peut-être même de coups de pied qui l'ont fait avancer : « J'ai d'abord été un gestionnaire, puis un leader et, finalement, ce que j'appelle un *inspirational player*, c'est-à-dire quelqu'un qui doit motiver et inspirer ceux qui l'entourent, pas seulement les diriger. »

Et pour inspirer les gens ici, les trois éléments abordés sont nécessaires : la *compétence*, la *vision* et des *valeurs*. Il ajoute au sujet de son travail : « [...] pas question d'avoir des jours sans présence ; il faut en permanence donner de l'énergie et de l'inspiration, sinon j'ai échoué. »

---

40. Kevin Roberts, *Lovemarks: The Future Beyond Brands*, New York, PowerHouse Books, 2004, 224 p.

Il insiste sur le fait que les trois éléments doivent être mis de l'avant tous les jours ! Interrogé sur les ingrédients qui, selon lui, étaient nécessaires pour inspirer un groupe, Kevin Roberts parle de ceux dont on parle souvent, mais sans en donner de définitions aussi précises : « Premièrement, la chance ! Quelqu'un m'a déjà dit : "La chance, c'est quand la préparation rencontre une occasion." J'ai toujours été préparé à saisir ma chance, mais sans la chance, mon travail n'aurait servi à rien.

« Deuxièmement, l'exigence : ne jamais s'asseoir sur ses lauriers et ne pas se contenter d'être meilleur que la concurrence, mais se fixer ses propres barèmes.

« Troisièmement : ne jamais abandonner. Si le plan A ne fonctionne pas, souvenez-vous que le plan C est moins évident mais meilleur : il vous mènera là où vous voulez. »

Il nous dit de nous préparer, même si on n'est pas absolument certain du futur, d'oser exiger davantage, d'avoir une vision du service à rendre encore plus parfaite et, enfin, de changer de voie quand un train approche et passer à un autre plan. Il ajoute au sujet de l'opinion des autres : « [...] On devrait se fier davantage à ses intuitions profondes. J'ai remarqué qu'en général le plan B est meilleur que le plan A, trop rationnel et trop prévisible. Mieux : si le plan B ne fonctionne pas, le plan C s'avère de loin le meilleur car c'est celui qui vous aura poussé dans vos derniers retranchements et vous aura forcé à être créatif[41]. »

Cet homme a su sortir du rang et prouver que l'on peut faire les choses différemment. Mais il lui a fallu les trois éléments essentiels : la compétence, la vision, mais surtout, les valeurs !

---

41. Emmanuelle Garnaud, « Donnez et vous recevrez », *La Presse*, 29 janvier 2005.

LE **RESPECT**

J'ai retenu quatre valeurs qui, à mon avis, sont absolument nécessaires pour appuyer une grande compétence que nous pouvons tous atteindre et une vision à la grandeur de nos rêves les plus fous. L'ordre dans lequel je les explique n'a aucune importance. Elles sont toutes à risque et toutes aussi importantes les unes que les autres.

Le respect, voilà bien une des premières valeurs à risque dans une société comme la nôtre où on tente de développer, à l'opposé, l'arrogance, la lutte pour le pouvoir, etc.

Par respect, je n'entends pas exclusivement le respect pour l'humain, mais également le respect pour les choses. J'avais lu jadis dans une biographie de Gandhi que cet homme écrivait toujours avec des bouts de crayon. Un jour, quelqu'un lui a dit : « Jetez donc ce petit bout de crayon. Je vais vous en donner un tout neuf. »

Gandhi a répondu : « Non. Ce petit bout de crayon que je tiens entre mes doigts est l'œuvre de quelqu'un et si je veux respecter ce quelqu'un-là, je dois respecter son œuvre. Aussi, pas question que je jette ce bout de crayon. Je vais m'en servir jusqu'à ce qu'il ait rempli totalement son rôle, sa raison d'être ! »

Sans pousser aussi loin, on ne respecte pas assez le travail et la qualité du travail des gens. Notre société est très axée sur la quantité de choses à produire, mais elle oublie souvent que si la quantité est valable, la qualité l'est tout autant, sinon plus.

Quand Kevin Roberts, que j'ai cité précédemment, a été placé à la tête de la firme *Saatchi & Saatchi* en 1997, celle-ci était moribonde, au bord de la faillite. Évidemment, il y a eu autour de lui plein de gens pour lui donner des conseils pour sauver l'entreprise : congédiement de personnel, fermeture de bureaux, restructuration, réingénierie, etc.

M. Roberts, lui, est allé à contre-courant et à tous, il a répliqué[42] : «J'ai décidé que nous allions nous concentrer exclusivement sur la qualité de notre travail, la qualité de nos publicités. Tout le monde me donnait des conseils contradictoires : se concentrer sur les clients, recruter des talents nouveaux, restructurer la dette, donner plus de place à la gestion...

«J'ai préféré revenir à la base, au travail. Si nous redevenions l'agence la plus *hot*, à force d'efforts, il me semblait évident que les clients reviendraient et que les affaires iraient mieux. [...] Actionnaires, banquiers, personne n'y croyait. [...] Les gens d'affaires disent souvent qu'il faut suivre l'argent, je crois le contraire : travaillez, excellez, l'argent vous suivra.»

C'est le sens large de ce mot «respect» qui nous intéresse ici. Quand on discute qualité, trop de gens se fient encore à des concepts mathématiques, comme en fait foi leur langage : «Notre taux de qualité est extraordinaire : nous sommes à 92,7 % de perfection ; seulement 7,3% de notre production est mauvaise.» Quelle façon de se contenter et de ne pas respecter les clients !

On ne semble pas se préoccuper de ce qui arrive du 7,3 % manquant et qui peut causer des inconvénients graves. Y a-t-il moyen de l'éliminer ? Je sais que la perfection n'est pas de ce monde, mais il faut tout de même y tendre, comme le mentionnait M. Roberts.

99,9 % DE **PERFECTION**

Il y a quelques années, un chroniqueur dans une revue spécialisée se demandait si 99,9 % de perfection suffisait. On

---

42. Emmanuelle Garnaud, «Donnez et vous recevrez», *La Presse*, 29 janvier 2005.

avait fait sortir des statistiques. Il faut d'abord avouer qu'un standard de qualité de 99,9 %, c'est la quasi-perfection !

Voici ce qu'avaient révélé ces statistiques : si on fonctionnait à 99,9 % d'efficacité ou de perfection, il y aurait deux atterrissages manqués à l'aéroport international de Chicago... tous les jours ! Cela signifie qu'à cet aéroport parmi les plus achalandés du monde, on opère à un taux d'efficacité qui dépasse les 99,9 % !

Et vous me dites qu'il est impossible de produire un appareil téléphonique qui ne se brise pas après un an d'usage ! Pourtant, au moment du bris, on me conseille comme client de le jeter à la poubelle et d'en acheter un tout neuf : ce n'est pas réparable !

Dans un autre secteur d'activité, si on fonctionnait à 99,9 %, il y aurait 20 000 ordonnances thérapeutiques incorrectes par année, 50 nouveau-nés seraient échappés tous les jours par des médecins. N'est-ce pas affolant ?

Et encore, si votre propre cœur fonctionnait avec une efficacité de 99,9 %, il vous arriverait un petit AVC ; votre cœur, alors, pourrait vous dire, à la suite de vos remontrances quant à sa qualité de fonctionnement : « Il ne me manque que 0,1 % pour être efficace à 100 % ? Ce n'est pas grave... Énerve-toi pas. Écoute... après tout, je travaille 24 heures par jour depuis 60 ans, c'est normal ! » Donc, si votre cœur fonctionnait à 99,9 %, chaque année, il *manquerait* 32 000 battements. En d'autres mots, à tout instant, vous souffririez d'arythmie cardiaque ! Pourtant, on fabrique des outils, des voitures qui font régulièrement défaut. Respecte-t-on la qualité ?

On n'insiste pas assez auprès des jeunes sur l'importance du souci de la perfection. Jadis, un dicton était répété souvent dans toutes les écoles : « Ce qui mérite d'être fait mérite d'être bien fait. »

LE **RESPECT** ET LA **TOLÉRANCE**

Mais il y a aussi le respect encore plus important des personnes. Ce respect qui nous dicte de reconnaître et de valoriser la différence. On doit pouvoir admettre que celui qui se tient en face de moi est différent et que cela est une valeur certaine. Il faut donc admettre qu'un adolescent de 14 ans qui discute avec sa mère quadragénaire a une valeur, une différence et qu'il voit la vie avec ses 14 ans de façon tout à fait différente de sa maman. Il a droit lui aussi au respect !

Mais, selon cette même valeur, l'éducateur devra apprendre aux jeunes le respect, ce que les écoles négligent malheureusement. Il y certes le respect des casiers, de la propreté, d'un cahier, d'une feuille de papier, de l'équipement, du mobilier. Mais il y a aussi le respect du voisin et toutes ses formes qui traduisent notre volonté de voir l'autre comme un humain différent. Il s'agit là d'une des plus grandes valeurs d'une société : la capacité d'admettre que l'autre vit, qu'il existe et qu'il a droit à son espace vital...

Il est recommandé de prendre sa place au soleil, mais il faut laisser la place à l'autre. Mais attention ! Il ne faut pas confondre respect et tolérance. Il n'est pas question de *tolérer*, car tolérer veut dire dans ce cas précis *endurer*. On endure quelqu'un, mais alors on est loin de le respecter. On va le tolérer, dans le sens de l'anglicisme populaire « on va le *tougher* ». Ce n'est pas du respect ; au contraire, le véritable respect, c'est vouloir découvrir la différence de l'autre et même aller jusqu'à la rechercher !

On ne s'aventure malheureusement pas beaucoup dans cette direction. Elle nous fait peur. Pourtant, manifester le respect de la personne en face, c'est lui donner toute son attention en l'écoutant.

ÉCOUTER

Écouter, c'est vraiment respecter. Mais on n'écoute pas beaucoup. On préfère parler.

Quand je suis en voyage à l'étranger, j'ai pour habitude, le soir venu, de ne pas quitter ma chambre. J'aurai acheté dans la journée les journaux de la ville ou de la région que je visite et je prêterai une attention particulière au courrier du lecteur. Il y a plusieurs années, alors que j'étais dans ma chambre d'hôtel à Chicago, j'ai lu dans le *Chicago Tribune* cette lettre écrite par un prisonnier qui devait être libéré dans les mois suivants et qui remerciait ses parents de leur invitation à refaire sa vie chez eux dès sa sortie.

Voici la traduction de cette lettre :

« Chers parents,

« Merci pour tout, mais je pars pour Chicago pour bâtir une vie nouvelle.

« Vous vous demandez pourquoi j'ai fait ces choses qui vous ont causé tant de problèmes ; pour moi la réponse est facile, mais je me demande si vous allez la comprendre. Vous rappelez-vous quand j'étais petit et que je voulais que vous m'écoutiez : vous n'aviez jamais le temps. Oh ! j'étais très heureux avec toutes les belles choses que vous me donniez à Noël et pour ma fête, heureux pour une semaine environ. Mais le reste de l'année, je ne voulais pas de cadeaux, je voulais toute votre attention pour que vous m'écoutiez comme une personne qui ressent quelque chose. Mais vous étiez toujours trop occupés. »

C'est cela, le respect : on est toujours trop occupé pour porter attention à l'autre. C'est ce que le jeune homme écrit dans sa lettre…

« Maman, tu étais un merveilleux cordon-bleu et tu voulais tellement garder les choses bien propres et bien rangées à la maison que ça te rendait toujours trop fatiguée. Mais veux-tu savoir, j'aurais préféré des rôties et du beurre d'arachide si tu t'étais assise avec moi et m'avais dit : "Viens, raconte un peu pour voir, et peut-être que je pourrai t'aider à comprendre." »

Cette invitation signifie en clair : « Sors de toute cette hiérarchie, de toute cette lutte de pouvoir qu'on voit partout autour... » Ne pourrait-on pas aller à la brasserie ou au café du coin pour discuter du problème ?

Poursuivons la lecture de la lettre du prisonnier :

« Et quand ma sœur Louise est venue au monde, je ne pouvais comprendre pourquoi les gens faisaient tant d'éclat à son sujet. Je savais que ce n'était pas de sa faute si ses cheveux étaient si frisés, ses dents si blanches et qu'elle n'était pas obligée de porter des lunettes avec des verres si épais. Ses notes étaient meilleures que les miennes à l'école, n'est-ce pas ? Maman ! Si jamais Louise a des enfants, j'espère que tu lui diras de porter attention à celui qui ne rit pas très souvent, car souvent, ce dernier pleure à l'intérieur ; et quand elle se préparera, comme tu le faisais si bien, à faire cuire six ou sept douzaines de petits gâteaux, conseille-lui de se demander avant si un enfant ne veut pas lui raconter un projet, un rêve... car des enfants, cela pense aussi, même s'ils n'ont pas tous les mots pour le dire. »

Ici encore, le prisonnier souligne un manque de respect, celui de s'attacher à la lettre, au vocabulaire des gens, à l'orthographe d'une lettre qui nous vient de quelqu'un. À s'attacher à ce point au détail, on oublie le pourquoi de la missive. C'est ce que le proverbe chinois disait si bien : « Quand un doigt pointe à la lune, l'imbécile regarde le doigt. » Continuons la lecture...

« Si vous, mes parents, m'aviez dit : "Excuse" en m'interrompant, je serais tombé mort d'étonnement. »

Combien de fois dit-on à un enfant « Excuse » ?

« Maman, papa, si jamais quelqu'un vous demande où je suis, dites-lui que je suis parti à la recherche de quelqu'un qui a le temps, car il y a beaucoup de choses dont je voudrais parler.

« Avec beaucoup d'amour pour tous,

Votre fils. »

Je me souviens qu'après avoir lu cette lettre, j'étais revenu à la maison en soirée et dès le lendemain au souper, je l'avais traduite verbalement à mes enfants. Je me souviens de leur avoir dit : « Je ne sais pas trop comment être père. Il y a une chose qu'on a peut-être négligé de faire, c'est essayer de respecter de façon adéquate. Et là, j'ai trop souvent oublié ! »

L'ÉDUCATION

Au moment où j'écris ces lignes, la réunion du G8 bat son plein en Écosse. On doit y parler de l'aide à apporter à cette Afrique pauvre, exploitée à outrance par notre égocentrisme qui nous apprend à nous protéger d'abord nous-mêmes avant de protéger l'autre.

Dans tout ce monde, nos gouvernements, nos organismes internationaux ont-ils compris ce qu'était le respect quand on décide de donner notre aide, de vouloir éduquer ? C'est ce qu'un groupe de paysans de l'ouest du Bengale, en Inde, ont voulu nous apprendre en nous faisant parvenir ce qui suit :

« **Éduquer**
Savoir signer son nom ne signifie rien !
Savoir lire quelques mots ne signifie rien non plus !
Nous voulons bien suivre vos cours
Si vous nous apprenez
À ne plus dépendre des autres !
Pourquoi vos enseignants se sentent-ils si supérieurs ?
Ils se comportent avec nous comme avec des imbéciles,
Ou encore des enfants.
Comprenez bien qu'un enseignant connaît peut-être
Des choses que nous ignorons.

De la même manière, nous savons des choses qu'il ignore.
Nous ne sommes pas des récipients vides ;
Nous avons un cerveau
Capable de raisonner.
Et, même si cela nous dépasse,
Nous avons aussi notre dignité.
Que ceux qui vont nous éduquer s'en rappellent ! »

Ce texte me fait penser qu'ici même au pays, notre système d'éducation mériterait peut-être les mêmes reproches ! Quel respect a-t-on pour nos adolescents qui passent de difficiles bouleversements physiques pendant que la direction impose ses règlements et ses règles sans en tenir compte ? Est-ce si important l'heure d'arrivée aux cours ?

Est-il si important de tenir des registres dans lesquels on indique tous les retards pour en arriver à faire de la mathématique : « Dans le dernier trimestre, Paul a été 17 fois en retard au cours de français... » ?

Or, Paul a la note de 96 % dans cette matière ! L'important, c'est le résultat, non ? Où est le respect ? Il n'a pas besoin d'arriver à l'heure s'il sait apprendre par lui-même !

D'accord, l'enfant a fait preuve d'un manque de respect en ne se présentant pas au tout début du cours. Mais c'est un adolescent en pleine recherche de son identité, de son indépendance ! On le bouscule et voilà qu'on est surpris qu'il commence à faire les 400 coups !

Où est le respect ?

La difficulté engendrée par ce comportement sans respect suscite souvent la formation de ces gangs de rue. C'est là, au milieu des membres du groupe, que les adolescents découvrent le respect : les uns les autres se respectent ! Bien sûr, disons qu'ils ont plutôt intérêt à être respectueux, sinon ils pourraient passer dans la moulinette ! Il n'en demeure pas moins qu'ils ont le respect les uns des autres, qu'ils font l'acquisition du sens de faire équipe. Personne n'oserait se moquer de l'autre quand il se trompe. On dit plutôt : « Viens, je vais t'aider. » Le groupe est là pour le soutenir. Pourrait-on, à l'école, apprendre à se respecter comme on le fait dans ces gangs ?

Dans *La Presse* du 28 mars 2004, M. Claude Pelletier, professeur à la retraite après 35 ans d'enseignement, résume bien ce qu'on notait au sujet du respect dans les écoles.

> « Après 35 ans, beaucoup de craies ont laissé des traces sur le tableau des nombreuses classes où j'ai désappris à enseigner et appris à faire apprendre. Durant toutes ces années auprès des étudiantes et étudiants, j'ai eu beaucoup de temps pour mieux savoir écouter et moins parler ; beaucoup de rencontres pour découvrir la richesse de leur diversité, la grandeur de leurs rêves et aussi mes limites. Finalement, je me retrouvais avec beaucoup d'espoir et moins d'hésitations pour relever ce défi éducatif très captivant et stimulant qu'est l'enseignement au collégial. »

Eh oui, il avait appris à faire apprendre, non pas à étaler son savoir ! Il avait l'attitude respectueuse : cela lui a permis d'espérer ! N'est-ce pas le point de départ du bonheur ? Et il ajoute, dans sa lettre :

> « J'ai appris la considération positive, le respect de la diversité, l'accompagnement personnalisé, des attitudes qui s'accompagnent mal d'un contexte scolaire axé sur la comparaison, la compétition et la sélection.

> « J'ai appris la beauté de la diversité : différence de couleurs, de maquillages, des casquettes ; la sagesse de leurs questionnements : pourquoi l'amour bafoué, la responsabilité négligée, l'enfance compromise ; l'exigence de leurs attentes : comment la famille ? Pourquoi la souffrance ? La sincérité de leur tendresse : la complicité engagée, l'écoute respectueuse, l'intimité partagée.

> « J'ai appris à les connaître, à les aider de mieux en mieux, à les aimer. J'ai tant appris d'eux, qu'ont-ils appris de moi ? De mon

enseignement, quelques connaissances sans doute ; des situations d'apprentissage, plusieurs questionnements surtout ; de ma présence, un respect de soi, j'espère... »

M. Pelletier a très bien saisi la valeur du *respect*, quitte à courir le risque d'être traité de marginal qui ne comprend rien aux problèmes des jeunes : au contraire, il comprend très bien !

Mais comment enseigner ou, du moins, sensibiliser les jeunes à cette valeur, si nous, les adultes, la négligeons dans toutes nos relations avec autrui ? Je me souviens d'une réunion des Chevaliers de Colomb durant laquelle on a lu une magnifique prière sur le respect. La voici :

Notre prière
« Seigneur, donne-moi la capacité de changer d'idée sur les gens ;
Rends-moi capable de ne pas juger une fois pour toutes,
Mais de leur donner une chance ;
Fais-moi découvrir qu'ils peuvent évoluer eux aussi,
Et qu'en conséquence je doive de temps en temps réajuster mon opinion ;
Rends-moi compréhensif et tolérant,
Me souvenant que je serai jugé avec la même mesure que j'aurai prise pour juger les autres. Amen. »

Avec le témoignage de ce professeur et cette prière, pourrait-on repenser au mot « respect » dans notre façon de parler aux autres ? On a souvent une attitude cavalière en disant à l'autre ce que l'on pense. « Si vous n'êtes pas satisfait de notre produit, on va vous le reprendre et vous remettre votre argent ! » Tout cela est dit sur un ton qui trahit notre impatience et notre indépendance vis-à-vis du client. On lui dit quasiment d'aller se faire voir ailleurs. Il y a un manque de respect que le client ressent très certainement.

Il y a un petit truc dont j'ai souvent parlé : avant de parler – et même après avoir ouvert la bouche –, on devrait mentalement vérifier si on peut ajouter au bout de la phrase qu'on se projette de répondre le mot « imbécile ». Si on peut le faire, c'est que la phrase manque de respect. « Si vous n'êtes pas satisfait de notre produit, on va vous le reprendre et vous remettre votre argent, imbécile ! » Le mot convient très bien ! Donc, ce type de phrase est à éviter parce qu'elle est irrespectueuse vis-à-vis de l'autre.

L'ARROGANCE

Or, quand le respect disparaît, l'arrogance s'installe ! Souvent, la personne arrogante est celle qui a peur et sa peur est telle qu'elle attaque avant d'être elle-même attaquée ! Elle fonce avant de demander des explications et d'écouter. Son principe : attaquer avant qu'on vous attaque ! On répète ces phrases assassines pour réussir à dominer l'autre. Notre société recherche de plus en plus la sécurité, surtout depuis les attaques terroristes qui ont créé ce climat de panique. Pour ne pas nous exposer au risque, nous sommes devenus arrogants.

L'arrogance est le résultat de ce jeu de pouvoir. On veut tout contrôler parce que ce serait dangereux si on devait perdre le contrôle. L'arrogance est symbolisée dans notre société par des organigrammes en forme de pyramide que l'on arbore dans beaucoup d'entreprises et d'organisations afin de bien signifier à tous qu'au sommet de la pyramide, il y a les grands patrons, soit les présidents et les vice-présidents – dans certains cas, on pourra compter 20 et même 25 vice-présidents dans la même entreprise –, et ces organigrammes s'étalent vers le bas où on ne retrouve que des chiffres. Je demande alors : « Mais où sont donc les employés dans tout cela ? » Ils ne sont jamais inclus dans l'organigramme. Ils sont toujours des anonymes représentés par des numéros, des chiffres. Il y en a 20 ici, 30 là, etc. Ce sont eux qui, toute la semaine, travaillent à produire, à vendre, à livrer, à comptabiliser.

Ces organigrammes ont malheureusement oublié quelque chose de fondamental dans une entreprise, c'est-à-dire le client qui lui aussi a complètement disparu de la pyramide. Pourtant, il est là sous tous ces différents étages, toujours écrasé sous le poids énorme des politiques de la compagnie. On a établi toutes ces politiques, toutes ces règles pour mater le client, pour l'*éduquer* comme on dit si bien, parce qu'on emploie ces termes aussi péjoratifs qui nous assurent de notre supériorité !

> « On va l'éduquer ! On va lui apprendre que les bureaux ouvrent à 9 heures le matin, parce que c'est l'heure que nous avons choisie pour ouvrir nos bureaux. Aussi, à 8 h 55, on ne répondra pas au téléphone ! Parce que si on y répond par inadvertance, les clients vont commencer à appeler à 8 h 45.

> « De même, on ferme à 17 heures, ce qui signifie qu'à 16 h 55 on ne répond plus au téléphone parce que, de toute façon, on n'aurait pas le temps de prendre la commande. On la prendra demain à compter de 9 heures... Après tout, le client n'avait qu'à s'y prendre d'avance s'il voulait recevoir sa marchandise aujourd'hui. Il a eu toute la journée – entre 9 heures et 17 heures – pour faire sa commande ! Pourquoi ne se conforme-t-il pas à notre politique d'ouverture et de fermeture ? »

On a de plus en plus d'organigrammes qui poussent dans ce sens-là, à un point tel qu'à la fin on en vient à bâtir une société dont la structure est verticale, où il y a toujours quelqu'un au-dessus de l'autre !

UN CERCLE **RÉVÉLATEUR**

On a besoin d'un supérieur comme si on ne pouvait pas agir autrement. Et lui, le patron, se sent essentiel et avec arrogance il pose son nom sur la porte de son bureau, sur ses cartes, sur la plaque à l'avant de son aire de stationnement, tout près de la porte d'entrée.

Un jour, comme je l'ai écrit dans *À la recherche de l'humain*[43], j'ai été très impressionné par l'organigramme de la compagnie Yamaha, au Japon, pendant mon séjour là-bas. On m'avait présenté cet organigramme sous la forme d'un cercle, ce qui m'avait beaucoup intrigué. D'ailleurs, j'avais fait cette remarque au vice-président qui me le présentait en lui disant que je ne pouvais pas comprendre le fonctionnement de cet organigramme circulaire parce que je ne retrouvais aucune ligne d'autorité! À qui doit s'adresser tel subalterne s'il ignore l'identité de son supérieur?

Avec un large sourire, le vice-président m'avait répondu: «Des lignes d'autorité? Il n'y en a pas. On n'en a pas prévu. Chez nous, dans notre organigramme circulaire, personne n'est au-dessus et personne n'est en dessous. Tous les services, tous les employés sont répartis le long du cercle. L'avantage d'un cercle, le grand avantage d'un cercle, monsieur, c'est qu'on peut le tourner et quand on le fait, celui qui était au bas du cercle se retrouve en haut.»

Évidemment, cela ne veut pas dire qu'il n'y a aucune autorité dans la compagnie Yamaha. Mais n'est-il pas extraordinaire de réaliser, grâce à ce cercle, que tout le monde se tient dans l'entreprise? Comparativement à la pyramide, on retrouve au centre de cet organigramme le client, et tous les différents services le visent de façon concentrique. C'est toute une équipe qui est au service du client qui, dès lors, a toute l'attention des gens. C'est ce qu'on appelle le «respect du client»! Tous se rendent compte que sans clients, le cercle devient inutile: il n'y a plus de cible à viser au centre de l'organisation.

Je me souviens de m'être ensuite fait cette remarque: «Quelle belle image! C'est une entreprise avec un client qui prend sa place!»

---

43. Jean-Marc Chaput, *À la recherche de l'humain*, Montréal, Éditions Transcontinental, 1989, 248 p.

TRUST (CONFIANCE)

La deuxième valeur à laquelle je m'attarde ici est aussi importante que la première. Elle se définit mieux avec le mot anglais *trust*. Pourquoi le terme anglais plutôt que le mot français *confiance* ?

Parce que la langue de Shakespeare a deux équivalents pour le mot *confiance* en français : *trust* et *confidence*.

Confidence, c'est la confiance avec la tête, avec une raison à cette confiance. On peut avoir confiance dans une banque parce que c'est très grand, qu'elle gère des milliards de dollars. Il y a donc une *raison* à cette confiance en cette banque.

Dans le cas du mot *trust*, aucune raison ne justifie la confiance. Cette dernière vient plutôt du cœur. C'est à ce point vrai que les Québécois, n'ayant pas de mot pouvant traduire cette nuance, c'est-à-dire une confiance quasi aveugle, ont adopté dans leur langage de tous les jours l'expression franglaise « Le *trustes-tu* ? » ou, en d'autres mots, « Lui fais-tu confiance même si tu n'as aucune raison qui t'y pousse ? »

C'est cette valeur qui nous vient vraiment de l'âme et nous pousse à dire « Je fais confiance à ce gars-là ! » dont on traitera dans les pages qui suivent.

Cependant, toute cette confiance doit être méritée.

Deux éléments font naître cette intuition qui nous propose une telle confiance spontanée, sans base rationnelle : le premier s'appelle *compétence*, cette capacité de connaître un sujet à fond. C'est aussi un des trois éléments qui nous permettent de laisser notre trace ici-bas. Malheureusement, on n'ose pas aller plus à fond dans la connaissance d'un sujet. On semble toujours faire un survol des choses. On est devenu des dilettantes vis-à-vis de nos propres centres d'intérêt.

Il faut donc partir d'une passion qui nous pousse à chercher constamment à en apprendre plus sur ce qui nous intéresse. Plus on se passionne pour cette connaissance, plus on s'y accroche, plus on veut en savoir à son sujet. Et le cercle se referme : plus on creuse et plus la passion s'intensifie.

C'est l'histoire de la saucisse Hygrade, du leitmotiv de sa fameuse campagne publicitaire : « Plus on en mange, plus elle est fraîche ! Et plus elle est fraîche, plus on en mange ! » De même, plus on apprend, plus on se passionne ! Et plus on se passionne, plus on apprend !

LE MÉTRO DES **PASSIONNÉS**

On se passionne pour toutes sortes de sujets. Et parce qu'on est passionné, notre curiosité se développe et on apprend de plus en plus. Les gens se passionnent pour des sujets vraiment très différents et aussi étonnants que des métros !

J'ai ainsi appris à la télévision qu'il existe à Montréal – et dans pratiquement toutes les grandes villes du monde – des amateurs de métro qui apprennent tout sur… le métro : son fonctionnement, son poids, en somme, tous les moindres détails qui s'y rattachent et qu'ils comparent à d'autres métros ailleurs dans le monde. Des fous du métro à l'intention de qui le métro de Montréal organise des visites guidées dans les tunnels, vérifiant les rails et leurs caractéristiques, les fils conducteurs de courant. Ils vont jusqu'à calculer la vitesse et la force du vent causées par le déplacement des rames de wagons.

Ils développent une compétence qui devient telle qu'elle sert à améliorer ce mode de transport. Elle devient utile à notre société ! Cette passion soulève une grande curiosité pour en connaître toujours davantage. Et plus ils sont compétents au sujet du métro, plus ils sont passionnés par ce sujet, plus ils veulent en savoir davantage, plus ils acquièrent de connaissances sur le métro... et le cercle se referme!

Cette passion qui crée cette soif de connaissances peut se retrouver dans beaucoup d'autres domaines. Quand on commence à chercher sur un sujet, la passion se développe. Puis, quand on commence à parler de notre passion, la confiance s'installe de plus en plus chez l'autre.

C'est la base du slogan tellement populaire du regretté Olivier Guimond dans sa célèbre publicité de bière: «Lui, y connaît ça!» Cette seule phrase pourrait être le thème annuel d'une entreprise alors que les clients n'auraient d'autre choix que de dire: «Eux, ils connaissent ça!»

Dans certains grands magasins, je demande souvent au vendeur de m'indiquer d'abord dans le catalogue où se trouvent les bicyclettes afin de pouvoir prendre connaissance des spécifications propres à chacune. On me répond très souvent: «Elles sont quelque part vers le milieu du livre!» Ne serait-il pas normal que cette personne sache au moins où se trouvent les bicyclettes? Elle aurait pu répondre: «Vous les trouverez aux pages 59 à 68, monsieur! Toutes les spécifications s'y trouvent.»

Ce même phénomène se produit chez ces vendeurs qui visitent les clients à leur bureau et tentent de présenter leurs produits, mais sont incapables de retrouver dans les dépliants publicitaires la réponse aux questions des clients. Pourtant, le client a sous les yeux le feuillet, mais le vendeur n'est pas capable de réciter par cœur ce qui est écrit sous les différentes vignettes. S'il était compétent, il pourrait le faire, ce qui témoignerait de sa grande compétence, à un point tel qu'on pourrait dire de lui: «Lui, y connaît ça!»

UN **DRAME** INHUMAIN

Voici le premier élément à la base de la confiance qu'on pourrait qualifier d'aveugle : la compétence ! Il y a un second élément qui, de nos jours surtout, est devenu incontournable : l'éthique, c'est-à-dire cette concordance entre les valeurs auxquelles on croit et nos comportements. Les savants appellent cela la congruence. Retenir le mot n'est pas important. Ce qui l'est, c'est comprendre et, surtout, chérir dans sa vie cette qualité fondamentale qui dépasse l'honnêteté.

Cet élément est illustré par cette histoire que j'ai lue dans un livre américain intitulé *The Paradox of Power*[44] de Pat Williams ; je l'ai traduite en toute liberté. Ce drame inouï, parce qu'il est d'une très grande cruauté, frappe par l'absence évidente de concordance entre les valeurs entretenues dans la vie privée et le manque absolu de ces mêmes valeurs dans la vie professionnelle.

Cette histoire authentique se déroule en Allemagne. M. Hoess était un père aimant, un mari idéal et un catholique très convaincu. Il avait cinq enfants qu'il adorait et respectait et qui le lui rendaient bien. M. Hoess était un homme d'affaires averti, ayant bâti une petite entreprise agricole qui avait beaucoup de succès. Mais quand est venue la guerre en Allemagne, un ami lui mentionna un jour qu'on aurait possiblement besoin de ses talents pour servir au gouvernement. Ce qu'en bon citoyen M. Hoess a décidé de faire. Étant extrêmement efficace, il a vite gravi l'échelle hiérarchique institutionnelle. Cet homme efficace avait de belles valeurs. Il allait à la messe régulièrement comme tout fervent catholique qu'il était ; le soir, il rentrait à la maison avec un bouquet de fleurs pour sa femme et quelques jouets pour les enfants. C'était un père aimant qui adorait sa famille.

---

44. Pat Williams, *The Paradox of Power : A Transforming View of Leadership*, New York, Warner Books, 2002, 256 p.

Puis un jour, le grand patron – c'est bien d'Adolf Hitler qu'il s'agit – lui a fait part d'un problème qu'il voulait voir résolu. Hitler l'a donc nommé à la tête d'un camp de prisonniers dont l'efficacité des opérations «laissait grandement à désirer», estimait-il. Ce camp portait le nom d'Auschwitz. M. Hoess a relevé le défi et a réussi à augmenter l'efficacité du camp au-delà des attentes de son patron. Sous sa direction, on a exterminé 2,5 millions de personnes. Il devint le plus grand meurtrier de l'histoire moderne.

Pourtant, durant toute cette période à la tête de ce camp, Rudolph Hoess demeurait à deux kilomètres de son lieu de travail. De la fenêtre de sa chambre, il pouvait voir les grandes cheminées cracher la fumée venant des fours crématoires. Sa maison était très propre, ses cinq enfants bien éduqués. Il allait régulièrement à la messe et communiait tous les dimanches. M. Hoess était un père aimant, mais en même temps, il était le plus grand criminel du XXe siècle!

La leçon de cette cruelle anecdote, c'est que M. Hoess n'avait pas compris que la plus grande valeur dans la vie, c'est l'éthique, c'est-à-dire une concordance entre ce que tu es et fais et ce que tu dis. M. Hoess n'a pas eu le courage de dire «Non! Cela ne correspond pas aux valeurs que je pratique.» Pourquoi ne l'a-t-il pas dit? Pas parce qu'il n'était pas compétent; il l'était totalement. Il a réussi à remplir le mandat confié par Hitler à 300 %. Ce qui manquait à M. Hoess pour qu'on ait confiance en lui, c'est l'éthique; il n'était pas un honnête homme!

La leçon de cette histoire: il faut être assez fort pour oser dire non quand les actes qu'on nous demande de poser ne correspondent pas aux valeurs que nous honorons.

UN VOLEUR **HONNÊTE** ?

Dans *Le Devoir* du 16 mai 2004, on racontait une histoire au dénouement heureux et qui a pour thème cette fameuse éthique dont on discute dans ces lignes. Voyez plutôt :

> « La semaine dernière, dans le cadre du Festival international des littératures, quelques voix de l'Acadie actuelle donnaient à Montréal un récital au Lion d'Or.

> « Bien après le spectacle, tard dans la nuit, David Étienne, l'assistant à la production, sort de sa voiture avec son sac à la main. Juste à ce moment, un cycliste tend le bras et s'en empare d'un geste sec et précis, comme les coureurs cyclistes attrapent leur musette lors d'un ravitaillement en course. Clac ! Et le voilà déjà qui file au loin...

> « Dans le sac se trouvent non seulement ses papiers personnels, mais aussi et, surtout, les recettes de la journée du festival et les cachets pour les poètes acadiens.

> « La nuit s'écoule et le pauvre David s'en veut à mort d'avoir offert, bien malgré lui, un tel trophée à ce coureur sorti de la nuit. Le lendemain passe aussi sans qu'il cesse de mouliner l'histoire dans sa tête. Vingt-quatre heures plus tard, pendant qu'il est bien installé chez lui, le téléphone sonne. À l'autre bout du fil, un type lui dit qu'il est nul autre que son sprinter voleur. "Ce sont des chèques pour les écrivains dans ton sac, hein ? Je peux pas voler des écrivains... Va à une heure du matin, coin Saint-Denis et Ontario : il y aura une fille avec ton sac. Reprends-le. Moi, je ne veux pas te voir..."

> « Le brave se rend au rendez-vous, sans doute un peu craintif. Il y trouve la fille et, tel qu'annoncé, son sac. Tout est bien là, c'est-à-dire les chèques autant que l'argent sonnant et trébuchant. »

Incroyable comme histoire, n'est-ce pas ? On dirait celle d'un Robin des Bois des temps modernes ! Un voleur éthique, est-ce possible ?

LA **MÉFIANCE**

La confiance a deux solides piliers : la *compétence* et l'*éthique*. Malheureusement, quand une des deux qualités, surtout l'éthique, nous manque, c'est la méfiance qui s'installe. On se méfie de tout le monde parce que «tout le monde est croche», répètent certaines gens. On n'a qu'à penser à la perception qu'on se fait de la politique en 2005, surtout à la suite de la Commission Gomery et du cynisme de certaines personnes qui travaillent dans ce domaine. On y raconte que la méfiance règne en roi et maître et qu'il n'y a pas de place pour l'éthique. On répète à qui veut l'entendre : «On ne peut pas avoir confiance à ce monsieur : il mêle tout et nous trompe à tour de bras ! C'est un voleur.» Toute l'idée de la gouvernance, qui voudrait qu'on dise les choses plus clairement, est ainsi mise en cause. On ne donne plus l'heure juste, ce qui aiderait à rétablir la confiance. Tout cela est disparu et nous voilà rendus méfiants, ce qui sape les fondements de notre société. Tout le monde se méfie de tout. Or, la méfiance, c'est rassurant. On ne prend pas de risque en ne faisant confiance à personne. On se raconte des histoires comme : «Pour moi, celui-là m'en veut ! C'est pour cela que toutes mes commandes sont refusées par le service de crédit. Je suis certain que quelqu'un me joue dans le dos. Je le sens !»

C'est d'ailleurs très sécurisant de se méfier de tout et de se bâtir une grosse clôture tout autour de sa propriété, de vivre dans sa bulle et de dire : «Pas dans ma cour !» C'est malheureusement une des caractéristiques de notre société actuelle.

On notait dans *La Presse* du 31 janvier 2005 que, d'après une enquête de la firme Watson Wyatt, intitulée *Work Canada*, seulement 37 % des employés faisaient confiance à leur patron. Les deux tiers s'en méfiaient ! Les patrons ont perdu leur crédibilité.

Il est temps qu'on réalise que ce sont les employés qui donnent cette crédibilité à leur patron. C'est une valeur subjective accordée par les subalternes en fonction de leur perception qu'ils ont de leur supérieur.

Les patrons, de leur côté, ont beaucoup de difficulté à gagner cette crédibilité comme le révèlent les 66 % qui ne leur font pas confiance. Pourquoi ? Peut-être parce qu'on a développé deux types de dirigeants qui s'en fichent royalement. Ces derniers ont beaucoup de choses à corriger avant de hausser le niveau de confiance à leur endroit.

Il y a les autoritaires, ceux qui disent: «C'est moi qui mène!» Ces gens résistent à toute influence extérieure; ils exercent le pouvoir en écrasant, en ignorant la volonté des autres. Mais ce genre de patrons est en voie de disparition. La nouvelle génération ne les accepte plus.

Quant aux narcissiques, ceux qui ne pensent qu'à eux-mêmes, ils sont incapables d'être attentifs à la réaction des autres. Pour eux, il est impossible d'avoir une mauvaise image. «Ils ne se rendent même pas compte qu'ils ne sont pas crédibles.» (*Les Affaires*, le 3 avril 2004.)

Pourtant, une société ne peut pas survivre sans cette confiance, sans cette capacité de dire: «Je te crois, tu me crois!»

LE **PARTAGE**

La troisième valeur à risque – parce qu'elle est contraire à la nature humaine –, c'est la capacité de donner, de *partager*. Il est beaucoup plus naturel de vouloir conserver, protéger ce que l'on a. Prendre est certes moins à risque dans notre société. Pourtant, c'est là la valeur la plus humaine et la plus naturelle qui soit! Comment expliquer que l'être humain est devenu si égoïste quand toute la vie consiste à donner: donner naissance à un enfant, élever un enfant. Tout cela, c'est donner et sans rien recevoir en retour. C'est tout simplement donner parce qu'on donne...

Bien sûr, en retour il y a ces remerciements, à savoir ces sourires d'enfants avec un trémolo dans la voix ; il y a ces caresses d'un petit-enfant assis sur tes genoux et qui te dit : « Je t'aime, grand-papa ! » C'est extraordinaire combien on se sent alors récompensé pour toute notre peine, pour tous nos efforts.

LA **POMPE À EAU**

Le principe derrière le *partage* – ce qui en fait une des quatre valeurs importantes – est très bien expliqué par l'image d'une pompe à eau. Avez-vous déjà eu la chance d'«amorcer» une pompe à eau ?

Sur les fermes, pour abreuver le bétail durant l'été, on installe des pompes à eau là où les ruisseaux manquent. On se sert souvent d'une vieille baignoire qu'on remplit d'eau à l'aide de ces pompes et, ainsi, on peut étancher la soif des bêtes. Quand arrive l'automne, il faut évidemment «saigner» ces pompes, c'est-à-dire en retirer toute l'eau pour éviter que le gel brise le mécanisme l'hiver venu. Mais pour les remettre en opération au printemps, on doit «amorcer» la pompe : il faut d'abord mettre de l'eau dedans avant de pouvoir en retirer. C'est là une image de la vie qu'il est facile de se rappeler ! Ce principe est beaucoup plus difficile à mettre en pratique. Le principe est : il faut d'abord donner de l'eau pour en recevoir par la suite. Si on ne donne pas d'eau à la pompe au début, tout ce qu'on pourra en tirer alors, ce seront des bulles d'air ; l'eau ne viendra pas ! Impossible qu'il en soit autrement : il faut amorcer la pompe.

La vie obéit exactement à la même loi. Comme le dit si bien le proverbe : «Qui donne le mieux reçoit le plus.»

On peut difficilement enseigner à donner, à partager. L'école ne peut le faire efficacement. Cela se fait par l'exemple et, surtout, à la maison et à un tout jeune âge.

L'EXEMPLE DE MON PÈRE

J'ai eu un père qui parlait peu. Il ne m'a donc jamais parlé de donner, de partager : il le faisait. Cette valeur, mon père me l'enseignait. Mon père ne m'a jamais dit : « Johnny, il faut que tu sois généreux. » Jamais !

Je me souviens très bien que, durant la grande crise des années 30, mon père, alors sans emploi, recevait ce qui pourrait être considéré comme l'ancêtre de l'assurance emploi : le secours direct. Il recevait ainsi un dollar par semaine. J'étais à l'époque enfant unique. Durant ces années de vaches maigres, mon père avait été élu président de la Société Saint-Vincent-de-Paul de la paroisse Sainte-Philomène-de-Rosemont, rue Masson à Montréal. La paroisse porte aujourd'hui le nom de Saint-Esprit.

Tous les dimanches, à l'entrée de l'église, mon père fouillait dans sa poche pour une pièce de 25 sous qu'il glissait dans le tronc de la Saint-Vincent-de-Paul. Chaque fois, ma mère, qui était de langue anglaise, le regardait d'un air frondeur et lui disait : « *Bob, we have only one buck for the whole week!* » (« Bob, nous n'avons qu'un dollar pour toute la semaine ! ») Mais mon père, sans hésiter, donnait son 25 sous. Bref, il donnait en charité 25 % de son revenu hebdomadaire.

Quand ma mère parlait ainsi, mon père la regardait toujours avec son sourire en coin et lui répondait, en français, comme il le faisait toujours : « Glass (diminutif affectueux de son prénom, Gladys, qu'il n'aimait pas), on est chanceux! On a un grand jardin, nous autres ! » Et c'était vrai qu'il était grand. Au printemps, il le bêchait à la main pendant des semaines. Un été, mon père a planté au-delà de 400 pieds de tomates. C'est beaucoup de tomates, plus qu'une famille de trois peut consommer! Ma mère lui avait alors dit : «*Bob! We're gonna have tomatoes coming out of our ears!*» («Bob, les tomates vont nous sortir par les oreilles!»)

Mon père était parfaitement conscient que des tomates, cela ne pousse pas dans un troisième étage. Il en ferait don le temps des récoltes venu... Je me souviens que cette année-là, au mois d'août, mon père et moi sommes partis les bras chargés de sacs de papier brun remplis de tomates chez des familles en difficulté, comme cette famille qui comptait 17 enfants, et une autre qui en avait 13! Ce soir-là, ces enfants affamés ont mangé pour souper du pain, du beurre et des tomates. Cela permettait de survivre! Mon père ne me disait pas de donner. Il donnait.

Il y avait aussi la guignolée. Chaque année, mon père venait me chercher à la patinoire, durant les vacances de Noël, et me disait d'enlever mes patins parce qu'on devait partir passer la guignolée cet après-midi-là. J'avais beau lui dire qu'il pouvait y aller sans moi, il insistait : «Si tu n'enlèves pas tes patins, je vais te les arracher!» Et c'est ainsi que je passais l'après-midi à l'arrière d'un tombereau tiré par un cheval, zigzaguant de gauche à droite, d'une maison à l'autre de chaque côté de la rue, à ramasser de petits cadeaux qu'on plaçait dans le tombereau. C'était pour les pauvres.

Mon père ne m'a jamais dit «Donne!». Il le faisait et l'exemple suffisait à m'enseigner le partage!

Je pense qu'il est actuellement trop facile de donner 10 $, 25 $ ou 100 $ à la Fédération des œuvres de charité. Mon père ne le faisait pas; il ne les avait pas. Mon père donnait des tomates. Il ne glissait pas un billet de 10 $ dans une enveloppe, il prenait le temps de passer la guignolée. J'ai toujours admiré mon père pour cette joie qu'il avait à donner, sans jamais en parler.

J'admire ces moniteurs qui passent trois soirs par semaine pendant tout l'été à enseigner à des petits gars et des petites filles qui ne connaissent pas les règles du jeu à jouer au soccer. Ces bénévoles font cela avec une patience et un enthousiasme admirables! Un magnifique exemple de don pour nous tous, les adultes assis dans les estrades. On l'oublie trop souvent. Donner du temps, de l'effort me semble une façon parfaite de donner l'exemple de cette valeur à risque.

LES **NOMBRILS**

Il y a quelques années, j'ai travaillé avec les Scouts de Montréal, probablement un des plus gros districts du pays. Ils avaient organisé une réunion pour les parents, d'autres adultes et, surtout, les moniteurs qui s'occupent de jeunes, ces derniers n'assistant pas à la réunion. Ils étaient environ 300 ou 400 dans la salle. Au début, ils ont parlé d'une tradition à ces réunions : ils recevaient toujours trois jeunes scouts. Ce jour-là, ils étaient deux petits gars habillés en scout et une petite fille portant son costume de guide. Ils sont venus au tout début livrer leur message à tous ces adultes réunis dans la salle. Ils voulaient leur rappeler que c'était d'abord pour eux, les enfants, non pas pour les moniteurs et les parents, que le mouvement existait. Les trois jeunes sont montés sur la grande scène, à l'avant de la salle, tenant une feuille à la main, et ils ont commencé la lecture d'un texte intitulé *Les nombrils*. Le voici :

> « Ça me tracasse beaucoup, dit Dieu, cette manie qu'ils ont de se regarder le nombril, au lieu de regarder celui des autres.
>
> « J'ai fait les nombrils sans trop y penser, dit Dieu. Comme le tisserand, arrivé à la dernière maille, fait un nœud comme cela, pour qu'il tienne, à un endroit qui ne paraît pas trop...

« J'étais content d'avoir fini. L'important pour moi, c'était que ça tienne, à un endroit qui ne paraît pas trop… Et d'habitude, ils tiennent bien, mes nombrils, dit Dieu. Mais ce que je n'avais pas prévu, ce qui n'est pas loin d'être un mystère, même pour moi, c'est l'importance qu'ils accordent à ce dernier petit nœud intime et bien caché.

« Oui, de toute ma création, dit Dieu, c'est ce qui m'étonne le plus et ce que je n'avais pas prévu, c'est tout le temps qu'ils mettent dès que ça va mal, à la moindre contrariété, tout le temps qu'ils perdent à se regarder le nombril, au lieu de voir les problèmes des autres…

« Vous comprenez, dit Dieu, que j'hésite à dire que je me suis trompé. J'aurais dû placer leur nombril au milieu du front ; ainsi, ils auraient été obligés de regarder le nombril des autres… »

Leur lecture terminée, les jeunes ont regardé dans la salle : un silence absolu et même anxiogène est tombé sur l'assistance. Personne n'osait respirer. Les trois jeunes ont quitté la scène dans leur beau costume de scout.

Le message qu'ils nous ont lu est on ne peut plus pertinent de nos jours ! On a oublié le principal dans la vie : donner. On doit cesser de ne penser qu'à soi. Il faut être capable de partager, d'aider les autres à rêver pour connaître des instants de bonheur !

LES **YEUX** DE L'ÂME

Voici une autre histoire que je conserve bien précieusement dans mes archives. C'est une histoire de rêve partagé. Elle s'intitule *Les yeux de l'âme* !

« Deux hommes, les deux sérieusement malades, occupaient la même chambre d'hôpital. Un des deux hommes devait s'asseoir dans son lit pendant une heure chaque après-midi afin d'évacuer les fluides de ses poumons. Son lit était à côté de la seule fenêtre de la chambre. L'autre homme devait passer des journées couché sur son dos, tout au fond de la chambre, près du mur. Les hommes échangeaient pendant des heures. Ils parlaient de leurs épouses et de leurs familles, leurs maisons, leurs emplois, leur séjour dans les forces armées pendant leur service militaire et des endroits où ils étaient allés en vacances.

« Chaque après-midi, quand l'homme dans le lit près de la fenêtre pouvait s'asseoir, il passait tout son temps à décrire à son compagnon de chambre tout ce qu'il pouvait voir dehors. L'homme dans l'autre lit commençait à vivre pour ces périodes d'une heure où son monde était élargi et égayé par toutes les activités et les couleurs du monde extérieur qu'il ne voyait jamais.

« De la chambre, la vue donnait sur un parc avec un beau lac. Les canards et les cygnes glissaient sur l'eau tandis que les enfants faisaient naviguer leurs bateaux modèles. Les jeunes amoureux marchaient bras dessus, bras dessous parmi des fleurs de toutes les couleurs de l'arc-en-ciel. De grands arbres décoraient le paysage et la belle silhouette d'une ville coquette se profilait au loin.

« Pendant que l'homme près de la fenêtre décrivait tout cela avec d'exquis détails, l'homme de l'autre côté de la chambre fermait ses yeux et imaginait la scène.

« Un bel après-midi, l'homme près de la fenêtre décrivit une parade qui passait par là. Bien que l'autre homme ne pouvait entendre la fanfare, il pouvait la voir avec les yeux de son imagination tellement son compagnon de chambre l'avait dépeinte avec des mots très descriptifs.

« Les jours et les semaines passèrent. Puis, un matin, l'infirmière de jour arriva pour apporter l'eau pour le bain à donner aux deux malades, mais elle trouva le corps sans vie de l'homme près de la fenêtre, mort paisiblement durant son sommeil. Elle était attristée et appela les préposés pour récupérer sa dépouille.

« Dès qu'il le sentit approprié, l'autre homme demanda s'il pouvait être déplacé dans le lit du côté de la fenêtre. L'infirmière était heureuse de le transférer et après s'être assurée qu'il était confortable, elle le laissa seul. Lentement, péniblement, il se souleva sur un coude pour jeter un premier coup d'œil dehors. Enfin, il aurait la joie de voir lui-même le beau paysage. Il s'étira pour se tourner lentement vers la fenêtre près du lit. Tout ce qu'il vit alors fut un mur. L'homme demanda à l'infirmière pourquoi son compagnon de chambre décédé avait décrit de si merveilleuses choses, alors que tout ce qu'il avait devant lui, c'était un mur de briques. L'infirmière répondit que son voisin de chambre était aveugle et qu'il ne pouvait même pas voir le mur. Et elle ajouta cette merveilleuse phrase : "Peut-être a-t-il voulu juste vous encourager..." »

Cet aveugle voyait avec les yeux de l'âme. Qu'avait fait l'homme aveugle près de la fenêtre ? Il avait donné malgré tout de l'espoir ; il donnait goût à la vie. Il partageait son rêve !

PRENDRE

Cette valeur de *partage* est une valeur à risque. Il est possible que le don soit plus coûteux que ce à quoi on s'attendait. Il est possible que l'on regrette de s'être embarqué dans cette aventure. C'est très fatigant et on aurait dû écouter les conseils de ceux qui nous répétaient que l'important, c'est d'abord et avant tout de penser à soi. Ils te disaient que tous les autres faisaient de même et ne prenaient soin de personne. Pourquoi donner alors si cela ne donne rien ? Au contraire, comme le raconte la prochaine anecdote, cela peut te coûter une partie de ton revenu.

En 1998, le gouvernement du Québec, voulant taxer les serveurs et les serveuses de table dans les restaurants, qui, jusque-là, avaient réussi à éviter de payer totalement leurs impôts, a décidé d'imposer les pourboires versés par les clients. Ne pouvant avoir le détail des pourboires touchés par les serveurs et serveuses, car il s'agissait souvent d'argent comptant, les fonctionnaires du fisc, ingénieux comme toujours, trouvèrent une façon mathématique, rationnelle d'imposer les pourboires. Ils ont fait une moyenne à partir des paiements faits sur cartes de crédit et ont décidé d'établir le pourboire à 8 %

de la facture avant taxes de vente. Voici une histoire authentique relevée dans *La Presse* du 11 mai 1998[45] :

> « J'ai mangé [dans un restaurant] avec un ami et, quand est venu le temps de payer, je me suis aperçu qu'il n'était pas possible de payer avec ma carte de guichet, raconte Roch Lefrançois, chauffeur d'autobus. On a gratté le fond de nos poches et on a trouvé 130 $ juste assez pour payer la facture de 123,83 $. Comme on n'avait pas plus d'argent, on a laissé la différence pour le pourboire.
>
> « Malheureusement pour M. Lefrançois, cette différence représentait un peu moins de 5 % de sa note. Comme, en vertu de la nouvelle loi, l'impôt d'une serveuse est calculé sur un minimum de 8 % de ses ventes, la serveuse est venue lui demander pourquoi il avait laissé si peu de pourboire.
>
> « [...] Monsieur Lefrançois raconte que le ton a monté et qu'il s'est fait engueuler par la gérante de l'établissement, ce qui l'a indisposé. La nouvelle loi met le client dans une position qui n'est pas la sienne, estimait-il. [...]
>
> « "Quand un client laisse beaucoup moins que la moyenne, explique quant à lui le propriétaire du restaurant, on va le voir pour savoir si le service n'a pas été bon, mais cela ne va pas plus loin. Le serveur peut être frustré de voir que son travail n'a pas été reconnu, mais l'un dans l'autre, avec les clients qui laissent plus, il s'y retrouve". »

Ce que je trouve renversant dans cette histoire, c'est de voir combien on a oublié ce qu'était un pourboire : c'est avant tout *donner*. Le pourboire ne fait pas partie de la facture. On a trafiqué le sens du geste à un point tel qu'à l'heure actuelle, ce n'est plus un don, mais une partie du revenu d'emploi du serveur ou de la serveuse. Cependant, dans ce cas précis, la serveuse, faisant preuve de compréhension, aurait pu remercier les deux clients et les inviter à revenir. Après tout, elle

45. Yan Pineau, « La nouvelle loi sur les pourboires fait des étincelles », *La Presse*, 11 mai 1998.

n'avait donné qu'une toute petite partie de son revenu. Était-ce si catastrophique? La gérante aurait pu au moins faire entendre raison à son employée.

AMOUR = MOTIVATION

En parlant de motivation du personnel, on me demande souvent de venir motiver en entreprise le personnel qui ne semble pas vouloir vraiment s'impliquer dans son travail.

Or, les gens ne se rendent pas compte que l'amour ou le don de l'amour est le facteur de motivation par excellence. Prolifique entrepreneur qu'on décrit comme la version suédoise de l'homme d'affaires américain Lee Iacocca qui avait relancé la compagnie Chrysler, il y a quelques années, et qui est le président-directeur général de la compagnie d'aviation Scandinavian Airlines, Jan Carlzon confiait à un journaliste de la revue *Inc.* en 1989 quels étaient les principaux facteurs de motivation dont il se servait le plus souvent:

> «Mon expérience m'indique qu'il y a dans la vie deux principaux facteurs de motivation. Le premier est la peur et l'autre, l'amour. Vous pouvez diriger une organisation par la peur, mais si vous le faites, vous ferez en sorte que ceux qui travaillent sous vos ordres ne fourniront pas le rendement digne de leur véritable potentiel. Quelqu'un qui a peur n'ose pas performer à la limite de ses capacités. [...] Cependant, si vous dirigez les gens par l'amour, c'est-à-dire en leur témoignant du respect et de la confiance, ils se mettront à fournir des rendements dignes de leurs vraies capacités parce que dans un tel contexte, ils osent prendre des risques. Au point même de commettre des erreurs. Rien ne peut leur faire de mal.»

Bref, quand on traite les employés avec les valeurs que j'ai relevées précédemment, soit *respect* et *trust*, ou comme l'a répondu Carlzon, avec amour et confiance, on risque de les motiver à aller beaucoup plus loin qu'avec la discipline et la menace de la mise à pied ou du congédiement.

L'ALPINISME

À l'opposé du geste de donner, qui est toujours un risque, il y a celui de prendre. Nous vivons dans une société dans laquelle nous sommes devenus des comptables qui veulent absolument *prendre*. « Qu'est-ce que ça me donne de faire tel ou tel travail ? Combien cela me rapporte-t-il ? » « Suis-je payé à temps et demi ou à temps double ? Sommes-nous payés pour ce samedi de formation ? » Très peu de gens risquent de faire les choses gratuitement. Il est étonnant que la générosité ne soit pas une valeur courante et reconnue.

Il me vient à l'esprit l'exemple de ces gens qui se demandent ce que peut bien apporter l'alpinisme à ceux qui le pratiquent avec passion. J'ai d'ailleurs souvent taquiné quelqu'un que je connais bien et que j'admire, Bernard Voyer, en lui disant que l'alpinisme était un sport que j'avais peine à comprendre : on passe à travers d'immenses difficultés, et ce, sur tous les plans. On grimpe jusqu'au sommet de l'Everest au péril de sa vie, pour ne rester sur le « toit du monde » qu'une dizaine de minutes tout au plus, à pouvoir à peine respirer, le visage dans la bourrasque qui cherche à te précipiter dans l'abîme, pour ensuite redescendre et prendre encore plus de risques d'y laisser sa peau. « Kossa donne ? » disait Yvon Deschamps dans un de ses célèbres monologues.

Dans un article du quotidien *La Presse*[46] écrit par Claude-André Nadon qui a tourné un film sur l'Everest, on pouvait lire :

> « Avec le temps, je réalise toutefois que les aventures qu'on vit dans les coins reculés prennent un sens uniquement si nous réussissons d'une quelconque façon à partager cette expérience, à redonner à la communauté, qu'elle soit aussi petite que notre cellule familiale ou aussi grande que la société. Faire

---

46. Claude-André Nadon, « Pourquoi ? », *La Presse*, 20 décembre 2003.

des sports de plein air nous enseigne une foule de leçons ; toutefois, apprendre engendre des responsabilités. »

De quelles responsabilités est-il ici question, sinon celles de remettre et de *donner* ?

Après ses aventures au pôle Nord, au pôle Sud, sur l'Everest et les autres sommets qu'il a escaladés, Bernard Voyer remet à la société en présentant ses conférences dans lesquelles il cherche à encourager les gens, à dire que chacun de nous a une montagne à escalader : « J'ai grimpé la mienne et tu as la tienne à vaincre ! »

Il fait ainsi un geste gratuit pour prouver à tous et à toutes qu'on peut toujours aller plus loin et encourager les autres à essayer ! Pourtant, je rencontre souvent des gens qui se présentent à un travail avec l'idée que cela soit d'abord « payant ». Cette mentalité-là est malheureusement celle qu'on inculque à la majorité des finissants, à tous ces jeunes qui doivent prendre une décision touchant leur avenir. Le seul critère qui semble avoir une valeur est le suivant : « Est-ce payant ou pas payant ? » alors qu'il faudrait plutôt se demander : « Est-ce que je rendrai service à la société en faisant ce métier, en exerçant cette profession avec passion ? » « Parmi les talents que j'ai reçus, y en a-t-il que je peux partager avec les autres ? » Ce sont ces talents que je me dois d'exploiter, pas pour moi, mais pour les autres. La paie est le résultat de cette démarche ! Que ce soit ou non payant importe peu, au début. Ce n'est jamais payant en commençant, mais, un jour, ça le deviendra.

Aujourd'hui, Bernard Voyer gagne sa vie à donner ses conférences. Il n'a pas escaladé le mont Everest dans le but de faire de l'argent. Il n'est pas allé au pôle Sud – où il est passé bien près d'y laisser sa peau avec son ami Thierry – parce que c'était payant. Il l'a fait parce qu'il aimait passionnément l'aventure et parce qu'à son retour il avait des choses extraordinaires à raconter aux autres. Il pouvait parler avec compétence et passion de notre belle planète.

C'est là l'opposé de toujours vouloir prendre. Il existe un livre américain intitulé *What's in it for Me?* Il faudrait plutôt le réécrire et l'intituler *What's in it for You?*

LA **COMPASSION**

Une dernière valeur me semble capitale, mais ô combien à risque : c'est cette valeur qui vous dicte de «prendre soin», d'avoir de *l'empathie* pour l'autre, de la compassion pour le prisonnier qui a payé sa dette à la société et qui tente de repartir à neuf. Il me semble que cette valeur, la *compassion*, est disparue. Nous avons une obsession de la performance. Il faut absolument être efficace. Avec cette idée en tête, on n'a plus le temps de se préoccuper des petits «bobos» du monde. C'est là un grand vide dans notre société.

Rappelons-nous cette réclame publicitaire de la compagnie d'assurances Wawanesa, illustrée par les deux mains ouvertes et qui faisait comprendre aux gens qu'on prenait soin d'eux. Aujourd'hui, on a peur de prendre soin d'eux, de s'occuper d'eux.

Voici la lettre d'un enseignant à un ex-élève surnommé «La Punaise» qui s'est suicidé, telle qu'on a pu la lire dans *Le Devoir*[47]. Le moins que l'on puisse dire, c'est que son contenu a de quoi nous interpeller !

> «[...] Enseigner, c'est le plus beau métier du monde. Tu le savais, La Punaise ? Tu étais un futur décrocheur. Tu t'en doutais sans doute ou tu en rêvais déjà ? Les enseignants que tu as connus le devinaient, eux aussi. [...]

---

47. Denis Larouche, « Salut La Punaise ! », *Le Devoir*, 4 février 2003.

« Tu ne seras pas un décrocheur, tout le monde le sait maintenant, surtout ceux qui t'ont détaché de la corde le long de laquelle tu as disparu comme Houdini...

« Mais moi, tu viens de me ligoter à l'horreur, La Punaise. Moi, et tous ceux qui te connaissaient et qui t'aimaient chacun à leur façon et du mieux qu'ils le pouvaient quand tu les laissais faire... [...]

« La prochaine fois que je t'écrirai, je te parlerai du mot "imputabilité", un mot très à la mode. Je te causerai aussi de la "gestion du bien-paraître" ou de la pédagogie du Ritalin, beaucoup moins onéreuse celle-là...

« Tu sais que plusieurs élèves se cherchent encore une oreille à qui se confier. Ce sera difficile, il y a une crise à gérer et à faire oublier aussi: la tienne. Les psychologues seront appelés au secours, des rencontres seront ainsi remises ou annulées. [...]

« D'ici ma prochaine lettre, les enseignants continueront de danser ce que j'ai appelé, il y a près de 10 ans, "le quadrille des homards", une histoire d'eau bouillante dans laquelle ils sont plongés et où ils doivent faire plus avec moins: ça s'appelle l'efficience en termes de gestion. Ils suivront aussi des formations sur la réforme de l'éducation et on insistera beaucoup pour qu'ils se perfectionnent en "gestion de classe", le remède miracle et économique aux cas de comportements. Certains enseignants auront aussi le temps d'avaler une ou deux Prozac – moi, c'est du Celexa, un genre de Ritalin pour adulte. Salut, La Punaise !

« P.-S.: L'an passé, il a fallu quatre adultes pour maintenir un élève en crise. Ce sont finalement deux agents de la Sûreté du Québec qui sont venus le chercher. Il était en classe depuis trois mois et il commençait à sourire et à saluer. Il devait peser quelque chose comme 30 kg, juste un peu plus que les roches que tu transportais dans mon champ – et quelque part aussi dans ton âme... À ma connaissance, à part une lettre, aucun suivi sur ce dernier cas. »

Est-ce qu'on prend soin de nos enfants à l'école ? Ou travaille-t-on plutôt en termes d'efficacité ? Je suis loin d'être un expert en éducation, mais il me semble que la *compassion*, le souci de *prendre soin* des enfants dans une école, c'est quelque chose qui se perd avec la venue de l'efficacité. On est graduellement devenu indifférent.

Il y a quelques années, à Saint-Lambert, sept ou huit jours se sont écoulés avant que des voisins se rendent compte de l'absence prolongée de cette vieille dame qui demeurait de l'autre côté de la rue. On a forcé sa porte d'entrée et on l'a découverte inanimée sur le plancher. Elle était morte depuis sept ou huit jours. Entre-temps, personne n'était allé vérifier. Les gens s'étaient probablement dit : « Non ! Ce n'est pas de mes affaires ! »

« S'EN SACRER »

Je donnais un jour une conférence à la haute direction de la compagnie Johnson & Johnson, à New York. Y assistaient tous les vice-présidents et les présidents de toutes ses succursales dans le monde, soit environ 47. Le président du conseil était au podium ce matin-là et répondait aux questions des gens assis dans la salle. Il le faisait avec une grande naïveté et une grande honnêteté.

Puis, ce jeune homme au fond de l'amphithéâtre s'est levé et a dit : « Moi, monsieur, j'ai 36 ans et je suis vice-président marketing de la compagnie Johnson & Johnson à Londres, en Angleterre. Voici ma question pour vous ce matin : est-ce qu'à 36 ans, il y a de l'avenir pour moi chez Johnson & Johnson ? »

Le président du conseil l'a regardé avec un sourire et il lui a répondu : « Un avenir extraordinaire, mais à une condition : il faut que nous arrêtions de nous en *sacrer* ! Le problème, c'est qu'on se fiche de tout. Personne ne semble prendre les choses à cœur ! »

Ce dont parlait le président, c'était cette indifférence généralisée qui fait que tout devient banal, ordinaire, sans importance et sans intérêt pour nous. La haine n'est pas le contraire de l'amour. C'est l'indifférence qui l'est parce que la haine, c'est en fait l'amour à l'inverse. Le contraire de l'amour, c'est vraiment l'indifférence. Malheureusement, l'indifférence est une des valeurs sûres auxquelles les gens recourent trop souvent.

On dit facilement : «Je ne savais rien... Je ne m'occupais pas de ça... Ce n'était pas dans mon service... C'est pas mon job... C'est pas moi.» Pensez à la Commission Gomery encore une fois. Comment un ministre a-t-il pu dire ceci : «J'ai donné mon accord, mais je n'ai pas approuvé[48] !» On peut se poser la question : de qui relevait ce programme, si le ministre responsable parle ainsi ?

Quand j'étais petit, je me souviens très bien que les médecins avaient sur leur plaque d'immatriculation de voiture les lettres «MD». Lorsque survenait un accident de la route, la première auto ayant une plaque avec ces lettres s'arrêtait et un médecin en descendait. À l'heure actuelle, avec toutes les poursuites, tous les risques de se faire traiter de tous les noms, on passe tout droit. On ne s'implique pas. On ne s'en occupe même pas.

Il faut remettre à l'honneur le *caring*, comme on le dit si bien en langue anglaise. Mais je ne voudrais pas laisser croire que ces gestes témoignant d'un souci de prendre soin gratuitement n'existent plus !

UN MÉDECIN **COMPATISSANT**

La Presse du 6 mars 2005 nommait comme personnalité de la semaine la docteure Sarah Bellemarre. À son retour d'études

---

48. L'ex-ministre et ambassadeur canadien Alfonso Gagliano.

aux États-Unis, elle a établi un programme de greffes hépatiques avec des donneurs vivants, à un tout jeune âge. Sa vision de la médecine est basée sur l'empathie et la compassion ! Elle dit d'ailleurs :

> « J'essaie de comprendre le patient, de me mettre à sa place. Mon objectif en le soignant est qu'il soit mieux dans l'ensemble de son être, et non pas seulement régler un problème physique... »

L'article fait aussi mention que bientôt, un jour, elle fondera une famille, car, pour elle, c'est un grand bonheur et qu'une des choses les plus importantes, c'est aimer et être aimée !

Toutes ces valeurs à risque sont à mettre de l'avant dans notre société. Personne ne peut nier combien le monde se porterait bien mieux si tous parlaient de *respect*, de *trust*, de *partage* et de *compassion*. Mais on ne peut commencer par le monde, c'est trop grand ! Il faut commencer par soi ; il faut devenir responsable et implanter ces valeurs dans notre petit cosmos !

Chapitre 7

LES **RESPONSABILITÉS**

Copernic a rêvé l'infiniment grand, Pasteur
a rêvé l'infiniment petit. Alors l'homme a
cru que toutes les places étaient prises et il
s'est écrasé dans l'infiniment médiocre.

Source inconnue

Nous avons maintes fois mentionné le mot «bonheur» dans ce livre. Pourquoi? Parce que c'est ce que les gens – tous les gens – recherchent. Ils veulent être heureux! Une professeure titulaire de l'Université de Montréal, Mme Lise Dubé, docteure en psychologie, a étudié le bonheur. Elle a découvert quatre éléments importants: un bon niveau de curiosité qui pousse à mordre dans la vie, un degré d'enthousiasme élevé, une bonne dose de réalisme et, enfin, de la persévérance. Mais une des découvertes qui m'a intrigué, c'est qu'elle croit fermement qu'on est responsable aussi bien de son malheur que de son bonheur.

Or, les gens craignent le mot «responsabilité». Comme elle le dit dans *La Presse* du 4 février 1996: «Quand on se sent malheureux, nous avons tendance à chercher des raisons pour expliquer cet état (c'est à cause de mon père, de ma mère, de mon conjoint, etc.).» Et elle ajoute plus loin: «Il me semblait aussi que l'on devait pouvoir réaliser que le bonheur parfait n'existe pas, que tout n'est pas tout rose tout le temps. Tout n'est pas positif. Il y a également de temps à autre des éléments négatifs qui surviennent et qui assombrissent l'existence.»

Pourtant, il y a une tendance de plus en plus prononcée chez nous. Une autorité suprême dirigerait tout, décidant de tout. L'homme est victime de son destin et, donc, irresponsable de ce qui lui arrive. Quelle en est la cause ? Nos antécédents génétiques ou tout simplement notre passé historique ? Et on traîne toute sa vie cette façon de voir l'Univers. On est toujours victime de quelque chose.

Par exemple, je rencontre des vendeurs qui se sentent victimes, car ils travaillent toujours dans de mauvais territoires : c'est la cause de tous leurs problèmes. On aura beau les changer de territoire, ils trouveront toujours une autre raison qui fera qu'à la longue, ils aboutiront dans le mauvais territoire.

DES **EXCUSES**

Ainsi, un vendeur d'assurances qui travaillait en région, dans une toute petite ville d'à peine 4000 habitants, se plaignait, en sirotant un café : «Mon territoire est trop petit ; il y a à peine quelques milliers de personnes dans la ville. C'est la plus petite ville de la MRC. Le marché y est très limité ; il est donc très difficile d'y réussir dans l'assurance-vie, car il y a très peu de clients potentiels.»

Quelques mois plus tard, j'étais présent à un congrès d'assureurs-vie à Montréal. La salle en était remplie. Comme toujours, je leur ai demandé si les ventes étaient bonnes à Montréal : «C'est difficile, Montréal, m'a-t-on répondu. Le problème dans un grand marché comme celui de la métropole, c'est le nombre impressionnant de vendeurs. De là, une concurrence effrénée qui décourage les vendeurs. L'idéal, c'est de travailler dans un tout petit territoire, une petite ville comme une municipalité de 4000 habitants, par exemple!»

Dans un cas comme dans l'autre, ce que ces vendeurs ne réalisent pas, c'est qu'ils sont victimes de leur propre façon de voir les choses: ce n'est pas la réalité! Ce constat se vérifie toujours. L'inventaire des raisons se décline à l'infini.

En voici une autre excuse: «C'est la faute du patron! Je suis tombé sur un patron imbécile, qui n'arrive pas à comprendre mon point de vue. Ce n'est pas moi qui explique mal, c'est lui qui ne comprend pas!»

J'ai eu l'occasion de parler avec un jeune homme qui venait d'être muté à un nouveau poste. Celui-ci, cependant, s'accompagnait d'une baisse substantielle de salaire. Furieux, il a décidé de prendre un congé d'un mois pour repenser son orientation: deux semaines à ses frais et deux semaines payées par l'entreprise.

Au téléphone, il m'a expliqué le problème: «C'est terrible, un vrai coup dur! Je pense réorienter ma carrière. Dorénavant, je voudrais donner des séances d'information sur la gestion du stress dans les milieux d'affaires. Ce serait des séminaires d'une journée peut-être. J'en connais un bon bout sur le sujet puisque j'ai dû subir beaucoup de tension dans la compagnie pour laquelle je travaille actuellement! Surtout tout récemment, avec cette rétrogradation. Comment s'y prend-on pour démarrer un tel projet?»

Je l'ai tout d'abord pleinement rassuré: il avait trouvé un domaine qui a beaucoup de potentiel: «Partout, tu aideras à satisfaire un besoin bien réel, car il y a énormément de stress dans ce milieu-là. En Amérique du Nord, il semble y avoir quantité d'éléments déclencheurs qui produisent beaucoup de stress chez les gens.»

«Alors comment trouver un marché rapidement? me demande-t-il ensuite. J'avais pensé écrire d'abord toute la conférence, puis appeler des entreprises pour leur offrir mes services.»

À cela, je lui ai demandé s'il avait pensé à la compagnie pour laquelle il travaillait actuellement; elle employait entre 20 000 et 25 000 personnes. «Alors pourquoi chercher ailleurs? Ils travaillent tous pour une compagnie où il y a énormément de stress, bref, une entreprise qui compte 25 000 employés stressés. Tu n'as qu'à passer au bureau des ressources humaines et à leur dire que tu as besoin de six mois pour préparer adéquatement un projet qui te tient à cœur: tu désires former tous les employés à gérer efficacement leur stress...»

L'homme au bout du fil semblait excité. Il voyait là une excellente idée. J'ai ensuite ajouté: «C'est le moment idéal pour agir! Appelle tout de suite la responsable des ressources humaines, fixe-lui un rendez-vous, demain ou après-demain!»

Il a rétorqué: «Il est un peu tard pour amorcer une telle démarche. Je suis actuellement sans salaire et il faut que je travaille si je ne veux pas courir le risque de me faire couper mes prestations d'assurance-emploi. Je retourne au travail dans la semaine qui vient. Je verrai alors à commencer la démarche. Je t'en donnerai des nouvelles à un moment donné...»

Il ne se rendait pas compte que la compagnie qui l'employait pouvait lui permettre de réaliser son projet. Mais voilà: cet homme avait découvert le responsable de son mauvais sort: c'était l'assurance-emploi qui le tenait, le forçant à retourner au travail pour cette vilaine compagnie. Il «attendrait» donc le bon moment pour passer à l'action...

Voici encore un autre exemple! Dans un parc industriel, on trouve des usines pratiquement à tous les coins de rue. Un jour, je discutais avec le patron d'une usine employant quelque

200 personnes. Il m'expliquait les difficultés qu'il devait affronter dans cet atelier d'usinage. Il avait beaucoup de problèmes !

En bon samaritain, je lui ai demandé si c'était fréquent, dans les compagnies qui employaient des machinistes professionnels, d'avoir affaire à tant de problèmes de personnel.

Sa réponse m'a surpris au plus haut point : « Non, il y a des compagnies où tout baigne dans l'huile, même s'il est difficile de trouver de bons machinistes. On en trouve. Il y en a qui sont efficaces. Mais je ne sais pourquoi, chez nous, il semble que bon nombre de nos employés n'ont pas le calibre de compréhension nécessaire. On dirait qu'ils se sont tous regroupés dans mon atelier ! J'ai un groupe de gens peu intelligents ! Un gang de pas bons ! »

En riant, je lui ai répliqué : « Voyons donc ! La stupidité est répartie également dans tout le parc industriel. Il y a des imbéciles dans tous les ateliers autour. Cesse de parler comme ça ! »

Lui aussi était une victime. Il avait trouvé une raison parce que tous les *épais* s'étaient trouvé un job dans sa compagnie ! L'homme a alors réalisé l'absurdité de sa réponse et il s'est mis à rire de bon cœur.

LE QUÉBEC **FAUCHÉ**

Cela s'est propagé dans les hautes sphères de notre gouvernement qui, lui, est aussi devenu victime des événements. La grande excuse à l'heure actuelle, c'est le déséquilibre fiscal qui assujettit toutes les provinces. Oh ! je ne voudrais pas laisser croire qu'il n'y a pas de déséquilibre fiscal. Le rapport Séguin en a très bien fait la preuve ! Un tel déséquilibre existe bel et bien. Cependant, toutes les provinces, le Québec compris, ont un budget qui se chiffre à plusieurs milliards de dollars. Les seuls responsables de la gestion de ces budgets sont les gouvernements provinciaux. Est-ce qu'on s'occupe de dire aux citoyens que les coffres de l'État provincial sont limités, qu'on ne peut aller plus loin sans dépenser plus que ce qu'on gagne?

C'est là le message qu'André Pratte, éditorialiste, livrait dans *La Presse* du 10 juillet 2005 :

> « C'est devenu une tradition : ayant créé un programme social le plus généreux en Amérique du Nord, le gouvernement du Québec réalise que celui-ci coûtera plus cher que prévu. Le conseil des ministres voudrait faire payer la facture par les bénéficiaires (cela semble normal, non !), mais ceux-ci se rebiffent : que Québec paye ! »

En guise de conclusion, il ajoute :

> « Néanmoins, si les Québécois trouvent ces augmentations trop onéreuses, il existe une autre solution. Une solution qu'évidemment, modèle québécois oblige, personne n'a envisagée : rendre le programme un peu moins généreux, de sorte que son coût corresponde à notre capacité de payer. »

Pensons aux Centres de la petite enfance (CPE) : est-ce qu'on investit l'argent là où il devrait être investi ? Sommes-nous de bons gestionnaires de ces fonds publics ? Je ne veux blâmer personne, mais je pose des questions. À regarder la gestion de certaines garderies privées, les comparant à celle des CPE publics, subventionnés à plus de 80 %, on découvre une grande différence : il y a quatre fois plus de personnel administratif dans un CPE public que dans une garderie privée. Est-ce normal ? Ne pourrait-on pas regrouper des CPE dans un secteur donné afin de fournir des services communs à plusieurs ? Par exemple, cela pourrait être un service des ressources humaines desservant cinq CPE.

Je pose la question ! Parce que, là comme ailleurs, on voudrait toujours être victime de l'autre. Cette façon d'être victime nous incite à chercher à l'extérieur les raisons de ce qu'on vit. Ainsi, c'est toujours « à cause » de quelqu'un que tout cela nous arrive !

OPTIMISME CONTRE PESSIMISME

Quelle est la différence entre un optimiste et un pessimiste ? Elle se manifeste sur trois plans : le spatio-temporel, les généralités et le personnel (dans le sens particulier). Des grands mots peut-être qui traduisent des réalités pourtant toutes simples.

Les pessimistes et les optimistes ont deux façons diamétralement opposées de voir les choses. C'est ainsi que les pessimistes vont dire : « C'est toujours comme ça… Chaque fois que je commence quelque chose, ça va mal. »

Par ailleurs, les optimistes, eux, diront plutôt pour parler de la même situation : « C'est extrêmement rare. Cela n'arrive que dans des cas bien particuliers. »

D'un côté, les pessimistes généralisent et de l'autre, les optimistes pensent en termes plus particuliers.

« Tous les immigrants sont fous ! » clamera le pessimiste. « Certains immigrants ont plus de difficulté que d'autres à s'intégrer », dira plutôt l'optimiste. « Les musulmans sont responsables des attentats, diront les pessimistes apeurés. Il faudrait les contrôler tous ! » Les optimistes diront : « C'est la faute à quelques extrémistes musulmans ; il faudra être plus vigilant ! »

Même observation face à la responsabilité : les pessimistes chercheront toujours les causes venant de l'extérieur. Ils diront : « Ce sont les autres qui sont fautifs ! C'est de leur faute si tout va mal. » Les optimistes diront qu'il y a sûrement quelque chose qu'eux-mêmes font mal. Bref, c'est cette dimension « externe » qui pousse l'humain à blâmer les autres et, ainsi, à devenir une victime.

Malheureusement, parce que les gouvernements imputent à l'externe la responsabilité des circonstances auxquelles ils sont soumis, cette attitude est transmise par osmose dans nos institutions, écoles, hôpitaux, etc. Puis, les employés œuvrant dans les entreprises subissent le même sort. C'est toujours la faute de l'autre !

FAIRE **PIPI**

On fait la même chose dans les familles. Les enfants deviennent victimes de leurs parents, car, c'est connu, « les parents savent tout ». Imaginons la scène suivante qui se déroule au souper. L'enfant lève le nez sur l'assiette que vient de lui servir sa maman. Il résiste.

« Mange ton foie de veau », dit le père à l'enfant qui répond ne pas aimer ce plat. « Mange-le pareil, se fait-il répliquer, le foie de veau, c'est bon pour la santé. »

« Pourquoi devrais-je en manger si toi, papa, tu n'en manges pas ? » demande-t-il à son tour. Et le père de répondre : « Moi, je n'aime pas ça. Mais toi, mange le tien. Tu en as besoin pour ta croissance. »

Ce père a-t-il obtenu un doctorat en foie de veau ? C'est le danger de toujours vouloir décider tout pour les autres, pour les enfants surtout, les rendant victimes à leur tour du pouvoir parental.

Un soir, ma femme et moi sommes attablés pour le souper dans un restaurant à Lachute. Sur la banquette voisine s'assoient une mère de famille et ses deux garçons âgés de 3 ans et demi et 4 ans et demi. L'aîné, intelligent comme on peut l'être à cet âge-là, se précipite au fond de la banquette, sachant que c'est là qu'il trouvera le sel, le poivre et le sucre en sachets, ce qui lui permettra de faire avec ces ingrédients-là de la chimie extraordinaire durant le repas ! Le plus jeune prend place sur le bord de la banquette, au bord de l'allée. Pour mieux les surveiller, la mère s'assoit en face de ses deux fistons. Au moment de recevoir le potage, le cadet dit à sa mère : « J'ai envie de faire pipi. »

Avec beaucoup d'empathie, la maman répond : « Oui, oui... On va faire un beau pipi tout à l'heure. Maintenant, mange ta soupe pendant qu'elle est chaude. » Le petit gars s'obstine : « Moi, je veux faire pipi, bon ! »

« Oui, mais ta soupe va refroidir si tu ne la manges pas tout de suite. Regarde ton grand frère. Il mange sa soupe, lui. Fais comme lui. »

Le cadet n'en démord pas : « Mais moi, j'ai envie de faire pipi tout de suite. » L'enfant le répète au moins 17 fois. Évidemment, la maman s'exaspère ; moi aussi, d'ailleurs, car Céline et moi entendons l'échange mère-fiston depuis un bon cinq minutes ! Elle se lève brusquement et lance d'une voix si forte et autoritaire que tous les autres clients du restaurant se sont arrêtés pour regarder la mère à bout de patience : « Viens faire pipi ! » lance-t-elle en accrochant le petit gars par le bras pour le traîner dans l'allée. Ce dernier ne touche pas à terre ! Puis, elle s'arrête soudainement, se tourne vers son fils aîné qui, lui, affamé, est occupé à grignoter ses biscuits soda et à savourer sa soupe. Avec l'air d'un général en campagne, elle lui crie : « Toi aussi, viens faire pipi ! »

Le plus vieux des enfants hausse les sourcils et répond : « Mais je n'ai pas envie, moi... »

« Viens faire pipi quand même ! » insiste-t-elle. Toute cette famille fait pipi ensemble, tiens !

Je riais assez bruyamment en les regardant s'éloigner vers les toilettes. Ma femme me fait signe de baisser le ton car les gens du restaurant étaient maintenant tournés vers moi et souriaient à pleines dents.

Je lui explique alors : « Je viens de réaliser que toi et moi agissions de la même manière avec nos cinq enfants. Rappelletoi, Céline, quand nous allions en auto en Floride avec les enfants. On leur faisait faire pipi au plein seulement ! Chaque

fois que j'arrêtais la voiture pour faire le plein d'essence, j'or-
donnais aux enfants d'aller aux toilettes. Ils avaient beau dire :
"Je n'ai pas envie", je leur répondais : "Vas-y pareil ! Notre prochain arrêt se fera au minimum dans quatre heures ; on n'arrê-
tera pas d'ici là." »

Qui étais-je pour décider à la place des enfants et ordon-
ner ainsi avec mon autorité de père d'aller faire pipi ?

Comme parents, on est surpris de voir un beau jour notre
grande fille de 23 ans revenir à la maison, toute découragée,
et nous poser une question d'adulte. Elle attend de nous une
réponse et même un ordre comme lorsqu'elle était toute petite.
Elle est surprise : « Maman, comment se fait-il que papa et toi
ne connaissez pas la solution à mon problème, vous qui pourtant avez toujours eu réponse à tout ? »

C'est ainsi qu'on a fait de nos enfants des victimes. On leur
a vendu l'idée que les autres décidaient toujours pour eux.

LA **VIOLENCE**

Dans un article intitulé *Une violence inodore*[49], on parle de
cette enfance privée de son sens de responsabilité en des termes
très pertinents :

> « [...] Autrefois, on faisait des enfants à la douzaine et on élevait
> ces enfants tant bien que mal, avec des concepts souvent dic-
> tés par l'Église, et cela donnait les bonnes vieilles familles
> "dysfonctionnelles" dont nous sommes à peu près tous issus,
> avec des mères hyper envahissantes et des pères souvent
> absents ou alcooliques (ce qui revient au même). Avec pour
> résultat que bien des enfants-adultes ont – ou ont eu un jour
> ou l'autre – cette amère impression de ne pas avoir vécu leur
> enfance ou de l'avoir passée à prendre leurs propres parents

---

49. Robert Campeau, «Une violence inodore», *La Presse*, 3 octobre
2004.

en charge plutôt que s'occuper de la seule chose dont un enfant devrait jamais s'occuper: vivre son enfance! [...]

«Pour contrer ce phénomène dont ils ont eux-mêmes été victimes, nombre de parents bien intentionnés ont voulu renverser la vapeur en faisant de leurs enfants de véritables petits princes. Cela a donné naissance au fameux phénomène de l'enfant-roi, l'enfant qui a tous les droits, à qui l'on accorde tous les privilèges et qui croit fermement que tout lui est dû. Mais n'est-il pas là uniquement la face opposée d'une seule et même pièce toujours aussi fondamentalement défaillante? D'une enfance carencée, ne sommes-nous pas passés à une enfance surprotégée dont les effets n'ont pas fini de nous surprendre et de nous dévaster?»

Quel message! Tout est dit! Rien à ajouter! On a victimisé nos enfants en leur donnant trop de choses et en omettant de leur apprendre qu'ils doivent prendre leurs choses en main; on a oublié de leur dire: «Il faut qu'un jour, ce soit toi qui décides, ce soit toi qui fasses arriver les choses, c'est ta vie.» «Responsable» veut dire voler de ses propres ailes comme le petit oiseau à sa première sortie du nid.

Voilà les mots clés, *être responsable*. Et sans vouloir revenir à tout prix sur des choses qui font mal, pensons au scandale de la Gaspésia (voir le chapitre 5), à cette usine dans laquelle on a englouti 300 millions de dollars en pure perte. Après une enquête, tous les participants, qu'ils soient patrons, investisseurs, gestionnaires du projet, syndicats ouvriers, employés, tous ont été unanimes pour expliquer le fiasco... en disant: «C'est la faute de l'autre!» Les fournisseurs ont dit qu'ils avaient été victimes du gouvernement qui n'a pas payé leurs factures, les employés étaient victimes d'une mauvaise administration, l'administration, elle, a été victime des syndicats trop puissants, le gouvernement, de son empressement à répondre à la communauté voulant à tout prix qu'on remette l'usine en opération à Chandler. Tout le monde dans cette aventure a été *victime*.

Pensez-y, si tous ces intervenants avaient clamé haut et fort : « Nous sommes tous responsables du désastre. On se retrousse les manches et on repart ! » et qu'on aurait dit aux ouvriers : « C'est impossible de travailler cinq heures et vingt minutes par jour et exiger d'être payé pour huit heures de travail. Cela ne se fait pas ! Cela n'a pas de bon sens surtout quand on a tous un rêve commun : reconstruire cette usine et remettre des travaillants à l'ouvrage pour produire le meilleur produit du monde ! »

Je l'ai mentionné précédemment, les repas gratuits sont une utopie : « *There is no free lunch !* » disait ma mère écossaise. Mais on a omis de le dire : on a couru chacun après son petit intérêt. On a soigné son nombril !

Permettez-moi de revenir sur la formidable réussite mentionnée au chapitre 5, celle des employés du gros moulin à papier de la ville de Témiscamingue qui, eux, ont pris les choses bien en main. Cette belle histoire fait vraiment contrepoids avec ce qui s'est passé à la Gaspésia ! Les employés de Témiscamingue ont pris les moyens nécessaires pour corriger la situation désagréable dans laquelle ils risquaient de se retrouver tous : ils ont bloqué le pont, ont emprunté en bloc à la caisse populaire pour réinvestir dans l'usine, ont relancé le moulin et en ont fait une entreprise profitable, une réussite notoire qui s'appelle aujourd'hui Tembec, malgré toutes les difficultés qu'on peut éprouver dans un marché difficile. Ils ne sont pas parfaits, ils ont commis des erreurs et ils en feront d'autres. Ce qui est vraiment extraordinaire dans tout cela, ce sont ces employés que j'ai eu la chance de rencontrer dans l'usine, qui ont voulu prendre le risque et investir. C'est là la leçon qu'il faut retenir. Il faut pouvoir parler de ce grand principe de la vie : on doit tous être responsables de sa vie. Mais combien cette perspective nous effraie, à un point tel qu'on hésite à le devenir !

LES **TANGUY**

N'est-ce pas là l'explication de ce phénomène qu'on appelle « Tanguy » ?

> « En 1981, 27 % des Canadiens et des Canadiennes de 20 à 29 ans résidaient chez leurs parents, selon Statistique Canada. Cette proportion a augmenté de 33 % en 1991, puis à 41 % en 2001. Au Québec, 39,2 % des adultes de 20 à 29 ans habitaient chez leurs parents en 2001, comparativement à 31,9 % en 1981. »

Voilà ce que rapportait Dominique Froment dans le numéro des *Affaires* du 16 août 2003. Il énumère quelques facteurs qui démontrent pourquoi on en est rendu là : « Plusieurs raisons peuvent expliquer ce phénomène ("Tanguy"), dont bien entendu le fait que les jeunes étudient plus longtemps qu'avant. Leurs *baby-boomers* de parents sont aussi plus ouverts, pour ne pas dire permissifs, ce qui fait que les jeunes n'ont plus à quitter le nid familial pour étancher leur soif de liberté. »

Mais ce qui m'a vraiment intéressé, ce sont les conseils qu'il donne : « Même si c'est votre enfant, traitez-le en adulte. S'il est sans emploi, exigez en échange de votre hospitalité qu'il fasse des recherches actives pour s'en trouver un. S'il ne peut pas contribuer financièrement à sa propre charge, exigez qu'il accomplisse certaines tâches (faire la lessive, la cuisine, tondre le gazon, déneiger, etc.)

Si l'enfant touche quelques revenus d'un travail, même à temps partiel, ne le croyez pas sur parole lorsqu'il vous dit qu'il ne lui reste pas assez d'argent pour contribuer aux charges de la maison. S'il sort beaucoup, s'il se paie des vêtements dont il n'a vraiment pas besoin, s'il s'achète des appareils de luxe ou s'il conduit sa propre voiture, vous êtes en droit d'exiger qu'il réduise son train de vie pour assumer une partie des coûts de son maintien à domicile. »

La phrase clé : « Traitez-le en adulte ! » Il aurait pu ajouter « en adulte *responsable* ».

LES LEÇONS DE **BILL GATES**

Voici quelques conseils prodigués récemment par le milliar-daire Bill Gates (Microsoft) lors d'une allocution dans une école secondaire. Il y aborde onze leçons que les élèves n'ont pas apprises et n'apprendront pas à l'école, mais en les lisant, je me suis dit que chacune d'elles pourrait être enseignée sous le titre « Responsabilité ».

Règle 1 : « La vie n'est pas juste ; il faudra vous y faire. »

C'est tout à fait vrai ! Il n'y a pas d'équité salariale. Il est im-possible que tout le monde gagne le même revenu, que tous arrivent au même point, obtiennent les mêmes résultats pour la même somme d'efforts.

Règle 2 : « Le monde se fiche de votre estime personnelle. Le monde s'attendra à ce que vous réalisiez quelque chose avant que vous vous sentiez bien dans votre peau. »

Le monde se fiche bien que tu sois mal dans ta peau. C'est ta peau et il t'incombe d'être bien dans elle. C'est ta *responsa-bilité*.

Règle 3 : « Vous ne toucherez pas 40 000 $ par année immédia-tement en sortant de l'école secondaire. Vous ne serez pas vice-président d'entreprise avec un téléphone dans votre voi-ture avant d'avoir gagné et mérité les deux. »

Encore une fois : « *There is no free lunch...* »

Règle 4 : « Si vous pensez que votre professeur est sévère, attendez d'avoir un patron. »

À ce moment-là, ce n'est pas à un enseignant dans une école qu'il faudra que tu te rapportes, mais à quelqu'un qui, pour le moment, tient dans ses mains une partie de ton avenir, une partie de la vie de ta famille !

Règle 5: «Être plongeur dans un restaurant n'a rien d'humiliant. Vos grands-parents utilisaient un terme différent pour décrire ce genre de boulot. Ils appelaient cela "s'ouvrir des portes".

Ils appelaient également cela «essayer des choses», «se trouver un job».

Règle 6: «Si vous vous retrouvez dans le pétrin, ce n'est pas la faute de vos parents, alors ne vous plaignez pas de votre sort et tirez-en plutôt les leçons nécessaires.»

Combien de fois j'entends des gens me dire «C'est la faute de mes parents! J'étais jeune quand ils se sont séparés, ce qui m'a traumatisé». Tu n'es pas tout seul dans ton cas! À l'heure actuelle, plus de 50 % des mariages se défont et se refont.

Règle 7: «Avant votre naissance, vos parents n'étaient pas aussi ennuyeux qu'ils le sont aujourd'hui. Ils sont devenus comme cela à force de payer vos factures, de laver vos sous-vêtements et de vous écouter raconter à quel point vous étiez *cool*. Alors, avant de penser sauver la forêt équatoriale des parasites de la génération de vos parents, essayez de mettre un peu d'ordre dans votre propre chambre.»

«Être *responsable*», c'est commencer à l'être dans les petites choses de tous les jours.

Règle 8: «Votre école a peut-être cessé de distinguer les gagnants des perdants, mais pas la vie. Dans certaines écoles, ils ont éliminé la note de passage et ils vous donneront autant de chances que vous voulez avant de trouver la bonne réponse. Cela n'a absolument rien à voir avec la vraie vie.»

Les réformes se font dans les commissions scolaires, mais pas dans la vie; ce sont des coups de pied qui font les réformes. Dans la vraie vie, il y a très peu de reprises. On avance.

Règle 9: «La vie n'est pas divisée en semestres. Vous n'êtes pas en vacances tout l'été et très peu d'employeurs sont intéressés à vous aider à vous retrouver. Faites cela durant vos temps libres.»

Il y a 24 heures dans une journée et pendant ces 24 heures, tu peux en travailler au moins 16. Les résultats qui en découleront seront alors extraordinaires. Mais une seule personne peut le faire : toi.

Règle 10 : « La télévision n'est pas représentative de la vraie vie. »

Pas davantage en tout cas que *Star Académie* ! Dans la vie, dans la réalité, les gens doivent quitter le restaurant et retourner travailler. Dans la vraie vie, tu n'es pas dans un bar à tout moment.

Règle 11 : « Soyez gentil avec les *nerds* (les petits génies). Il y a de bonnes chances que vous finissiez par travailler pour l'un d'entre eux. »

Les petits génies ont en effet en commun une grande curiosité qui les pousse à aller plus loin. Ils désirent apprendre davantage. Ils sont *responsables*.

DE **VICTIME** À **RESPONSABLE**

Il faut toutefois faire une distinction : *responsable* ne veut pas dire coupable ! Quand les gens me disent : « Jean-Marc, je veux bien être responsable, mais ce n'est pas de ma faute... », je leur réponds toujours que « responsable » ne veut pas dire « coupable ». Ce sont deux notions bien distinctes !

Tu es *responsable* de certaines choses, des colères que tu fais, mais cela ne veut pas dire que tu es *coupable* de cette colère. Il est peut-être normal qu'à un moment donné, tes émotions remontent à la surface, mais il faut apprendre à gérer cette colère. La colère est bel et bien là, tu ne peux la faire disparaître sans l'extérioriser. Tu dois la prendre en charge. C'est ce qu'on appelle gérer ses émotions. Mais tu n'es pas *coupable* d'avoir des émotions. Tu n'es pas coupable de sentir des pulsions, d'avoir des fantasmes : cela fait partie de l'humain. Toutefois, ce qui importe, c'est ta responsabilité à les gérer.

L'important, c'est de réaliser qu'on peut passer de *victime* à *responsable*. Dans tout l'Univers, le seul animal qui se voit victime, c'est l'être humain. Jamais un autre animal n'a songé à devenir victime. Un animal se débrouille avec ce qu'il a. C'est dans ses gènes et c'est par son instinct qu'il apprend à être *responsable*.

J'ai la chance de voir au printemps, le long de ma rivière, des petits canards. Ils mesurent à peine 10 cm et ils nagent sur l'eau, avec leur mère à l'avant. Au fur et à mesure qu'ils prennent de l'âge, ils s'aventurent plus loin pour exercer leur liberté. Dans ces cas-là, la mère ne leur court pas après. Elle leur laisse la chance de prendre de l'expérience, d'être libres, de sortir du rang. Elle demeure à l'arrière : elle enseigne le sens des responsabilités.

Pourquoi, nous les parents, sommes-nous toujours à l'avant de nos enfants ? Laissons-leur de la corde. Laissez la chance à l'enfant de prendre les devants !

MON FILS, **MON ADOLESCENT**...

C'est à l'adolescence que commence vraiment l'apprentissage de la responsabilité, de l'indépendance, de la liberté ! Certes, on peut apprendre au jeune enfant qu'il doit toujours se prendre en main, être responsable. Mais à l'adolescence, on dirait que les astres sont bien alignés : l'enfant court après son indépendance, tandis que les parents aspirent à se délester un peu de lui.

Je vous suggère donc de méditer sur cette lettre que j'ai reçue, il y a quelques années déjà. Elle dit tout !

Lettre d'une mère à son fils :

« Mon fils, mon adolescent, permets que je cause avec toi, moi ta maman !

Tu es à l'âge de l'ingratitude, moi, à l'âge de l'inquiétude.

Tu me dis que je ne comprends rien, tu ne sais pas que je sais bien.

À quinze ans... tu es le roi, tes idées, tu y as droit.

Tu pars en me disant "Salut", tu reviens en criant "Où es-tu ?".

Tu ne m'embrasses plus, c'est indécent, mais tu me racontes tous tes tourments.

Tu me dis "Maman, je ne suis plus un bébé", excuse-moi, j'ai tendance à l'oublier.

Quand nous jouons de temps en temps, tu m'appelles "petite maman" car tu es grand maintenant.

Tu me dis "J'ai hâte de faire ma vie", mon cœur se serre, mais qu'il en soit ainsi !

Si parfois j'ai l'air indifférent en apparence, c'est que le moment est venu de te laisser ta dépendance (Note de Jean-Marc : ta *responsabilité*).

Il faut que je m'efface pour que tu trouves ta place.

Nous ne sommes pas souvent sur la même longueur d'onde, c'est dû à l'évolution du monde.

Ce que bien d'autres appellent "conflits", ce n'est qu'une bonne discussion entre amis...

Quand tu as de la peine, tes lèvres tremblent, ton nez rougit ; moi je te regarde et je te souris.

Je pleure avec toi, mais tu ne le vois pas.

Tes peines sont les miennes, tes joies sont mes joies.

Comme Marie au pied de la croix, qui a dû mourir combien de fois de voir son Fils souffrir sans pouvoir intervenir.

Depuis que tu es tout petit, je t'ai appris par la beauté d'une fleur, le parfum du vent, la chaleur du soleil, la pureté d'un ciel bleu, à ma façon, je t'ai appris à aimer Dieu.

Je t'ai tracé le chemin, même si j'ai l'air de retirer ma main.

Je sais, mon fils, mon adolescent, que tu continueras, que seul, toi, maintenant, tu es capable de continuer la route et que cette forme que tu vois là-bas, tout au bout... c'est toi quand tu seras un homme.

Si parfois tu regardes en arrière, ce que tu verras, ce sera moi, ta mère !

Une maman de Saint-Jean-Vianney. »

La lettre de cette maman nous apprend que la seule façon de rendre nos jeunes responsables, c'est de ne pas être en avant d'eux, mais bien derrière eux, leur laissant la chance d'aller plus loin et de sortir du rang, peut-être même de *notre* rang...

LES **ANIMAUX**

Ce qui m'a toujours frappé chez les animaux, si je reprends l'exemple des petits canards, c'est qu'aussitôt que les canetons prennent leur envol, ils fuient un peu la mère... et celle-ci ne court pas après eux. Elle les laisse la distancer de 10, 15, 20 pieds, parce qu'elle sait d'instinct qu'à un moment donné elle va les rattraper. À sa mort, un animal ne laisse jamais à ses petits autre legs que la *responsabilité*. C'est inné dans tout le règne animal : chacun doit devenir capable de prendre sa vie en main, et cela, au plus tôt ! Jamais un animal léguera à sa progéniture un chalet payé, une maison payée, une police d'assurance-vie de 100 000 $. Pourquoi fait-on, nous, exactement l'inverse ? Pourquoi insiste-t-on pour être là même quand nos jeunes sont aptes à prendre leur envol ?

C'est ce dont on parlait précédemment : le problème de ces enfants qui s'incrustent dans les familles et qui ne veulent plus quitter le toit familial. Je mentionnais des statistiques surprenantes qui le démontrent avec éloquence : au-delà de 40 % des adultes de 20 à 29 ans habitent toujours chez leurs parents. C'est vraiment incroyable ! Le problème, c'est qu'on ne leur laisse pas la chance de partir...

Voici l'extrait de l'article paru dans le magazine *Les Affaires*[50] :

« [...] Mme Chacra croit qu'il est préférable d'aborder la question de façon plus terre à terre. "Après tout, la responsabilité des parents est de rendre leurs enfants responsables !" [...] Les parents doivent absolument s'organiser pour respecter leur plan financier, Tanguy ou pas. »

C'est aux parents de tenir à leur plan de vie, à leur façon de voir et il appartient aux enfants d'en faire autant pour eux-mêmes.

Le problème, c'est que les enfants ont de la difficulté à quitter le toit familial. Ce n'est pas le cas chez les animaux qui comprennent du premier coup ce qui se passe.

Il fut un temps où, avec un de mes fils, je faisais l'élevage de magnifiques Hereford, de grosses bêtes à tête rouge, des bœufs extraordinaires que je trouvais fort sympathiques. Ce qui m'émerveillait au printemps, lorsqu'on sortait les veaux de l'étable, c'était de les voir gambader dans l'enclos, sautillant comme de jeunes chevreuils : un très beau spectacle... Je me rappelle une scène en particulier. Après avoir couru dans tous les sens, un veau a senti une certaine fringale, s'est approché de la grosse vache, espérant pouvoir se rassasier comme il l'avait fait une partie de l'hiver. Mais la vache avait un message à son intention : la saison du « tétage » était t-e-r-m-i-n-é-e ! C'était clair et précis et elle ne le communiquerait pas par télécopieur ! Elle l'a plutôt fait d'un formidable coup de patte bien

---

50. Dominique Froment, « Tanguy menace-t-il la quiétude de vos "vieux jours" ? », *Les Affaires*, 16 août 2003.

appliqué sur le museau du rejeton, ce qui n'a pas manqué de faire rouspéter le veau. Surpris, ce dernier s'est éloigné, puis est revenu à la charge, cette fois de l'autre côté... Et vlan! Son initiative lui a valu un autre coup de patte sur le museau. Le pauvre veau s'est éloigné de la grosse vache encore une fois!

Mais après 15 coups de patte, preuve qu'un veau n'est pas «fou» et qu'il a saisi le message, il a cessé de vouloir reprendre le pis de la vache... et il s'est mis à brouter tranquillement l'herbe. Il venait d'apprendre une grande leçon: c'est toi qui broutes et tu gagnes ainsi ta vie! Cette leçon est courante dans le monde animal. Que faisons-nous, les humains, pour enseigner cette leçon à nos petits?

À l'école, personne ne peut forcer un élève à apprendre s'il ne le veut pas. C'est sa responsabilité. Et la façon pour lui de l'apprendre, c'est d'y être forcé, poussé par la curiosité: vouloir en savoir plus! Je cite souvent l'exemple des oiseaux: tous les printemps, l'apprentissage du vol pour un oisillon est très court et très simple. Le cours ne dure qu'une seule leçon de quelques secondes!

On lance le petit en bas du nid et c'est fait! Jamais on verra un oiseau tirer un autre oiseau. De même, la mère n'explique jamais à ses petits à quoi ressemble un chat. Les oisillons savent qu'ils devront se méfier de cet ennemi. Lorsqu'ils en voient un dans les parages, et même s'ils aperçoivent une autre forme que celle d'un chat, mais qui lui ressemble ne serait-ce qu'un tout petit peu, pour eux, cela s'appelle un chat. Ils s'envoleront sans demander leur reste... Incroyable, leur instinct!

Il m'arrive souvent en donnant cet exemple de poser cette question à un adulte parent: «Que fais-tu avec ton grand garçon de 27 ans encore à la maison?» La réponse ne se fait pas attendre: «Il n'est pas encore prêt.»

Et je me dis alors: «As-tu déjà vu un oiseau passer trois ans dans le nid?» Impossible! Voilà ce qui constitue la base d'une société : quand des individus se mettent à sortir du nid et à bâtir leur propre avenir !

LES **ÉTUDES**

Après avoir vu ces exemples de comportement d'animaux, une question se pose : serait-ce que l'humain étudie trop, que les études formelles sont trop longues, qu'on se déforme à trop étudier ? Je me souviens d'avoir rencontré à l'Université de Montréal un homme de 34 ans qui avait déjà terminé tous les cours de quatre facultés différentes et qui me disait en chercher une cinquième pour « parfaire son éducation » !

Lui demandant s'il ne trouvait pas qu'il étudiait trop longtemps, il m'a répondu : « Je veux être le plus professionnel possible ! » Bon Dieu ! Un garçon comme celui-là passera directement d'une bourse d'études à sa retraite ! Ce type ne partira jamais, si cela continue. Quelle trace laissera-t-il ? Une série de diplômes accrochés au mur ! On passe trop de temps à penser et, surtout, à étudier : on oublie le principal, avancer. Sur une pierre dans une cathédrale se trouvant sur le chemin de Compostelle, il est écrit : on ne peut asservir un homme qui marche ! Mais on peut le faire avec un homme qui étudie trop !

Dans *La Presse* du 19 novembre 2001, il était question d'innovation. On disait qu'on n'apprenait pas à devenir un entrepreneur sur les bancs d'école. Ce n'est pas ainsi que se font les choses. On peut étudier ce qui pousse quelqu'un à prendre le risque d'entreprendre, mais on n'apprend pas à entreprendre autrement qu'en entreprenant ! Dans cet article, on pouvait lire :

> « [...] Les diplômes ne sont pas un préalable à la créativité[51]. La recherche du CIII indique qu'il n'y a pas de lien entre le niveau

---

51. Hélène Baril, « Innover ne s'apprend pas à l'école », *La Presse*, 19 novembre 2001.

de formation et la créativité d'un entrepreneur. L'éducation classique en gestion peut même avoir pour effet de réprimer l'innovation. Ce n'est pas pour rien que les écoles s'intéressent aux conditions qui favorisent la créativité. »

Pourtant, on se précipite tous à l'école pour apprendre. Nous voulons tous apprendre la recette au plus tôt. C'est incroyable ! Il faudrait bien réaliser un jour que ce n'est pas ainsi que les choses se passent...

La vie, je l'ai mentionné à plusieurs reprises, s'apprend à force de manger des coups de pied et, qui plus est, de vrais bons coups de pied au postérieur. C'est la capacité que l'on a de rebondir après un tel coup de pied qui rend les gens responsables et aptes à ne pas apprendre d'un autre, mais d'apprendre sa propre recette.

Plus tu es jeune à recevoir le coup de pied, plus le ressort est tendu et plus tu as de chances de bondir rapidement et avec force vers l'avant. Plus tu es jeune et que tu passes à l'action rapidement, plus tu te rends compte que ce n'est pas sur les bancs d'école que l'on apprend à bondir. Un jour, on a demandé à Guy Maufette quel était le rôle qu'il avait préféré parmi tous ceux qu'il avait interprétés au cours de sa carrière. Le célèbre animateur du *Cabaret du soir qui penche* (à Radio-Canada) avait répondu : « Toute ma vie, je n'ai joué qu'un rôle : j'ai joué du Maufette ! » Et ce n'est pas à l'école qu'il avait appris ce rôle !

Quand on mange des coups de pied à 55 ans, le ressort est plus distendu, affaibli. Que c'est difficile de reprendre courage après avoir reçu un coup de pied à un âge plus avancé !

LA **NASA**

Dans un autre article du quotidien anglophone[52] *The Gazette*, on cite le livre *27 Ways to Turn Life's Setbacks Into Success*[53] (traduction libre : *27 façons de transformer les échecs de la vie en réussites*) de Charles C. Manz. On raconte que la NASA, faisant passer des entrevues dans sa quête d'astronautes pour la mission Apollo 11 (premier alunissage d'un véhicule habité), a d'abord commencé par s'intéresser à la capacité intellectuelle des candidats, à leurs aptitudes. Cependant, parmi les milliers de *curriculum vitæ* reçus, la NASA cherchait surtout à déterminer les individus qui avaient la capacité de rebondir.

On a ainsi éliminé tous les candidats qui n'avaient jamais eu à surmonter un cuisant revers, une vraie défaite, à un moment ou à un autre dans leur carrière. On pourrait penser qu'il aurait été beaucoup plus logique de sélectionner ceux dont le cheminement de carrière était sans faille et qui n'avaient jamais eu à subir le moindre revers. C'est plutôt le contraire : c'est du côté de ceux qui avaient connu un échec dans le passé qu'on a cherché les perles rares. Apparemment, on s'est appuyé sur cette prémisse : une personne qui avait déjà ressenti le goût amer de la défaite mais qui s'en était remise, devenait un candidat plus apte que celui qui n'avait jamais subi le moindre échec à relever le défi d'un voyage dans l'espace.

Vous mangez des coups de pied ? C'est bien, car grâce à ces expériences de chute et de retour à la surface, vous êtes capable de relever tous les défis que la vie vous présentera... Mais on a toujours fait en sorte d'éviter les coups de pied comme enfant ; c'est ce que les parents cherchent toujours à faire en répétant à tout moment des phrases comme : « Tu vas te faire mal...

---

52. Dave Murphy, « The Value of Failure », *The Gazette*, 10 juin 2002.
53. Charles C. Manz, *The Power of Failure* : *27 Ways to Turn Life's Setbacks Into Success*, San Francisco, Berrett-Koehler Publishers, 2002, 128 p.

Reste près de moi. Ne va pas là! Ne quitte pas la galerie. Joue dans la cour seulement!» Jamais un enfant n'apprendra qu'il doit faire attention à la rue, que s'aventurer là où il y a une circulation automobile peut devenir dangereux. C'est vrai qu'il y a là des risques d'accident, des risques de catastrophes plus grands, mais c'est la seule façon d'apprendre à bien s'en sortir: ce n'est pas à l'école ni à l'université que cela s'enseigne, c'est dans la vie de tous les jours, autour de la maison.

LES **OUTARDES**

Quand on observe la nature qui nous entoure, il arrive qu'on soit témoin de scènes très difficiles à supporter ou à accepter. En voici une que je trouve particulièrement cruelle et que j'ai observée plusieurs fois au fil des ans et qui touche les outardes. Ces grands oiseaux se posent sur les eaux de la rivière des Outaouais ou du fleuve Saint-Laurent tous les printemps et tous les automnes. Ou bien les outardes s'envolent vers le sud pour fuir les hivers trop rigoureux, ou encore elles s'envolent vers le nord pour éviter les étés trop chauds.

Voici l'observation d'une scène qui s'est déroulée à l'automne, quand les outardes reviennent du nord, bien grasses, avant d'entreprendre leur grand vol migratoire vers les États-Unis, fuyant nos hivers froids. Ces grands oiseaux se posent toujours dans les marais de certains secteurs de la rivière des Outaouais ou le long du fleuve Saint-Laurent, tout près de l'autoroute 40, dans les environs de Trois-Rivières. Elles se gorgent de nourriture avant leur grand voyage vers le sud.

Ce qui est surprenant, c'est que lorsque le moment du départ arrive, les outardes s'élèvent instinctivement dans les airs – curieusement, tout le groupe le fait en même temps – et s'envolent dans le ciel froid de l'automne, sauf peut-être une quarantaine d'oiseaux qui continuent à nager, à manger, à fouiller dans les herbages et qui regardent partir tous leurs congénères. Ces oiseaux semblent avoir décidé de rester sur l'eau plus longtemps. Ces retardataires ne sont pas de jeunes outardes. Au contraire, ce sont toutes des bêtes vraiment matures. En discutant avec des gens qui étudient les mœurs de ces volatiles, on m'a expliqué que celles qui ne s'envolaient pas avec le groupe étaient en fait celles qui, d'instinct, savaient qu'il leur serait impossible de faire le long voyage vers le sud ; elles n'avaient plus l'énergie nécessaire ! Elles restaient donc là, dans l'étang, et attendaient. À la venue de l'hiver, la glace se forme sur l'étang, la nourriture manque et elles meurent. On les retrouve, quelques semaines plus tard, figées dans la glace !

Quelle leçon ! Ces outardes savent assumer leur vieillesse. Elles savent ce que très souvent on a peine à comprendre dans certaines maisons de soins prolongés : les gens qui sont là ne demandent pas à guérir, ils n'exigent pas de retrouver leurs 20 ans. Ils demandent qu'on les accompagne à la fin de leur vie. Ils veulent de la compassion, de l'écoute pour traverser sereinement les dernières étapes.

Malheureusement, on leur enlève la chance de le faire. Il ne s'agit pas d'y aller d'expériences médicales complexes sur ces personnes, mais plutôt de répondre à des demandes toutes simples, comme : « Veux-tu m'aider à voir encore quelques couchers de soleil, en me promenant dans le parc, le long de la rivière ? Peux-tu m'aider à prendre soin de mon potager à l'arrière du centre pour personnes âgées ? »

Assumer sa vieillesse, c'est aussi assumer sa vie. Vieillir, c'est apprendre à profiter de chaque instant avec l'aide des gens autour !

HISTOIRE DE **LAPINE**

À la ferme, mon fils et moi avions installé des clapiers pour l'élevage de lapins ; nous en avions quelque 6 000. Nous fournissions les restaurants et les hôtels de la région. Il fallait faire en sorte d'avoir le maximum de lapereaux à chaque portée et de s'assurer qu'ils survivent en santé. Au fil du temps, nous avons obtenu des moyennes de 15 lapereaux par portée. Cependant, nous nous heurtions toujours au même problème : la lapine n'avait que huit tétines, ce qui avait pour conséquence que sept bébés lapins avaient dès le départ un problème existentiel !

Évidemment, nous avons communiqué avec l'École vétérinaire de Saint-Hyacinthe pour leur faire part de notre problème. On jonglait avec la possibilité qu'après de savants croisements, on pouvait créer un jour des lapines au corps plus allongé qui compteraient des rangées de tétines additionnelles ! On riait beaucoup de ces expériences imaginaires et rocambolesques.

Soyons sérieux : je suis convaincu que la lapine raconte à ses lapereaux dès leur première heure de vie que l'important, dans la vie, c'est de devenir responsable au plus vite. Lorsqu'ils viennent au monde, ces petits lapereaux, mesurant deux pouces et demi, sont complètement nus et aveugles. Ils sont 15 à tourner autour de leur mère dans le nid. Je suis certain que la lapine leur dit avec conviction : « Trouve-toi une tétine au plus tôt parce que si tu attends trop, tu courras un grand danger. »

Puis, quelques jours plus tard, on retrouvait sept lapereaux morts dans le nid. Ils n'avaient pu manger au tout début. Parce qu'ils étaient beaucoup plus petits que les autres, ils n'avaient pu s'approcher de la mère pour téter et étaient morts d'inanition.

Comme cette leçon est très importante, Céline et moi, avec les cinq enfants et les petits-enfants, avons toujours tenté de passer ce message : « Cherche-toi une tétine au plus tôt ! »

C'est là le message de la vie. C'est cela assumer sa condition d'homme sur terre qui doit gagner sa pitance. Ce que les lapereaux ont compris à leur naissance, c'est qu'il faut gagner sa vie. C'est là une expression qui n'existe qu'en français : gagner sa vie. En anglais, on dit *earn a living* et non *win your life*.

Il faut gagner sa vie, c'est cela l'assumer ! Il n'y a rien de gratuit ! Toujours, nous devons faire un effort pour obtenir quelque chose en retour... Il faut mettre de l'eau dans la pompe d'abord, pour ensuite la voir jaillir.

Quand on parle de « gagner », il ne s'agit pas de « gagner » sur l'autre comme dans un sport, en écrasant l'adversaire. Dans la vie, on n'est ni à l'attaque ni à la défensive comme dans un match de football. On est là à pousser plus loin et plus fort afin de placer son petit grain de sable dans cet Univers.

À l'opposé du mot « gagner », il y a le mot « perdre », dans le sens de « perdre sa vie »... Personne ne peut gagner ou perdre à la place de l'autre.

Quand les gens d'affaires me demandent d'aller motiver leur monde, je leur réponds toujours que motiver quelqu'un est une utopie, une impossibilité. On ne peut pas forcer un âne à boire dans la chaudière ! S'il n'a pas envie de boire et qu'on l'y force quand même, la bête va plutôt faire des bulles dans l'auge !

La seule façon d'arriver à stimuler quelqu'un, à le pousser à l'action, c'est de l'inspirer et de lui donner la soif d'aller plus loin. Cela vaut pour un professeur de 3e année au primaire, pour l'infirmière qui essaie de dire à un patient qu'il doit faire un effort, qu'il lui faut assumer sa maladie et l'accepter. Cela valait pour un Jacques Voyer qui, après son accident à 21 ans, complètement paralysé, s'est pris en main, a terminé sa médecine, est devenu psychiatre et a pratiqué jusque dans la cinquantaine, jusqu'à ce qu'il tire une seconde fois le mauvais billet pour sa vie et décède à la suite d'un accident, en avril 2005, sur le pont Champlain. Jacques Voyer avait su « gagner » sa vie.

UN **CHOCOLAT CHAUD**?

On a trop souvent tendance à bannir le mot « gagner » de notre vocabulaire. Gagner n'est pas dangereux... Au contraire, c'est agréable, très agréable même ! C'est exaltant au point de lancer un *Wow!* retentissant. C'est un des éléments importants de la passion. Mais on a parfois peur de gagner ; on prétend que gagner n'est pas important, que ce qui importe c'est d'avoir essayé !

Faux! L'important, c'est de réussir. Ce qui importe, ce n'est pas d'essayer de faire un pont, mais de le construire ! L'important n'est pas d'essayer de faire un pays, mais de le faire, de commencer à le bâtir !

Or, nous avons eu beaucoup de gouvernements qui ont tenté de faire de la réingénierie : couper les dépenses de fonctionnement de l'État, réduire le nombre de fonctionnaires et augmenter leur efficacité. Mais il semble qu'ils ont toujours « tenté d'essayer » et non « tenté de démarrer ». Il faut inspirer les gens en leur répétant toujours : « On n'essaie pas. On va le faire ! » C'est ça qui est important.

Vous rappelez-vous la réclame publicitaire où on voyait le petit garçon, assis en fin d'après-midi au salon, dans la pénombre, chez lui ? La mère s'approchait en lui tendant une tasse et lui demandait : « As-tu gagné au hockey cet après-midi ? »

Le petit garçon répondait « Non », l'air triste et abattu, et la mère reprenait aussitôt : « Ce n'est pas important. L'important, c'est de faire de ton mieux. Bois ton chocolat chaud ! »

Dans une vie, dans combien de circonstances différentes n'aurions-nous pas mérité nous aussi un tout petit chocolat chaud ? Pensons à la banque qui t'appelle pour t'annoncer que tu manques de fonds pour ton chèque et que tu devras remédier à cette situation avant 16 heures le jour même : il n'y a pas de chocolat chaud, et souvent même pas la chance de donner une explication! Pensons à l'annonce des mises à pied massives: ici encore les employés ne reçoivent jamais de chocolat chaud, sinon un avis qui a été revu et corrigé par le service juridique. Y a-t il au moins un merci?

Plus vite nous apprendrons à tous les adultes, à tous les enfants, à cette jeune génération qui réclame son projet de société, que dans la vraie vie il n'y a pas de chocolat chaud, plus vite on passera à l'action constructive... Cet apprentissage ne se fait pas dans la tête, ne se fait pas à l'école ni à l'université, car l'homme cherche alors instinctivement des situations où s'applique la loi du moindre effort! Faut-il alors acheter un billet de loto? C'est facile et intéressant, mais ce n'est pas ça, la vie!

La réalité, c'est que la majorité des gens doivent gagner leur vie sans avoir devant eux un gros lot de 12 millions de dollars!

Le meilleur exemple à donner partout, c'est de gagner cette vie!

LES **GAZELLES**

Lors d'un voyage au Kenya il y a plusieurs années, ma femme et moi observions à l'aide de lunettes d'approche des animaux à l'état sauvage. Nous étions en train d'admirer un troupeau d'environ 200 gazelles. Quel spectacle magnifique que ces belles bêtes zébrées en train de paître tranquillement!

Soudain, mon attention est attirée par une tache brune qui s'approche furtivement et très lentement d'une gazelle un peu à l'écart du troupeau. C'est une lionne à l'affût. Soudain, le félin bondit à la vitesse de l'éclair et fonce sur la gazelle qu'elle braquait du regard. Évidemment, en voyant surgir la lionne, la gazelle n'a pas hésité. Elle court déjà à une vitesse extraordinaire – vitesse qui peut atteindre plus de 115 km/h!

Je dirais même qu'une gazelle peut courir encore plus vite que cela quand elle a une lionne à ses trousses !

Céline et moi, les lunettes d'approche aux yeux, retenons notre souffle. Il ne nous faut que quelques secondes pour réaliser qu'avec sa trajectoire en diagonale, la lionne est sur le point de rattraper sa proie, à un point tel que je dis à ma femme : « Céline, regarde bien ! Le lion va sauter sur la gazelle ! »

À l'instant précis où la lionne va le faire, la gazelle bondit de nouveau, mais à un angle invraisemblable de 90 degrés à gauche par rapport à sa trajectoire de course originale. Incroyable ! En sautant ainsi, une fraction de seconde plus tard, la lionne se retrouve devant rien. Le vide ! Où est donc passée la gazelle ?

Le gros chat s'est ensuite rendu compte que sa proie était à sa gauche, à une bonne distance de lui et qu'il serait dorénavant impossible de la rattraper. La lionne est donc revenue à son point de départ, le pelage détrempé par la sueur. Le guide qui nous accompagnait m'a dit qu'elle devait être sûrement très affamée parce que, théoriquement, les lions chassent rarement le jour à cause de la chaleur écrasante.

La lionne était revenue bredouille, épuisée par sa poursuite. Mais surtout, elle n'avait pas de gazelle à se mettre sous la dent. Pas de chocolat chaud, non plus, pour avoir au moins fait de son mieux !

Instinctivement, la lionne avait compris une chose : il fallait qu'elle se cherche une autre gazelle. Les gazelles ne viennent pas d'elles-mêmes.

En pareilles circonstances, quand nous n'avons plus de gazelle à notre portée, que faisons-nous ? La plupart du temps, nous, les lions, disons au gouvernement : « Il faudrait que tu nous fournisses de plus petites gazelles qui n'ont pas peur de nous et qui courent moins vite, car on court comme des fous et on n'attrape rien! De plus, il faudrait attacher les grosses gazelles parce que si ça continue ainsi, on va tous mourir de faim et, toi le gouvernement, tu seras responsable de la disparition des lions dans la forêt africaine!»

Les lions, les vrais, ceux à quatre pattes, n'ont pas de syndicats et ne font aucune revendication auprès du gouvernement... Seuls les humains le font, des humains qui ont oublié la grande leçon de la vie : rien n'est gratuit. D'accord, il faut s'amuser, c'est un des plaisirs de la vie, mais un jour, il faut assumer sa vie. Il faut prendre son avenir entre ses mains.

Comme je l'ai mentionné précédemment, on a eu 180 000 étudiants qui ont paradé au printemps 2005 en brandissant des pancartes et qui ont hurlé leurs revendications au gouvernement : cela n'a plus de sens! Il faudrait que tu nous fournisses des petites gazelles. Il faudrait que tu nous les donnes parce qu'avant, c'est ce que tu faisais. Tu nous les donnais. Maintenant, tu ne veux plus le faire. Tu veux seulement nous les prêter. Il faudra tout rembourser : ce n'est pas juste! Cela ne vaut même plus la peine d'étudier si, en terminant un baccalauréat, je te devrai 20 000 $. Il faut revenir à ce que c'était auparavant! Il faut retourner au passé...»

Pourtant, ces 20 000 $ qu'on lui prête, c'est pour qu'un jour cette somme remboursée serve à d'autres étudiants de la prochaine génération. C'est un choix de société qu'on leur demande à eux, ces étudiants. Pas à moi. Je l'ai fait ma vie, et le prêt d'honneur ça existait. Le choix de société que je propose à ces étudiants revendicateurs, c'est de leur prêter ces 20 000 $, mais à une condition : ils seront tenus de les remettre pour ceux qui seront à l'école dans 15 ans. Il semble que les étudiants revendicateurs n'ont pas compris ce message. Ils ont plutôt cassé les oreilles des gens avec le mot «solidarité». Et quelle solidarité ont-ils, eux, avec les plus jeunes, ceux qui seront étudiants dans une quinzaine d'années? Les ont-ils oubliés?

Avec un peu d'effronterie – il est rare que je pousse aussi loin –, je leur dirais : «Tu ne veux pas finir ton cours ? Tu ne veux pas devoir 20 000 $ en sortant de l'université ? Cesse alors tes études et travaille. Cesse de nous casser les oreilles avec un pseudo-projet de société. Car le véritable projet de société, il est là avec tous ces enfants de 4 et 5 ans qui auront besoin de cet argent pour faire leurs études quand ils auront 18 ou 19 ans, et c'est toi qui le leur remettras en remboursant ton prêt ! Mais si tu ne veux pas, trouve-toi un job ! On va donner la chance à un autre ! »

DÉCLARATION AU CONGRÈS AMÉRICAIN

Un jour, en visite chez un affineur de reblochon – un fromage de lait cru particulier – dans le Jura français, dans les Alpes, je sirote un bon petit rouge. Pendant que mon hôte s'est absenté quelques minutes, je jette un coup d'œil aux murs de la pièce et je remarque un texte calligraphié dans un cadre de bois. Je m'en approche pour le lire. Ma lecture terminée, je demande à mon hôte, à son retour, la permission d'en faire une copie pour le rapporter à la maison. Voici le texte en question :

«VOUS NE POUVEZ PAS...
créer la prospérité en décourageant l'épargne,
donner la force au faible en affaiblissant le fort,
aider le salarié en anéantissant l'employeur,
favoriser la fraternité humaine en encourageant la lutte des classes,
aider les pauvres en ruinant les riches,
éviter les ennuis en dépensant plus que vous ne gagnez,
former le caractère et la volonté en décourageant l'initiative et l'indépendance,
aider continuellement les hommes en faisant pour eux ce qu'ils pourraient faire eux-mêmes.»

(Extrait de la déclaration au Congrès des États-Unis d'Amérique, par le président Abraham Lincoln, en 1860.)

Il y a 145 ans, dans un des pays les plus démocratiques et des plus capitalistes de la terre, on reconnaissait une grande réalité de la vie : tu ne peux pas toujours faire ce que les autres devraient faire eux-mêmes. En fait, quand tu le fais à leur place, tu ne les aides pas, tu leur nuis !

Et qu'avons-nous tendance à faire chez nous en ce début du 21ᵉ millénaire ?

Il faudra bien qu'un jour on devienne responsable, qu'on apprenne à prendre nos choses en main et qu'on cesse de regarder autour, qu'on fasse ce que le chroniqueur Pierre Foglia de *La Presse* disait si bien : « La vie, c'est comme le vélo. Si tu ne te défonces pas, tu n'arriveras jamais au bout. » Cela ne s'applique pas qu'au vélo !

LE **SONGE** D'UN PÈRE

Dans la vie, on a peur de se défoncer, d'aller au fond des choses. Voici une très belle lettre d'un père, publiée dans *La Presse*[54], qui s'interroge sur ce qu'il pourrait bien offrir à sa petite-fille pour son quatrième anniversaire de naissance :

> « [...] Je sais que l'argent te rendra la vie plus douce et agréable, mais qu'il ne t'apporterait rien de vraiment précieux. »

Qu'il a raison ! On donne trop d'argent. On ne dit pas assez qu'il faut le gagner. L'argent n'est que le symbole de l'effort accompli. Il ne faut pas en vouloir à ceux qui ont amassé leur capital sou par sou. Il faut en vouloir à ceux qui ont été payés trop grassement, à ceux qui ont eu des pensions, des allocations de départ de millions de dollars qu'ils ne méritaient pas. À eux, je dis : « Vous n'aviez pas le droit de prendre cet argent. » Mais d'un autre côté, il faut arrêter de donner.

---

54. Bernard Viau, « Songe de père, rêve d'enfant », *La Presse*, 27 février 2004.

« J'ai longtemps réfléchi : je suis maintenant décidé. Je vais te préparer à te battre en choisissant bien tes batailles, cela te sera plus précieux que de chercher à te rendre la vie douce et agréable. Je ferai tout en mon pouvoir pour te rendre forte tout en te conservant tendre. Je te montrerai comment te défendre mais sans haïr toi-même, comment ignorer les sots qui chercheront à te blesser par leurs paroles, comment rester fière mais simple, comment observer et apprendre sans devenir prétentieuse, comment rêver sans être rêveuse. »

Et pourquoi pas, comment pouvoir rêver grand sans jamais perdre son rêve ! Il est important de savoir perdre ses illusions, de savoir que tout n'est pas parfait, que là où il y a de l'homme, il y a de « l'hommerie ». Mais tout cela, sans jamais perdre ses rêves.

« Je te montrerai aussi comment méditer pour qu'un jour, peut-être, tu puisses entendre la musique de l'Univers. Je veux t'enseigner le courage car je sais bien que tu en auras besoin pour rencontrer les défaites de la vie. (Note de Jean-Marc : le courage pour savoir bondir quand le coup de pied va frapper, de ne pas rester assise en se disant que c'est la meilleure façon de ne pas recevoir de coup de pied au derrière.) Il te faudra mesurer l'illusion de ce monde pour un jour atteindre la sagesse, ta plus grande victoire. [...] »

J'aurais aimé pouvoir écrire une telle lettre à mes enfants, mais de toute façon, ils le savent. Je pense que chacun de nous doit apprendre à devenir responsable, cesser de se plaindre et de toujours être la victime !

À la question du journaliste[55] qui lui demandait s'il croyait toujours que la meilleure façon de tuer un homme était de lui donner de l'argent pour l'empêcher de travailler, Félix Leclerc avait répondu :

« Ça devrait être interdit de donner à un homme sain 100 dollars par semaine, qu'il aurait pu aller chercher en mettant ses

---

55. Yves Taschereau, « Le refus de vieillir », *L'actualité*, février 1979.

bottes et en se salissant un peu. » «Mais il n'y a pas de travail pour tout le monde. » «Oui... Comment faire? Je ne le sais pas. Ce n'est pas à moi de le dire. Je suis l'homme libre un peu dans la poésie, je suis témoin. Je regarde et je vous dis: "Voilà ce que j'ai vu." Je pense à un gars qui entrait à la taverne le matin avec son fils, sans enlever son capot ni son chapeau de peur de les oublier, parce qu'il va sortir soûl! On ne fait pas une race bien, bien forte avec de la Molson tout le temps. Comment faire? Je ne sais pas... Une brouette, une pelle, un marteau et puis nettoyons le Québec! Parce que la dignité se retrouve toujours derrière un outil. »

On a peut-être oublié comment se servir de l'outil qui nous permettrait de gagner dans la vie!

Et pour reprendre la brouette, la pelle, le marteau pour nettoyer et faire le Québec, il faut avant tout passer à l'action! C'est le sujet du prochain chapitre.

Chapitre 8

L'ACTION, **L'ENGAGEMENT**

L'homme est condamné à faire des choix.

Jean-Paul Sartre

Personne ne peut se dépasser, mais chacun doit aller au bout de soi.

Pierre Bourgault

Pourquoi viser l'excellence quand on peut atteindre la perfection?

Extrait de l'annonce du café Taster's Choice

On ne peut asservir un homme qui marche!

Inscription gravée sur une pierre dans
une cathédrale sur la route de Compostelle

C'est le cœur qui nous pousse à l'implication, dans le sens de l'engagement total dans ce qu'on entreprend! Ainsi, c'est avec le cœur que l'on devient un être engagé. Par ailleurs, avec la tête – tout ce rationnel et toute cette logique –, on fait des promesses, «on va l'essayer», mais on ne s'y met jamais: on ne part pas. On fait des promesses, mais avec des «plans B» au cas où... On va même jusqu'à élaborer des «plans C»! Quand on s'engage, il n'y a pas de plans A, B ou C, des plans

« parachutes » ou « de rechange ». Il n'y a qu'un plan, une seule chose qu'on entreprend, rien d'autre.

Le plus souvent, on a si peur de s'engager qu'on se garde des portes de sortie. Et c'est là le danger. Des promesses, c'est ce qui nous empêche de prendre des décisions : on promet comme si on était personnellement toujours en campagne électorale. Une fois élu, on peut alors expliquer que les circonstances ont changé tant et si bien que ce qui avait été promis ne peut plus tenir finalement. Une promesse ne sera jamais un engagement, c'est-à-dire la volonté d'*embarquer* vraiment, de s'engager à faire vraiment ce qu'on a dit qu'on ferait !

Chez les humains, on promet avec la tête. Grâce au rationnel, on apprend facilement les trucs, les recettes. On se dit : « J'ai appris qu'en raison d'une nouvelle circonstance imprévue ou d'un contexte différent, on ne peut remplir nos promesses. On doit donc y renoncer ! » Les animaux, eux, ne font pas de promesses : ils s'engagent.

HISTOIRE DE **CHIEN**

Voici d'ailleurs une petite histoire véridique qui prouve la profondeur de l'engagement de ce qu'on appelle « les bêtes »... pas si bêtes, tout compte fait !

Un vieil homme avait un chien qu'il avait nommé Skippy. Un jour, ce monsieur est tombé malade, puis il est décédé. À son retour à la maison après les funérailles du vieil homme, son héritier se rend compte que le chien n'a pas mangé depuis trois jours, c'est-à-dire depuis le décès de son maître. Comme il avait déjà vu le maître de la bête verser du sirop d'érable dans sa moulée, l'héritier fait de même, puis dépose le plat du chien près de son bol d'eau et ordonne à la bête : « Skippy, viens manger. » L'animal s'approche, sent sa moulée, mais retourne se coucher sur les chaussettes de son défunt maître sans en avoir pris la plus petite bouchée.

Le lendemain matin, par un beau dimanche ensoleillé, l'héritier remarque à son réveil que le chien, toujours étendu en boule sur les chaussettes du défunt, n'a toujours pas touché à la nourriture qu'il lui avait servie la veille. Il décide alors d'emmener Skippy à l'hôpital vétérinaire pour le faire examiner. «C'est le chien de mon grand-père décédé mercredi et qu'on a enterré hier», explique-t-il au vétérinaire qui l'accueille. «Skippy ne veut plus manger. Ça fait quatre jours, en fait depuis la mort de son maître, qu'il n'a rien avalé du tout. Ne croyez-vous pas qu'il faudrait lui injecter une piqûre pour qu'il puisse refaire ses forces et retrouver son appétit?»

Le vétérinaire ausculte alors la bête dans une salle d'examen et, au bout de 20 minutes, dit à l'héritier: «Franchement, je pourrais lui faire une injection, mais je doute qu'il se remette ensuite à manger de lui-même.»

«Qu'est-ce qui vous fait dire cela? demande l'héritier. Si Skippy ne mange pas, il va mourir! Je veux le garder! C'est un lien précieux qui me relie à mon grand-père...»

En pinçant les lèvres, le médecin reprend: «Je vais te le dire plus simplement. Le chien est condamné: il va mourir. Ce n'est qu'une question de temps.»

L'héritier ramène donc la bête à la maison. Le chien va tout de suite se coucher sur les chaussettes du maître disparu. Onze jours plus tard, Skippy est mort. Il avait survécu tout ce temps, quinze jours, en ne buvant que de l'eau. Une fois son maître décédé, le chien avait perdu tout appétit.

Après que l'héritier eut enterré le chien, il s'est mis à raconter à ceux qui lui rendaient visite: «Ce chien-là vient de me donner toute une leçon! Il était *embarqué* avec son maître.»

Skippy n'avait jamais fait de promesse. Il avait pris un engagement et parce qu'il était engagé, quand le maître est disparu, le chien est devenu inutile. Il n'avait plus sa raison d'être.

Il y a un parallèle avec cette histoire d'engagement. Il a été statistiquement établi que plus de la moitié des mariages – tous ces engagements à rester aux côtés du conjoint ou de la conjointe «à la vie et à la mort» – ne tiennent pas : ce sont des promesses !

Combien de jeunes prennent la décision de s'engager vraiment ? On fait encore et toujours des promesses ! Je les entends parler de leurs ex-conjoints, se vantant qu'au fil des ans ils sont devenus de bons amis, que la séparation s'est faite à l'amiable, comme si c'était une belle réussite. Or, le mot «séparation» implique un engagement annulé. Oh ! je comprends qu'il y a des circonstances incontournables et que la seule solution possible, c'est de partir chacun de son côté. Mais quand le taux de rupture aboutissant à la séparation du couple atteint les proportions actuelles, soit 50 %, il convient de dire que ce qu'on appelait jadis «la parole donnée» ne tient plus : en fait, on donne sa parole, à condition... de pouvoir la reprendre !

Quand, au chapitre 3, j'ai évoqué le mariage de Renée et Fernand, âgés respectivement de 85 et 82 ans, dans la chapelle du Sacré-Cœur, à la basilique Notre-Dame de Montréal, on aurait pu se demander : pourquoi se marier ? Pourquoi s'engager quand ils auraient pu facilement vivre ensemble, vérifier s'ils étaient faits pour s'entendre, se donnant ainsi un plan B au cas où cela ne fonctionnerait pas !

Même le prêtre qui célébrait le mariage disait que c'était la première fois de sa carrière qu'il célébrait un mariage pour un couple si âgé. M. Raymond Gervais, dans *La Presse* du 7 septembre 2003, écrivait : «Il fallait voir le bonheur de Renée et Fernand lorsqu'ils ont échangé leurs vœux et qu'ils se sont passé la bague. Leur sourire en disait long.»

On parle ici de vœux ! Un mot quasiment oublié dans notre langage. Au contraire, ceux qui se marient encore devant Dieu et les hommes se préparent des mois et même des années à l'avance. On consulte un notaire pour rédiger un contrat de mariage de plusieurs pages, avec des clauses qui doivent tenir compte de tout ce qui pourrait se produire. On voit le rationnel à l'œuvre ! Tout est prévu noir sur blanc !

Mais pensez aux premiers soirs où le souper sortira du four complètement calciné, aux premières petites divergences de vue et on fera immédiatement appel au contrat : «Tu n'es pas content ? Alors, j'invoque la clause 17.1 de notre contrat de mariage ! Dehors !» On revient alors sur les vœux prononcés précédemment.

NE FAISONS RIEN !

Pour trouver un jour un sens à la vie – à sa vie –, on doit s'*embarquer* !

C'est toutefois ce qu'on redoute le plus de nos jours. Nous avons aujourd'hui une jeunesse qui me paraît hésitante. Pourquoi hésiter ? Parce que prendre une décision implique faire un choix et ce choix signifie renoncer à quelque chose ! Les difficultés ressenties à l'occasion de la prise de décision sont le plus gros handicap pour devenir *responsable*.

Prendre une décision, c'est quelque chose de terrifiant, comme en témoigne un éditorial publié dans un quotidien montréalais en 2004[56]. L'auteur raconte que jadis, à l'époque de la Révolution tranquille, pour progresser à un rythme d'enfer il fallait prendre des décisions rapidement. On décidait de bâtir, d'innover, de le faire, d'explorer la gamme des possibles, par exemple la Caisse de dépôt, Sidbec-Dosco, le ministère de l'Éducation, etc.

---

56. Mario Roy, «Surtout, ne faisons rien», *La Presse*, 15 septembre 2004.

Voici donc ce qu'écrivait M. Mario Roy :

«[...] Maintenant, se ranger du côté du progrès consiste plutôt à se battre pour que rien n'arrive. Pour que rien ne se construise. Pour que rien ne s'écarte des sentiers battus. Le slogan des audacieux, aujourd'hui, est : surtout, ne faisons rien !

«On se range du côté du progrès en "visant à garder en l'état les idées, les structures et les situations héritées du passé".

«Il ne faut rien changer, car changer implique une décision. C'est beaucoup plus facile de laisser les choses telles qu'elles sont – il n'y a alors pas d'insécurité – que d'aller de l'avant et de se dire qu'on "défait ce qui est et on reprend tout à la base".»

Le lendemain[57], l'éditorialiste reprenait dans la même foulée :

«[...] Personne ne veut de porcherie dans sa cour. Pourtant, chacun bouffe 10,9 kilos de porc par année.»

Il poursuit sur le même ton, avec des statistiques plutôt affolantes !

«[...] Il ne veut pas d'aéroport. Mais il aime voler : le trafic aérien mondial (passagers) a augmenté de 20,4 % au début de 2004. Il ne veut ni tunnel, ni pont, ni autoroute. Mais il fera passer le nombre de voitures sur la planète de 800 millions, actuellement, à 2,5 milliards en 2030. Il ne veut ni centrales électriques ni lignes de transmission. Mais, au Québec, il comble 40,6 % de ses besoins d'énergie par l'électricité. [...]»

Dans un troisième et dernier éditorial[58] sur la culture de l'immobilisme, Mario Roy écrit :

«[...] La peur panique de bouger se manifeste également dans le soin jaloux qu'on prend de la conservation en l'état des structures de nos appareils de décision. Conservation aussi de

---

57. Mario Roy, «Pas ça, pas ici, pas maintenant...», *La Presse*, 16 septembre 2004.
58. Mario Roy, «L'immobilisme exporté», *La Presse*, 17 septembre 2004.

ce qu'il est convenu d'appeler les "choix de société" que ces structures gèrent : ces choix semblent désormais intouchables, immuables, congelés, sacrés, pour l'éternité.

« D'autre part, l'Occident exporte maintenant sa culture de l'immobilisme – car elle y est répandue partout à divers degrés – vers les pays en voie de développement. »

Il ne faut surtout pas « bouger » ; qu'on pense à ces 300 millions de dollars et plus en devises américaines qui dorment dans des banques. Ces dollars étaient pourtant destinés aux victimes du tsunami meurtrier du 26 décembre 2004 ! Rien ne bouge, aussi les écoles et les routes détruites par la mer ne sont pas reconstruites. Pourquoi ? Parce qu'il « ne faut pas bouger trop vite... Il faut être prudent, se mettre tous d'accord » ! Pourtant, tout commence par une décision et, surtout, avec la vitesse avec laquelle on se décide !

J'ai pour autre preuve cet article intéressant écrit dans une revue spécialisée[59], dont je fais ici une traduction libre :

« La première raison pour laquelle on ne prend pas de décision est l'incertitude. On a peur de l'inconnu. Transportons-nous dans l'Antiquité – en 430 avant notre ère – et voyons comment les Perses s'y prennent lorsqu'ils doivent prendre une décision très importante : ils en discutent entre eux alors qu'ils sont tous en état d'ébriété ! Puis, le lendemain, le maître de la maison leur soumet leur décision prise la veille pour qu'ils en discutent à nouveau, mais cette fois tandis qu'ils sont sobres. S'ils approuvent cette décision, elle est adoptée. Dans le cas contraire, on l'abandonne. Inversement, toute décision prise quand ils sont sobres est reconsidérée ensuite après qu'ils se sont enivrés. »

Je ne pense pas qu'il faille adopter cette pratique pour régler les problèmes qui nous accablent parfois.

---

59. Jerry Useem, « How to Make Great Decisions », *Fortune*, 27 juin 2005.

Il y a dans notre vie plein de décisions qui ne peuvent être prises que par soi-même. On est seul à trancher !

DÉCIDER = CHOIX

L'origine étymologique du mot « décider » a de quoi donner des sueurs froides ! Le terme vient du latin *decidere* dont les trois dernières syllabes, *cidere*, signifient textuellement « couper ». Décider, c'est couper parmi les options et choisir ; ce mot te force à dire non à ceci et oui à cela. La décision de se marier, de tomber amoureux veut dire que tu ne fréquenteras pas une autre femme ou un autre homme que celle ou celui que tu as choisi d'aimer exclusivement. C'est là le sens de cet engagement.

La difficulté se trouve dans cette séparation, cette coupure. On pourra toujours dire : « Si je pouvais revenir en arrière dans le temps, je crois que mon idée aurait peut-être été la bonne. » Malheureusement, on ne pourra jamais faire un retour sur le passé.

Et la procrastination ne sera jamais d'un grand secours. Au contraire ! C'est là le premier écueil : l'hésitation. Durant toute notre vie, on cherche à faire les choses le plus parfaitement possible. Cette propension à la perfection fait qu'on remet constamment la décision à plus tard, faute d'obtenir tous les renseignements nécessaires pour prendre la bonne décision. On se dit : « Je vais attendre encore deux semaines et je serai plus près de prendre la décision qui s'impose. » On dira même, et de plus en plus : « Le temps fait bien les choses » comme si l'attente réglera le problème !

Le sens de la perfection empêche ou, du moins, retarde la prise de décision : on n'arrive pas à plonger ! En d'autres mots, il faut se résigner au fait qu'un jour, on va éventuellement se tromper. On est condamné à commettre des erreurs. Et le sens de l'action nous incite à dire: «Même si je me suis trompé jadis, je continue quand même à décider des actes à faire!» Il faut jouer sur la loi de la moyenne comme sur celle de la moyenne au bâton au baseball!

Il y a toutefois une distinction intéressante à faire au sujet des erreurs commises, entre une mauvaise décision et une décision erronée. Des décisions erronées, on en fait toute sa vie. Elles ont moins de conséquences fâcheuses!

Dans le cas de mauvaises décisions, c'est tout le contraire. C'est beaucoup plus grave et cela doit être évité à tout prix. Les mauvaises décisions ont toujours un impact important sur le bonheur de l'homme. Elles sont souvent causées par la complexité d'une situation. On ne peut pas éviter la complexité des situations qui se présentent. Mais on peut travailler à prendre une décision des plus éclairées en creusant tous les paramètres qui influenceront la décision à prendre. Or, cette connaissance, on ne peut l'acquérir tout seul.

Comme l'écrivait Jerry Useem, auteur de l'article *How to Make Great Decisions* paru dans la revue *Fortune* (27 juin 2005), parmi tous les gens qui prennent des décisions importantes, ceux qui prennent le plus régulièrement les meilleures décisions, celles qui sont les plus appropriées aux circonstances, sont des gens qui s'interrogent non pas sur l'objet même de la décision, mais sur la personnalité et le tempérament de ceux et celles qui devront les aider à prendre la décision. C'est en fait toujours une décision collective parce que décider seul présente un trop grand risque d'erreurs.

Ainsi, pour prendre de bonnes décisions, le plus important, c'est l'équipe décisionnelle. On commence à fonctionner avec une équipe décisionnelle chez soi, à la maison, en famille. Il s'agit ici de la décision que l'on prend autour de la table de cuisine, par exemple à propos de l'achat d'une maison ou d'un déménagement éventuel en raison d'une mutation au travail de l'un des conjoints. Ces décisions devront se prendre avec le père, la mère et les enfants (selon leur capacité d'apprécier les éléments qui influenceront le choix à faire).

HISTOIRE D'UNE **FIN DE VIE RÉUSSIE**

Pensons aux décisions que l'on doit prendre sur le sort des patients en gériatrie dans des centres de soins de longue durée, des décisions qui peuvent mener à des catastrophes, surtout en fin de vie !

Dans *La Presse* du 2 février 2003, le docteur Yvan Marcotte signait un article sous la rubrique « Idées au sujet des soins palliatifs en CHSLD ». Un jour, un patient, M. Patience Paradis, fut placé dans un centre de soins de longue durée. Le médecin lui expliqua au début de son séjour les différents niveaux d'intervention médicale :

> « Premier niveau : maintenir toute fonction altérée par tout moyen possible. Ce sont les soins intensifs avec assistance cardiaque et respiratoire. *Non merci, docteur, pas pour moi, ça.*

> « Deuxième niveau : correction de toute détérioration possiblement réversible par moyen proportionné. *Oui, docteur, je compte sur vous pour traiter mon diabète, mon hypertension artérielle, et surtout, surtout, docteur, soulager ma douleur.*

> « Troisième niveau : lorsque les traitements s'avèrent inefficaces, l'intervention médicale se trouve limitée au soulagement et au bien-être du malade. *Là, docteur, laissez-moi un peu de temps. J'en ai besoin pour parler à ma femme et à ma fille, que j'ai nommées mandataires. Je serai au moment le plus important de ma vie : je ne veux pas le rater.* »

N'est-il pas touchant de voir les réponses de Patience ! À l'annonce que son cas nécessite le devoir de le nourrir avec des tubes insérés dans son estomac, il comprend, grâce à l'aide de l'équipe, ce qu'implique une telle intervention. Il a une décision à prendre, une décision pour lui, et c'est lui seul qui peut faire ce choix éclairé, certes, par tous ces spécialistes de la santé et il la prend : trouvant ces moyens disproportionnés, il répond : *Non merci, docteur, pas d'hospitalisation, traitez-moi ici, au CHSLD.*

Et le docteur termine son article avec cette exhortation :

«Compagnes, compagnons de travail, nous sommes là pour accompagner ces malades en tâchant de donner un peu de sens à leur vie et, à la toute fin de la vie, à leur mort. Maintenant que j'ai vieilli et que je vieillis encore, je réfléchis, j'analyse et je finis par comprendre que cette médecine gériatrique est de guérir quelquefois, soulager souvent, consoler toujours.»

Voici un exemple frappant de décisions importantes qui peuvent conduire à des fins de vie malheureuses. On ne doit pas hésiter à prendre des décisions en se faisant aider par une équipe qui nous apprend tous les paramètres de notre situation. Ainsi, on évite de prendre de mauvaises décisions.

Si cela est possible en fin de vie, pourquoi ne pas le faire toute la vie durant ?

* * *

Mais qu'est-ce qui empêche de prendre la bonne décision ? Il y a un temps qui précède immédiatement l'action. C'est souvent un temps très court, quelquefois extrêmement court, même ! Par exemple, dans une partie de tennis contre un grand champion qui nous sert sa première balle de service à quelque 120 km/h, le temps dont nous disposons – pour décider de quelle façon retourner ce service, dans quel coin du terrain et avec quel effet particulier sur cette balle – est très limité.

Durant cette fraction de seconde, on fouille dans sa mémoire pour tenter de retrouver une ou des expériences similaires. Et vlan ! La décision est prise et la balle est retournée à l'extrême gauche du terrain. Mais il est possible que dans notre mémoire de parties antérieures, devant des adversaires coriaces comme celui-ci, j'ai eu une mauvaise expérience : son service était tellement rapide, trop rapide pour ma capacité d'y faire face, que j'ai échoué chaque fois. Je risque fort, à l'heure actuelle, de prendre une mauvaise décision, catastrophique même, car elle pourrait me coûter le match. Effectivement, je me sens incapable de répondre : je baisse donc les bras ! Je n'essaie même pas !

En effet, très souvent, nos mauvaises expériences, stockées dans notre mémoire, nous empêchent de prendre une décision éclairée. En nous empêchant de prendre la bonne décision, on hésite et on remet à plus tard.

La mémoire est une des facultés extraordinaires de l'humain, mais elle est aussi très souvent nuisible à notre sens de l'action. Pourquoi ? Parce que lorsqu'on se rappelle avoir vécu de mauvaises expériences, fort de cette habitude qu'on a acquise d'enregistrer très fidèlement tout ce qui se passe, on n'ose jamais sauter. On va d'abord vérifier dans son bagage de vécu si on n'a pas déjà tenté un tel saut auparavant et obtenu un résultat désastreux, ou même si on ne connaît pas quelqu'un qui l'a déjà essayé et l'a manqué. Avec une telle expérience négative, on ne prendra pas le risque de passer à l'action !

LA **MÉMOIRE**

Quand elle a voulu mettre sur le marché le modèle Acura, la compagnie Honda a demandé à ses ingénieurs qui devaient travailler à la conception de cette nouvelle voiture qu'ils aient tous, en premier lieu, une très grande intelligence pour pouvoir saisir tous les petits détails techniques de construction du nouveau véhicule et en même temps garder en tête une vue d'ensemble de l'œuvre. On a aussi exigé de chacun d'eux de développer une imagination vive afin de créer une toute nouvelle automobile aux remarquables innovations. Mais c'est la troisième exigence de la direction de Honda qui est la plus étonnante : on voulait que ces professionnels ne se rappellent plus très bien l'auto de l'année précédente et ses composantes, car ils devaient prendre le risque de créer de toutes pièces une nouvelle voiture.

On cultive la mémoire et on a bien raison, mais je pense qu'on pourrait faire attention à la façon dont on la fait se développer. Lorsqu'on est tout petit, on n'a pas ce bagage d'expériences dans notre tête. Dans un précédent livre, *À la recherche de l'humain*, je racontais mon étonnement de voir des bébés se débrouiller pour apprendre à marcher.

Tout tremblant d'insécurité, vacillant sur ses toutes petites jambes, le bébé s'attaque à la distance entre la cuisinière et le réfrigérateur où sa mère l'attend les bras grands ouverts. Quelle fierté on peut lire sur le visage de bébé quand il atteint le grand meuble tout blanc ! Il semble dire : « Mon Dieu ! C'est fait ! Je viens de réaliser quelque chose d'extraordinaire ! »

En effet, il vient d'accomplir un grand exploit dans sa jeune existence. Il se relève et recommence ; mais cette fois, il tombe à mi-parcours. Qu'à cela ne tienne, il se relève et recommence. Sa faible mémoire, à ce stade-ci de sa vie, ne peut enregistrer fidèlement toutes les expériences malheureuses. Combien de fois s'est-il accroché dans ses propres petites jambes et est tombé sur le coin de la table ? Mais après avoir pleuré, il s'est relevé et il a recommencé : il veut rééditer son exploit.

Mais si, à trois ans, l'enfant titube toujours entre la cuisinière et le réfrigérateur, c'est qu'il n'a pas progressé, il a un problème. Il aurait dû essayer d'aller plus loin. Sa mémoire a donc déjà commencé à emmagasiner les mauvaises expériences de chutes qui ont fait mal. De ces expériences, il a tiré la leçon qu'il faut peut-être éviter de recommencer, sous peine de se faire encore très mal...

Pourtant, combien de fois est-il tombé au cours de cette première année à tester ses jambes? Combien de fois s'est-il accroché, s'est-il buté sur le bord de la chaise ou de la table en s'exécutant? Combien de fois a-t-il pleuré? Mais sa mémoire, à ce moment-là, n'enregistrait pas ces petits échecs et il recommençait sans cesse, jusqu'à ce qu'il réussisse.

Devenu adulte, on a tout un bagage d'expériences en mémoire qui nous font dire: «Les mêmes circonstances se présentent. Il faut éviter une nouvelle mauvaise expérience, sinon je vais encore me tromper et commettre une erreur!» Je décide donc de ne pas essayer et je reste entre la cuisinière et le réfrigérateur.

Il est un peu ironique que la devise du Québec soit «Je me souviens» et qu'on la retrouve sur toutes les plaques de voiture. En démagogue que je me permets d'être ici, je dis qu'en suivant une voiture, tout ce que sa plaque me révèle est «Rappelle-toi», «Rappelle-toi ce qui est arrivé» au lieu de recevoir un message plus positif qui pourrait se résumer ainsi: «Regarde tout ce qui pourrait arriver ou se passer demain» ou encore «Profite du moment qui passe!», comme le dit si bien Jean-Marc Parent dans son spectacle *Urgence de vivre!*

Mais la mémoire est-elle utile? Oui!

M. Dominique de Villepin, premier ministre français, l'a bien expliqué dans son discours prononcé à l'été 2005 aux célébrations commémorant la rafle du Vél' d'Hiv d'où des milliers de juifs français sont partis pour les camps d'extermination durant l'Occupation allemande en France entre 1940 et 1944. Rapporté dans *Le Devoir* du 18 juillet 2005, voici ce que *Le Monde* en disait:

«[...] il a souligné qu'il n'y a de mémoire que vivante et active. Nous devons apprendre avec elle à éviter les pièges d'un fanatisme qui, malgré les leçons du passé, ne désarme jamais tout à fait. Nous devons trouver en elle la force de construire le monde. Votre mémoire ne sera pas un tombeau, mais une lumière qui transperce la nuit...

« À vous qui portez témoignage, nous devons répondre par la certitude de la mémoire, qui fait la vie plus grande, qui fait la vie plus vraie... »

Il ne faut pas se servir de sa mémoire comme d'un tombeau où sont enfouies les leçons d'hier. Une mémoire vivante, c'est celle qui nous permet de vivre aujourd'hui en préparant un avenir à ceux qui viendront après nous.

VOYAGE EN SUISSE

Face à cette vision de demain, comme je l'ai mentionné au chapitre 4, on doit focaliser sur l'importance de vivre au présent. Quand la maladie a menacé la vie de Céline, elle qui dans sa vie n'avait jamais été hospitalisée sauf pour donner naissance aux cinq enfants, je m'étais dit qu'on annulerait tous les engagements pour les prochaines semaines. J'avais déjà un engagement pour une conférence en Suisse. Celle-ci était très importante, car elle était organisée par une multinationale américaine qui tenait son congrès à l'hôtel Le Palace de Montreux.

On devait y aller ensemble et nous avions projeté y passer quelques jours de vacances. Nos deux billets aller-retour étaient déjà réservés. Mais, compte tenu de la gravité de la maladie de ma femme, de son hospitalisation qui devait durer au moins deux semaines, il n'était plus question pour Céline de partir pour la Suisse. J'avais d'ailleurs moi-même décidé d'annoncer au client que, pour des raisons majeures, je devais déclarer forfait. Céline était aux soins intensifs quand je lui ai appris ma décision.

Comme toujours, Céline m'a regardé avec tout son courage et sa grande force et m'a dit : « Non ! Pas question d'annuler quoi que ce soit. Vas-y ! Moi, de toute façon, il faut que je reste à l'hôpital et je prendrai bien soin de moi, d'autant plus que je ne serai pas seule, j'ai tout le personnel de l'hôpital pour s'occuper de mon cas. Mais n'étire pas trop ton séjour là-bas. Prends trois jours! Change ton billet et annule le mien! Ainsi, tu pourras remplir ton engagement et le client ne sera pas pris au dépourvu à la dernière minute. Mais reviens au plus tôt!»

J'ai donc annulé le billet de Céline et suis parti seul pour un voyage aller-retour de trois jours en Suisse. Ce soir-là, sur un vol d'Air Canada, je me revois, tout seul, avec ma housse à vêtements sur le dos. Je me souviens de m'être assis sur mon siège et d'avoir éclaté en larmes. L'hôtesse, en me voyant, m'a demandé si j'étais malade. «Non, lui ai-je répondu. Je viens de recevoir un gros choc. Ma femme est à l'hôpital et il faut que j'aille travailler malgré tout et je trouve cela très difficile.»

L'hôtesse a été très gentille, faisant en sorte que je ne sois pas dérangé et que la place à côté de la mienne reste vacante. Je suis arrivé à Zurich le lendemain matin. J'ai pris place dans la limousine qui m'a conduit jusqu'à Montreux. Le soleil était magnifique, tout comme l'hôtel, un immense et superbe immeuble avec un grand escalier, sur le bord du lac Leman, avec ses petits auvents jaunes et ses balcons. Debout dans le grand escalier, en dépit de toute cette splendeur, je me surprends à me demander: «Mais qu'est-ce que je suis venu faire ici? Je suis vidé, presque mort! J'ai l'esprit confus. Je n'ai plus la moindre idée de ce dont je dois parler à la conférence. J'aurais dû rester auprès de Céline...»

Mais comme toujours, quand les circonstances sont difficiles comme celles que je vivais à ce moment-là, l'instinct de survie m'incite à foncer droit devant moi! Je continue à gravir les marches du grand escalier de pierres. J'entre dans le hall d'entrée de l'hôtel où on a dressé une grande table pour l'accueil des congressistes. Je m'identifie auprès des préposés, on me remet une petite mallette remplie de documentation. C'est alors que je lève les yeux : sur une immense banderole qui pend sur le mur derrière la table, il y a un mot inscrit qui sert de thème pour le congrès : *TOMORROW*. En voyant ce mot anglais qui signifie demain, j'ai compris : « C'est ça, la vie. C'est aujourd'hui ! S'il ne reste qu'un an à notre couple, au moins ce sera une année extraordinaire. Nous allons prendre la bonne décision. Nous allons la vivre à 300 %. »

Je me souviens qu'au retour de ce court voyage d'affaires, j'ai dit à Céline : « Peut-être qu'il ne te reste pas beaucoup de temps à vivre, mais nous allons profiter de chaque seconde ! Nous allons au moins vivre chaque instant ! »

RÉTROVISEUR CONTRE PARE-BRISE

Il y a une image que j'ai utilisée et que j'utilise encore. Elle est devenue un slogan, tant on me l'a répétée ces dernières années. J'avais évoqué cette image pour illustrer l'importance d'avoir une vision de ce qui se passe là, à l'instant, et de cesser ce manège de l'intelligence tournée vers le passé. Je dis aux gens que lorsqu'ils sont dans leur automobile, de bien observer le rétroviseur qui mesure environ 6 pouces (15 cm) et le pare-brise qui, lui, peut atteindre 6 pieds (1,83 m). Il y a une raison à ces dimensions grandement différentes : il est plus important de voir où tu vas que d'où tu viens !

Aussi, quand on mène nos vies les yeux rivés sur un rétroviseur, sur le passé, on n'arrive jamais à se décider. Et parce qu'on ne se décide jamais, on ne sent pas le besoin de s'engager, d'*embarquer* dans la vie, de sauter et d'entreprendre un projet.

L'idéal, c'est de pouvoir enterrer en soi – et assez profondément – ses erreurs pour en arriver à les oublier complètement ; ainsi, on peut repartir à neuf. Je mentionnerai plus loin que cette capacité d'oublier est le premier élément de ma recette face à l'adversité. Le fait de ne pas avoir d'expérience – donc d'avoir une mémoire vide – explique que des inventions surprenantes sont très souvent l'œuvre de gens qui ne travaillaient pourtant pas dans le domaine de leur étonnant coup de génie.

C'est le cas de la découverte de l'avion. Les frères Wright ne travaillaient pas dans l'industrie de l'automobile. Ils avaient une petite boutique où ils réparaient des bicyclettes. Les gens de l'automobile, eux, savaient qu'avec tout l'acier nécessaire pour construire ces véhicules éventuellement volants, il était impossible qu'ils puissent voler, puisque trop lourds pour s'élever dans le ciel. Mais les deux frères ne savaient pas que ces machins ne pouvaient théoriquement pas voler. Ils n'avaient pas en mémoire cette expérience! Ils ont bâti un premier modèle qui vola à ras le sol sur une distance approximative de 30 pieds (9 mètres)!

Avec tout le respect et l'admiration que je porte à la profession d'ingénieur, je me permets cette petite taquinerie. Si les ingénieurs avaient tenté de créer l'ampoule électrique telle qu'on la connaît de nos jours, ils auraient probablement fouillé dans leur mémoire pour voir comment on s'éclairait avant l'invention de Thomas Edison. Partant de la chandelle alors très utilisée à l'époque, ils auraient sans doute pensé fabriquer de plus grosses chandelles!

Je sais que l'on doit parfois rendre visite à un psychologue ou à un psychiatre pour nous aider à surmonter des difficultés qui remontent très loin dans notre passé. Mais comme un psychologue me disait un jour: «Si tout ce que tu as enterré en toi depuis de nombreuses années ne *retrousse* pas, laisse-le dormir! C'est seulement quand ça *retrousse* et ça fait mal qu'on doit le déterrer et régler différemment le problème!»

Il a raison, à tel point qu'on peut se demander si une amnésie partielle ne serait pas bénéfique pour beaucoup de dirigeants d'entreprises ou de gouvernements!

L'ANSE À BEAU-FILS

Évidemment, parler de décision implique faire des choix. Rien n'arrive si on ne passe pas à l'action à la suite de son choix. Mais avec le rationnel, avec la tête, on est très limité. On étudie toutes les circonstances avec attention; on forme de nombreux comités et l'action vient longtemps après, si jamais on en arrive là! Pensons seulement aux routes projetées au Québec: l'autoroute 50 dans l'Outaouais, le pont de l'autoroute 25 pour enjamber la Rivière-des-Prairies, l'autoroute 30 sur la Rive-Sud, la rue Notre-Dame dans l'est de Montréal, etc. Mais avec le cœur et son intuition, sa capacité de changer et d'essayer, l'action est prise très rapidement.

Tom Peters, conférencier réputé et auteur, a trouvé une façon habile pour traduire l'urgence de passer à l'action. Il a repris les trois ordres donnés au moment d'un tir d'arme à feu ou de canon: «*Ready... Aim... Fire!*», soit «Attention... Visez... Feu!», où le mot «Feu!» veut dire «Action!».

M. Peters a simplement lancé: «*Ready... Fire!... Aim.*» («Attention... Action!... Visez!») Soyez prêt! Ensuite, passez à l'action! On visera, c'est-à-dire on vérifiera par la suite si tout est permis, légal et faisable rationnellement!

Je me souviens de ce voyage en famille en Gaspésie, durant l'année de l'Exposition universelle de Montréal en 1967. Nous nous trouvions à Percé et pendant que nous ramassions des agates à l'Anse à Beau-Fils, j'ai fait la rencontre d'un pêcheur Je lui ai demandé si nous pouvions, Geneviève, la plus jeune de mes filles, et moi l'accompagner le lendemain matin pour aller pêcher la morue dans le golfe. Dans ce temps-là, on disait « jigger » la morue.

À la première heure, le lendemain matin, Geneviève et moi sommes arrivés au quai de l'Anse à Beau-Fils où le pêcheur avait amarré son embarcation, un doris. Nous dévalons la pente vers la rive du fleuve. Je saisis ma fille par la main pour l'installer dans la barque quand je réalise qu'elle n'a pas enfilé son chandail ; pourtant, il fera froid au large ce matin. Je la repose donc sur le quai et lui enjoins d'aller chercher son chandail. Au pas de course, elle remonte la pente. Je la regarde courir. En l'attendant, je me suis installé un pied sur le quai et l'autre sur le bord de la petite embarcation. Le pêcheur, qui a déjà pris place dans le bateau, me regarde et me lance, mi-souriant, mi-narquois, dans son beau patois gaspésien : « Moi, m'sieu, ça me fait rien, mais à votre place, je mettrais les deux pieds à la même place, soit sur le quai, soit dans la barque ! Faute de quoi, le bateau va s'éloigner du quai et vous allez frapper l'eau par le milieu ! »

J'ai éclaté de rire, mais j'ai suivi son conseil de vieux pêcheur. Cette histoire m'est restée gravée dans l'esprit : tu ne peux pas vivre toute une vie avec un pied sur le quai et l'autre sur le bateau. Ou tu embarques, ou tu débarques. Il n'y a pas de demi-mesure.

Or, toute notre société à l'heure actuelle semble avoir oublié ce grand principe : à l'origine des grandes réussites, il y a quelqu'un qui y croit tellement, qu'il n'a d'autre choix possible que de faire ce qu'il croit réalisable.

Je me souviens qu'un de mes fils a voulu, à une certaine époque, devenir vétérinaire. Quelqu'un à la polyvalente où il étudiait lui avait demandé d'indiquer les différentes autres carrières qu'il envisageait. Il m'a demandé de l'aider à remplir le questionnaire. Je lui ai dit d'écrire tout simplement le mot « vétérinaire » partout.

«Oui, papa! Mais il y a trois choix de carrière qui sont ordonnés: choix n⁰ˢ 1, 2 et 3...

— Alors, écris: Premier choix: vétérinaire; deuxième choix: vétérinaire et troisième choix: vétérinaire. Il n'y a pas de plan B si tu veux passer à l'action au plus tôt!»

Nos jeunes sont rendus à ce point où toute leur vie dépend du choix que la polyvalente ou le cégep fera pour eux. Leur vie est comme une loterie: on tire de temps en temps le gros lot! Mais la plupart du temps, ce n'est pas de leur faute; ils n'ont pas été admis dans telle concentration ou telle faculté. Ils n'ont pas le choix!

NON, CE N'EST PAS UNE RÉPONSE!

Un de mes gendres, un jeune homme que je trouve tout à fait exceptionnel, suivait un cours de baccalauréat en agriculture à Sainte-Anne-de-Bellevue (à l'ouest de Montréal) quand il s'est rendu compte qu'il avait une préférence encore plus marquée pour la médecine. Il a toutefois terminé son baccalauréat en agriculture et, diplôme en main, il s'est rendu chez le registraire de la faculté de médecine pour s'y inscrire au plus tôt.

On lui a répondu que ce n'était pas possible, qu'il n'avait pas à son dossier le nombre requis de crédits en sciences pures. Quels cours, alors, lui faudrait-il suivre pour finalement être admis comme étudiant en médecine? On lui a répondu qu'il devait suivre une année entière en sciences seulement. C'est ce qu'il a fait, à l'Université McGill. Il a terminé cette année d'études haut la main!

L'année suivante, ne voulant pas rater son coup, il remplit trois demandes d'admission en médecine: une à l'Université de Montréal, une deuxième à l'Université Laval et une troisième à l'Université de Sherbrooke. Il a essuyé trois refus. Trois du coup! Un jeu blanc, mais dans le sens inverse!

Il décide donc de rencontrer les doyens de la faculté de médecine de chacune des universités. Le directeur des admissions à l'Université de Montréal lui a expliqué qu'il n'avait pas tous les talents nécessaires pour exercer ce métier de médecin. D'après lui, mon gendre avait une certaine carence sur le plan des aptitudes intellectuelles. Avec ce verdict loin d'être optimiste, le jeune homme sent le découragement le gagner. Je lui dis que cela n'est pas une réponse : « Ne crois jamais quiconque te diminue avant même de te connaître, puisque ce directeur ne t'a rencontré qu'une seule fois. Il existe des psychologues spécialisés pour juger les capacités intellectuelles et les aptitudes nécessaires à l'exercice de certaines professions. »

Il subit alors une batterie de tests. Les résultats ont révélé un quotient intellectuel très élevé et parfaitement apte à l'exercice de cette profession. Nous sommes retournés voir le directeur des admissions à l'Université de Montréal pour lui montrer ces résultats de tests approfondis auxquels il s'était soumis. Peine perdue... Le directeur s'offusque! Il s'indigne et dit qu'on n'a pas le droit de faire passer ainsi des tests sans son approbation. Sa décision est sans appel : il ne serait pas admis à Montréal, point final!

Nous nous sommes tournés vers l'Université de Sherbrooke ; là-bas, on n'a même pas daigné nous recevoir, sous prétexte qu'une telle rencontre nuirait à leur objectivité! On préférait ne juger son admissibilité que sur les notes obtenues dans tous ses cours depuis la polyvalente.

À Laval, on nous a dit : « Nous sommes prêts à inscrire votre nom sur une liste d'attente. Il arrive parfois que des élèves admis en première année se désistent à la dernière minute pour différentes raisons. Vous aurez peut-être une chance... »

Inutile de préciser que ma fille et mon gendre ont été complètement démolis par la tournure inattendue des événements. Mais comme Céline et moi avions un esprit tenace, nous avons refusé d'abdiquer, sachant qu'il avait toujours en tête de devenir un jour médecin. Tous ses résultats d'études lui donnaient raison d'espérer réaliser son rêve. Je lui ai alors dit : « Tu seras médecin ; on va le faire tous ensemble ! Dis-moi, à quelle date se fait la rentrée, à l'Université de Montréal ? » « Le 4 septembre », m'a-t-il répondu. Or, nous étions rendus à la dernière semaine du mois d'août.

J'ai repris : « Voici ce que tu vas faire. Le 4 septembre, tu te présenteras à la faculté de médecine de l'Université de Montréal. Tu entreras en classe. Tu t'assoiras à l'un des pupitres au milieu des autres élèves. Tu prendras les documents utiles qui seront remis aux étudiants pour commencer la première session. Si quelqu'un te demande : "Qui es-tu ? Que fais-tu ici ? Ton nom n'est pas sur nos listes !", tu répliqueras : "Ah ! il doit y avoir eu une erreur. J'ai tout ce qu'il faut pour étudier en médecine. Quelqu'un, quelque part, s'est trompé. Excusez-moi, mais ma place est bien ici." Point final ! »

Heureusement, mon gendre n'a pas eu besoin de vivre un tel scénario. L'Université Laval l'a appelé au tout début du mois de septembre parce qu'un élève avait dû annuler son inscription en médecine. Mon gendre et ma fille ont donc déménagé à Québec. Il a terminé son cours en médecine là-bas. À l'heure actuelle, il est un grand spécialiste en dermatologie, avec une bonne clinique qui soigne énormément de patients. Il est reconnu dans le monde comme un grand spécialiste des traitements cutanés au laser.

Il s'agit pourtant du même jeune homme refusé à une faculté par un directeur des admissions qui prétendait qu'il n'était pas suffisamment intelligent ni doué pour être médecin ! Il a toutefois réalisé son rêve grâce à sa ténacité et à celle de ses proches qui le soutenaient ardemment. Il n'a jamais voulu accepter non comme réponse.

La grande difficulté que l'on vit tous les jours, c'est une hésitation interminable face à un choix, ne jamais se décider. Dans la vie, on embarque ou on débarque!

UNE **RECETTE**

J'ai développé une certaine recette quand les choses ne tournent pas rond, quand les coups de pied tapent dru – et c'en était tout un pour ma fille et son conjoint parce que tous leurs rêves semblaient s'évanouir malgré les nombreux sacrifices auxquels ils avaient consenti. Ma recette est loin d'être parfaite ; elle est très personnelle. Je ne l'ai pas puisée dans un livre. Je l'ai élaborée à partir de mes propres expériences.

Chaque fois que la vie m'a joué un mauvais tour, il y a trois choses que j'ai tenté de faire. La première, que j'ai abordée dans les pages précédentes, c'est de tenter d'oublier ce qui est arrivé, d'oublier le passé, les défaites. Je les enterre ! Les documents, je les ai cachés au sous-sol. Je dis souvent à Céline : « Je suis en train de digérer... Laisse-moi le temps ! »

Pour vaincre l'adversité, je reviens à l'intérieur de moi-même, j'efface tout de ma mémoire parce que je sais que je pourrai toujours y revenir si jamais le besoin se faisait sentir !

Je répète la phrase du psychologue que j'ai consulté un jour : « Si tout ce que tu as enterré en toi depuis de nombreuses années ne *retrousse* pas, laisse-le dormir ! C'est seulement quand ça *retrousse* et ça fait mal qu'on doit le déterrer et régler différemment le problème ! »

J'ai été chanceux. Dans ma vie, cela a très peu *retroussé*.

Bref, la première chose à faire, c'est oublier hier.

La deuxième chose – tout aussi importante – est de ne pas essayer de tout faire soi-même. L'exemple de ma fille et de son conjoint qui voulait être médecin l'illustre très bien : mon gendre a pu compter sur l'appui de sa femme, de Céline et de moi. Je suis fier d'avoir été là à ce moment précis de leur vie pour leur dire : « Non, non. On ne se résigne pas. On a un rêve et ce rêve, on le vit tous ensemble ! »

L'erreur, quand les choses vont mal, c'est d'avoir cette réaction : entrer en relation avec des gens déjà découragés par des circonstances similaires et qui partagent le même sentiment d'échec qui nous a sournoisement envahi. Par exemple, ceux qui ont des difficultés matrimoniales ont malheureusement souvent le réflexe de se tenir avec des amis qui viennent de se séparer ou qui sont en instance de divorce ! Forcément, il n'y a rien pour les aider à régler le problème positivement. L'important, c'est plutôt de se coller aux gens qui cherchent constamment à rebâtir leur relation, à réaliser leur rêve d'un couple qui s'aime. Ces gens qui ont des rêves et qui veulent les réaliser te demanderont alors : « Quels sont tes rêves, toi ? Quand tu t'es marié, tu avais 20 ans, à quoi rêvais-tu pour ton couple, ta famille ? » Ils te permettront alors de retrouver ces rêves que des défaites t'avaient fait oublier.

Le troisième élément de ma recette, c'est foncer, passer à l'action ! Il n'arrive rien quand on se limite à se bercer sur le balcon ! Qu'est-ce qu'on attend pour oser ? « Arrête de te bercer et pars ! Fais un geste. »

Ton entreprise vit des moments pénibles ? Prends le volant de ton auto, sors tes cartes et va rencontrer des clients. Va vendre. Essaie. Fais-le. Tu veux fabriquer un meuble ? Trouve-toi des bouts de bois et commence à en gosser au moins les pattes ! Tu finiras le reste en temps et lieu ! » En québécois, on pourrait dire : « Embraye ! »

Ces trois éléments de ma recette, oublier le passé, ne pas vouloir le faire tout seul, passer à l'action, ont joué un rôle capital dans ma vie. Ils ont également joué un rôle dans ce qu'ont eu à vivre beaucoup de gens autour de moi. Laisse faire ce que les gens te disent. Fonce vers le futur. N'essaie pas de le faire tout seul et, enfin, passe à l'action.

Cependant, cela exige un prix. On l'a vu dans le chapitre 7 : « *There is no free lunch!* » (« Il n'y a pas de repas gratuit ! »)

Passer à l'action, c'est quelque chose qui fatigue, qui exige un effort et cela est contre nature. Il est beaucoup plus facile de dire : « Nous sommes en train de faire une étude exhaustive du problème par rapport à l'implantation générale d'un facteur important » et s'asseoir et attendre, espérant que le tout va se régler comme par magie !

C'est beaucoup plus facile de revenir à de grands mots savants, de se perdre dans les dédales de rapports inutiles. Il faut passer à l'action, décider qu'on le fait, que tout le monde va emboîter le pas et suivre.

TE VOIS-TU **PETIT** ?

J'ai probablement toujours eu un problème d'embonpoint depuis mon entrée sur le marché du travail. Étudiant, je pratiquais énormément de sports. Il m'était donc plus facile de conserver une silhouette disons plus mince qu'aujourd'hui !

Sédentaire dans un bureau, faire du sport le soir m'a toujours posé un sérieux problème. Or, je me souviens qu'un jour, après avoir été blessé à l'épaule, j'avais décidé d'aller suivre une diète. J'étais donc entré dans le bureau de ce petit médecin à la carrure plutôt frêle, le docteur Lefebvre, qui n'avait assurément jamais eu dans sa vie de problème d'obésité !

Après les salutations d'usage, je lui ai révélé le but – quand même évident! – de ma visite. J'ai ajouté :

«Je sais que vous avez des produits à me recommander pour perdre tout cet excès de poids...

— C'est vrai que nous disposons de toute une pharmacologie pour arriver à cette fin, a-t-il convenu, mais avant toute chose, j'aimerais qu'on discute un peu ensemble. J'ai une question à vous poser...

— Allez-y, docteur. Je vous écoute.

— Je vais vous poser ma question. Si vous ne la comprenez pas, vous n'aurez qu'à me le faire savoir et je vous fournirai les explications nécessaires. Mais je ne veux pas que vous me donniez votre réponse ce soir. Vous me la ferez connaître la semaine prochaine, à votre retour ici. Et si vous ne revenez pas, j'aurai quand même la réponse.»

Sa question était très bonne. La voici : «Te vois-tu petit?»

Tout était là. Cette question a été le point de départ. Cela m'a fait réaliser que chaque fois que je suivais une diète auparavant, je n'avais jamais visualisé un Jean-Marc *petit*. La seule image que j'avais en tête était plutôt celle d'un Jean-Marc *extra-large* qui maigrissait et faisait pitié.

Du fait que je ne m'étais pas vu petit, il suffisait que je perde 10 ou 15 livres (4,5 ou 6,8 kilos) pour que des amis, en me voyant, me disent : «Jean-Marc, t'as l'air malingre. Tu dois avoir un virus... Te sens-tu bien?»

Il ne m'en fallait pas plus pour que je me dise : «Voilà, cela doit être à cause de ma diète si j'ai l'air si pâle... J'ai besoin d'énergie. Il faudrait donc que je mange pour reprendre des forces.»

Et je recommençais à tricher... et à grossir.

Il m'aurait fallu au contraire être capable de dire à mes amis qui trouvaient que je semblais moins en forme : « Mais non, voyons ! Au contraire ! Je suis à la diète. Ça marche ! J'ai maigri. Je me sens de plus en plus en forme. » Il aurait fallu que j'aie cette réponse prête à leur donner. Mais il fallait d'abord que je visualise un Jean-Marc plus mince.

De retour au bureau du docteur Lefebvre la semaine suivante, je lui ai dit :

« Oui, docteur Lefebvre. Je me vois petit. »

— Parfait ! On va commencer la diète... »

Il m'a expliqué les premières étapes à suivre. Dans ma tête, en l'entendant me donner toutes ces explications, je me disais que d'habitude, on commence ce genre de truc le lundi. Or, je me rappelle que ce jour-là, nous étions mardi. Je lui ai donc demandé :

« Bien, docteur ! On commence lundi qui vient, c'est bien ça ?

— Pourquoi attendre lundi ? de répondre le docteur. Demain, c'est mercredi. On commence tout de suite ! Ce soir chez toi, pas question de manger ou de grignoter avant de te coucher. »

Quelle leçon ! Il y avait un prix à payer. Ça a été dur, réduire mon poids, mais c'était le prix à payer.

Il y a sans doute une chose que notre civilisation n'a pas comprise : ce qui est important quand on parle du bonheur, c'est la visualisation de la réussite... avant d'y goûter pour vrai !

Dieu sait s'il s'en publie des articles sur ce sujet, du genre « Êtes-vous heureux au travail[60] ? » où on apprend que plus de

---

60. Pascale Breton, « Êtes-vous heureux au travail ? », *La Presse*, 2 octobre 2004.

40 % des travailleurs ne croient pas qu'on puisse y être heureux. Ils ne comprennent pas qu'au travail, c'est souvent le résultat qui récompense tous les efforts fournis : la réussite rend heureux et fait oublier tous les sacrifices consentis.

Quand tu passes à l'action, ce qui te motive à le faire, c'est un résultat plaisant. Pour ma diète, c'est le pressentiment du résultat plaisant qui m'exaltait. Quelle satisfaction j'ai eue lors de mes visites chez le tailleur ! Toutes les deux semaines, j'allais faire ajuster mes complets. Chaque fois, le tailleur prenait ses mesures et, à mon retour à la boutique pour prendre livraison de mes complets après les retouches, je devais les essayer. Il fallait voir la mine incrédule du tailleur qui croyait s'être trompé dans ses mesures parce que, malgré ses retouches, mes complets paraissaient toujours trop amples pour moi. Entre le moment où les mesures étaient prises et celui de mon retour à la boutique, il ne s'était écoulé que trois jours, mais j'avais tout de même réussi à perdre du poids malgré un si court laps de temps. Il n'en fallait pas plus pour que j'éclate de rire, ragaillardi par ma nouvelle taille fine.

Le résultat plaisant, ça marche !

UN BEAU **JARDIN**

Ce qu'on cherche surtout — et c'est là qu'on s'accroche dans la réalisation de ses rêves —, c'est passer immédiatement à des actions plaisantes. Pourtant, ce n'est pas l'action qui doit plaire, mais le résultat. Ce qui rend heureux au travail, ce n'est pas uniquement le fait que chaque geste est plaisant. Il y a des gestes «plates» dans une cuisine pour un chef cuisinier, par exemple éplucher des pommes de terre. C'est aussi un travail fastidieux que de décortiquer une queue de vache pour en faire un bouillon, mais quel bouillon extraordinaire on va en tirer ! Le plaisir gustatif est tel qu'on en oubliera les longues heures où il a fallu faire bouillir la queue de l'animal, sous une chaleur torride dans la cuisine. Et quel bonheur quand arrive le temps de goûter au bouillon pour ensuite le servir aux clients ravis !

On a du mal à comprendre que tout le sens de l'action n'est pas dans le geste fait, mais dans le résultat qu'on va obtenir. Évidemment, si on n'obtient pas de résultat plaisant, ça ne fonctionnera jamais !

Il y a quelques années, Alexandre, un autre de mes gendres, était désolé de constater que sa pelouse était infestée de petits vers blancs qui dévoraient les racines de l'herbe, au point où le gazon se mettait à jaunir, sinon à disparaître. Il a donc consulté un spécialiste, puis il a remué toute la terre et installé de la nouvelle tourbe. Rien à faire, les petits vers sont revenus dévorer les racines du gazon. Encore un gaspillage d'efforts sans résultat plaisant...

De plus, Alexandre détestait tondre sa pelouse, mais il voulait que tout soit bien propre. En 2003, il se décide : il ne pose plus de nouvelle tourbe ; il plantera à la place des fleurs et des fines herbes. Et Alexandre n'a rien d'un jardinier ! Il est cuisinier, un très bon cuisinier même ! Il se met donc à la tâche. Évidemment, les actions à poser n'étaient pas toujours plaisantes. Il a fallu fournir un effort. Mais quel résultat il a obtenu ! Au point où chaque fois qu'il me parle de son jardin de fleurs, son visage s'allume d'un sourire radieux ! Il dit même avoir découvert un autre métier : si jamais celui qu'il pratiquait actuellement ne convenait plus, il deviendrait horticulteur à temps plein ! Tout cela parce que le résultat des actions posées est magnifique : les rosiers, les iris, les tulipes, les grandes pivoines et toutes les touffes de fines herbes se côtoient pour peindre un superbe tableau multicolore.

À QUELQUES PAS DU **TOIT DU MONDE**

Voici un autre exemple d'un monsieur qui a su sortir du rang au moment voulu, sachant en son âme et conscience qu'il faisait la bonne chose. C'est peut-être le plus bel exemple qui explique clairement ce que j'entends par être *politiquement incorrect*...

Ce monsieur était professeur de plein air[61]. Mario – son nom de famille est Bilodeau, même si je suis certain qu'il aurait préféré garder l'anonymat, en homme très modeste qu'est dans la vraie vie ce véritable héros des temps modernes –, bref, Mario enseignait à l'Université de Chicoutimi.

Le rêve de M. Bilodeau était d'escalader les montagnes. Il en a vaincu des dizaines, parmi les plus redoutables, mais à deux reprises, c'est la montagne qui a eu le dessus. D'abord en 1990, il a été forcé d'abandonner l'escalade du pic Lénine, dans l'Himalaya, à 200 mètres du but, pour secourir un équipier blessé. L'année d'ensuite, en 1991, il a dû à nouveau rebrousser chemin bien près du but, alors qu'il était à proximité du sommet de l'Everest, à cause d'une tempête incroyable qui rendait toute ascension suicidaire.

Ce n'était que partie remise.

À la mi-mai 1994, de retour sur l'Everest, Mario et cinq ou six compagnons ont escaladé 8000 mètres et sont sur le point de faire un peu plus haut la jonction pour l'assaut final vers le sommet.

Pour en arriver là, Bilodeau était revenu à la plus haute montagne du globe trois semaines plus tôt, histoire de s'acclimater à l'altitude. La décision était prise, on allait conquérir le

---

61. Gérard Bouchard, «Un héros dans ma cour», *La Presse*, 1er mai 2005.

toit du monde sans bonbonne d'oxygène parce que Mario et ses compagnons étaient des purs et durs.

Nous sommes le 26 mai 1994, tout semble se diriger enfin vers un dénouement heureux : la semaine précédente, pris dans une énorme tempête, il était resté coincé pendant trois jours sur une corniche à 8000 mètres d'altitude, sans bonbonne d'oxygène, en soi un exploit déjà surhumain. Il était mal alimenté. Il avait perdu beaucoup de poids, mais néanmoins, il était revenu au camp de base. Après quelques jours de souffrances et de remise en forme, évidemment, il avait dit : « Ça y est ! »

Il s'est remis à l'escalade. Il est rendu à 8200 mètres. Encore 200 et quelque mètres à faire avant de réaliser un rêve vieux de 10 ans. Il croise alors deux alpinistes qui rebroussent chemin parce que l'un des deux hommes souffre d'un œdème pulmonaire causé par la haute altitude. On doit lui porter secours de toute urgence. L'homme est en train de mourir. On arrête Mario et on lui demande : « Nous donnerais-tu un coup de main pour redescendre notre malade ? »

Sans hésiter, Mario interrompt son ascension. L'homme est inconscient. Bilodeau le ficelle littéralement contre son corps et redescend en rappel avec l'aide de l'autre alpiniste. Il se trouvait alors en haut d'une paroi verticale de près de 2000 mètres.

Au prix de manœuvres dangereuses, ils œuvrent toute la journée puis toute la nuit et encore un avant-midi avant de parvenir à un camp où le rescapé pourra être soigné.

Bilodeau passe les deux jours suivants à se reposer, à se réhydrater, à s'alimenter. Très diminué, il voudrait quand même faire un autre essai sur la montagne. Mais c'est bientôt la fin des escalades, la mousson va commencer, le dernier espoir s'éteint. La mort dans l'âme, Mario doit plier bagage.

À votre avis, Mario a-t-il payé le prix? Il avait un rêve, il a tout fait pour le réaliser et il était sur le point de se tenir debout sur le toit du monde, mais le geste qu'il a fait est infiniment plus grand : il a sauvé une vie au lieu d'escalader l'Everest. Ce geste héroïque ne s'inscrit pas vraiment dans le sens du fameux slogan : «Tout le monde le fait, fais-le donc!» Non! Tout le monde aurait peut-être continué de grimper étant si proche du sommet. Pourtant, Mario a tout abandonné pour porter secours. C'est vraiment un héros pas comme tout le monde!

> «[...] Son goût de la nature (c'est un professeur de plein air), il le fait maintenant partager par de jeunes cancéreux. Ceux qui en sont capables, il les emmène en forêt, dans la neige, parmi les animaux, parfois très loin vers le nord, au soleil. Ses escalades, il les fait désormais sur le plat avec ses nouveaux compagnons de cordée qui, eux, sont constamment en ascension : c'est toute leur vie qui est en pente. Et depuis, Mario le visite régulièrement, le sommet.»

Être *politiquement incorrect*, chacun de nous doit apprendre à le devenir de plus en plus. Chacun de nous est responsable de trouver un sens à ses actions. Il faut passer aux actes, chercher qui on est et où on va. Michel Freitag répondait à une question du *Devoir* le 5 mars 1994 :

> «Le mot sens revient sans cesse dans vos écrits. Où trouver des pistes de sens dans ce monde postmoderne?»

À cela il a répondu :

> «L'homme ne vit pas uniquement par réflexe, mais en donnant une signification à ses gestes et à sa vie. Le sens finalement, c'est de trouver quelque part un lieu de synthèse, un lieu d'accueil et de reconnaissance de nos significations quotidiennes. Si la modernité reposait sur le principe d'émancipation, le postmodernisme pourrait s'appuyer sur le principe de responsabilité, comme l'écrit Hans Jonas. La responsabilité vis-à-vis du monde que l'on a la possibilité de transformer comme jamais dans le passé. J'ajouterais le principe esthétique qui permet de reconnaître la beauté du monde. Ce regard implique le respect et la

responsabilité, pas seulement la crainte du danger, mais aussi l'arrachement à notre monde. Ce pourrait être la nouvelle finalité de notre rapport au monde. Ça nous sortirait de l'angoisse d'une quête incessante de reconnaissance, en nous faisant participer à un tout plus grand que nous. ..»

UN **PÈRE** AVEUGLE

Un jeune homme terminait ses années de collège dans son petit patelin, au sud de Los Angeles, en Californie. Il était un joueur moyen au football, évoluant pour l'équipe de son collège. Pour subvenir à ses besoins durant son séjour à l'université, il s'était mis à la recherche d'une institution qui lui fournirait gratuitement les cours et la pension en échange de sa participation à l'équipe de football de l'établissement.

Il dénicha au nord de la Nouvelle-Angleterre une toute petite université qui était prête à l'accepter. À l'automne, il quitta la Californie pour déménager à l'autre bout des États-Unis où il commença à étudier et à jouer au football.

Un lundi après-midi, après un entraînement particulièrement épuisant, il aperçut l'entraîneur marcher dans sa direction avec un télégramme dans les mains. Il sut immédiatement que les nouvelles ne seraient pas bonnes.

Le coach s'approcha de lui et dit: «On a reçu un télégramme de quelqu'un de ta famille en Californie. Les nouvelles sont très mauvaises! Ton papa et ta maman ont eu un accident de voiture et ta maman est actuellement aux soins intensifs à l'hôpital. Malheureusement, ton papa est décédé dans l'accident. Prends congé toute la semaine. Va aux funérailles et va voir ta mère. Tu reviendras au milieu de la semaine prochaine.»

Le jeune homme se mit à pleurer à chaudes larmes dans les bras de l'entraîneur, ce dernier tentant de le consoler du mieux qu'il le pouvait. Au bout de 20 minutes, le jeune releva la tête et dit au coach : « Mais, coach, si je pars pour la semaine, je vais manquer la partie de samedi. C'est en vue de celle-là qu'on pratiquait si fort tantôt ! »

Le coach le rassura, lui disant que l'équipe avait beaucoup de profondeur et qu'on trouverait bien quelqu'un pour le remplacer.

Mais quatre jours plus tard, le coach a eu toute une surprise ! Son jeune joueur devenu orphelin de père était parti de Los Angeles le jeudi soir par avion pour arriver à l'université le vendredi matin. Dans l'après-midi, il s'entraîna comme un vrai démon. Il était partout sur le terrain.

L'entraînement terminé, il s'approcha du coach et lui dit : « Coach, je veux commencer la partie demain. Je veux être de la formation partante ! » Le coach lui répondit : « Tu as très bien pratiqué et tu vas jouer au moins cinq minutes durant la partie. Mais donne-moi une chance ! C'est une équipe très puissante que nous devrons affronter demain. Pour avoir une chance de l'emporter, j'ai besoin d'utiliser mes meilleurs éléments au tout début de la partie. »

« Mais je ne veux pas jouer cinq minutes durant le match. Je veux commencer la partie. Fais-moi une faveur, coach ! S'il te plaît, coach ! »

Il plaida sa cause tant et si bien que le coach, le prenant un peu en pitié après l'épreuve qu'il venait de vivre au cours de la semaine, lui dit : « Parfait ! Tu commenceras la partie, mais pas pour cinq minutes, pour trois minutes. Si, après trois minutes, tu n'as rien fait de valable, tu ne joueras plus du reste du match ! »

Le lendemain après-midi, la partie débuta. Une minute et demie après le botté d'envoi, le quart-arrière y allait d'une toute petite passe latérale que le joueur en deuil attrapa d'une seule main pour marquer ensuite un touché spectaculaire. Toute l'équipe fut surprise! La foule hurla de joie. Le coach le garda dans le match! Bonne décision: le jeune réussit deux autres touchés avant la fin de la rencontre. Formidable! Trois touchés furent comptés par le même joueur dans la même partie!

Tous les joueurs sautèrent sur lui quand retentit le coup de pistolet annonçant la fin de la partie. Le coach n'en revenait pas. Il s'approcha et lui dit: «Mais c'est extraordinaire! Tu joues comme un vrai professionnel! Tu vas certainement jouer dans les grandes ligues, si tu le veux. Mais qu'est-ce qui t'a pris? Tu n'as jamais fait un touché depuis le début de la saison et là, dans la même partie, tu en réussis trois. As-tu suivi des cours de football en Californie durant la semaine?»

Le jeune le regarda tout souriant et lui répondit: «Mais non, coach! Tu sais bien que je n'ai pas suivi de cours durant la semaine. Mais il y a une chose que tu ne savais pas au sujet de mon père: il était aveugle. Il ne m'avait jamais vu jouer au football. Cet après-midi, il a vu sa première partie!»

Si on regarde bien autour de soi, on verra des tonnes de gens qui nous observent. Ils scrutent nos moindres gestes. Ces gens surveillent comment nous jouons cette importante partie qu'est la vie. La joue-t-on à 300 %, en y mettant tout notre cœur pour bâtir ce monde meilleur dont parlait précédemment Michel Freitag?

À la maison, nos jeunes nous regardent vivre! Est-ce qu'on mord dans la vie à pleines dents ou joue-t-on la partie en dilettante, en se disant que si cela ne marche pas ici, on trouvera bien ailleurs? Nous sommes tous les modèles de quelqu'un qui copie nos gestes les plus anodins. Allons-nous leur donner le goût de vivre pleinement?

LA **PENSION**, NON MERCI!

On me demande souvent si je continuerai encore longtemps à donner des conférences, à écrire mes articles, à discuter de sujets d'actualité à la radio et à la télévision. Chaque fois, je réponds en disant que si ma santé le permet, je ne m'arrêterai jamais. Il y deux raisons à ce désir profond.

D'abord, j'adore donner mes conférences, j'adore donner mon opinion. Mais il y a une autre raison qui justifie ma décision de poursuivre : j'ai 21 petits-enfants – bientôt 22 – et je ne veux pas qu'ils s'imaginent que le travail cesse à 65 ans et qu'à cet âge on commence à jouer au golf. Oh! ce n'est pas que j'en ai contre le golf, bien au contraire, même si je ne joue pas.

J'aime les vacances, les voyages, la pêche. Mais, entre-temps, il y a un monde à bâtir et c'est loin d'être fini! Céline et moi poursuivons notre route en tâchant de faire de notre mieux, espérant que ceux qui suivent sauront que la société ne nous doit pas une rente parce qu'on a travaillé fort dans le passé.

Nous sommes là et nous mettons notre épaule à la roue pour qu'en dépit de toutes les catastrophes, demain soit encore plus beau qu'hier!

Table des matières